Astrid Hochbahn

BRING DEINE IDEE ZUM LEUCHTEN

Astrid Hochbahn

BRING DEINE IDEE ZUM LEUCHTEN

Die KREATIV-Methode
zur erfolgreichen Realisierung von Projekten –
für Beruf, Gründung
und Unternehmensentwicklung

Bibliografische Information der Deutschen Nationalbibliothek
Die Deutsche Nationalbibliothek verzeichnet diese Publikation
in der Deutschen Nationalbibliografie; detaillierte bibliografische
Daten sind im Internet über *http://dnb.dnb.de* abrufbar.

metropolitan – ein Imprint des Walhalla Fachverlags

1. Auflage 2018
© Walhalla u. Praetoria Verlag GmbH & Co. KG, Regensburg
Alle Rechte, insbesondere das Recht der Vervielfältigung und Verbreitung
sowie der Übersetzung, vorbehalten. Kein Teil des Werkes darf in
irgendeiner Form (durch Fotokopie, Datenübertragung oder ein anderes
Verfahren) ohne schriftliche Genehmigung des Verlages reproduziert oder
unter Verwendung elektronischer Systeme gespeichert, verarbeitet,
vervielfältigt oder verbreitet werden.
Produktion: Walhalla Fachverlag, 93042 Regensburg
Umschlaggestaltung: init Kommunikationsdesign, Bad Oeynhausen
Printed in Germany
ISBN 978-3-96186-018-0

INHALT

Unsere größte Angst ist nicht unsere Unzulänglichkeit 8
Mach dein Ding 9
Tipps für unterwegs 17

1. DU UND DEIN POTENZIAL: WAS BRINGST DU MIT? 21

1. Jeder Mensch hat ein einzigartiges Potenzial: Schau, wer du bist! ... 23
2. Was ist deine Lebensaufgabe? 26
3. Finde heraus, was dein Potenzial ist 27
4. Formuliere deine Vision 30
5. Persönliche Standortbestimmung 38
6. Hoffnung, Selbstwirksamkeit und beruflicher Erfolg 38

2. DEINE IDEE: WAS WILLST DU IN DIE WELT BRINGEN? 41

1. Spinn deine Idee aus 43
2. Bring deine Ideen zu Papier 44
3. Führe ein Ideen-Buch 49
4. Schaffe einen kreativen Nährboden 50
5. Hilf deiner Kreativität auf die Sprünge 51
6. Spiele mit deinen Ideen 54
7. Variiere deine Idee: Kreativitätstechniken 58

INHALT

- 8. Sprich mit anderen 65
- 9. Untersuche deine Idee systematisch: Dein Unternehmenskonzept ... 66
- 10. Stimmige Abläufe planen: Business Model Canvas 76
- 11. Kundenorientierte Lösungen entwickeln: Design Thinking 78
- 12. Effectuation: Plane, aber sei offen für Entwicklung 84
- 13. Agiles Projektmanagement 87
- 14. Scrum 89

3. KUNDEN UND MÄRKTE: WELCHES POTENZIAL HAT DEINE IDEE? 93

- 1. Willst du mit deiner Idee Geld verdienen? 95
- 2. Prüfe, ob es einen Markt für deine Idee gibt 96
- 3. Verbessere dein Angebot 100
- 4. Schaffe etwas Neues 102
- 5. Lerne von deinen Kunden, befriedige ihre Bedürfnisse 103
- 6. Finde deinen Platz unter den anderen 108
- 7. Unterscheide dich – das Alleinstellungsmerkmal 118
- 8. Du selbst bist die stärkste Marke 122
- 9. Die Balance zwischen Kritikfähigkeit und Eigensinn 124
- 10. Triff eine Entscheidung: Machst du weiter? 127

4. DER WEG IN DIE SELBSTSTÄNDIGKEIT: WIE KANNST DU MIT DEINER IDEE GELD VERDIENEN? 129

- 1. Willst du frei sein, gründe allein 131
- 2. Willst du groß werden, brauchst du Mitstreiter 139
- 3. Eigne dir kaufmännisches Wissen an 149
- 4. Mach dir die Zahlen zu Freunden 164

5. UNTERNEHMERIN WERDEN: DIE PERSÖNLICHE SEITE DES GRÜNDENS ... 181

1. Lerne unternehmerisch zu denken und zu handeln ... 183
2. Ängste haben alle ... 185
3. Unternehmerbilder und -wirklichkeiten ... 189
4. Unternehmerqualitäten ... 199
5. Hochbegabung, Hochsensibilität und Gründung ... 217

6. ÜBERWINDE HÜRDEN UND HINDERNISSE: WIE KOMMST DU ANS ZIEL? ... 223

1. Deine Heldenreise ... 225
2. Akzeptiere, dass Schwierigkeiten dazugehören ... 228
3. Finde Vorbilder und Erlaubnisse ... 233
4. Stell dich den Monstern ... 243
5. Erlaube dir, gut zu sein ... 263
6. Trau dich, Erfolg zu haben ... 266
7. Aus dem Ob ins Wie ... 269

Schlusswort ... 271
Danke ... 272
Anmerkungen ... 273

UNSERE GRÖSSTE ANGST IST NICHT UNSERE UNZULÄNGLICHKEIT

Unsere größte Angst ist die vor unserer unermeßlichen Kraft.

Es ist unser Licht, nicht unsere Dunkelheit, die wir am meisten fürchten.

Wir fragen uns; wer bin ich schon, brillant zu sein, prächtig, begabt und fabelhaft?

Und tatsächlich, warum solltest Du es nicht sein?

Du bist ein Kind Gottes. Wenn Du Dich klein machst, hilft es der Welt nichts.

Es ist nichts Erleuchtetes daran zusammenzuschrumpfen, auf daß andere Leute sich um Dich herum nicht unsicher fühlen.

Wir wurden geboren, den Ruhm Gottes zu offenbaren, der in uns ist.

Es ist nicht nur in wenigen von uns, es steckt in jedem.

Und so wie wir unser eigenes Licht erscheinen lassen, geben wir Anderen unbewußt die Erlaubnis, es uns gleich zu tun.

So wie wir von unserer eigenen Angst befreit sind, befreit unsere Gegenwart auch andere.

MARIANNE WILLIAMSON[1]

> GIB NIE DAS AUF, WAS DU WIRKLICH TUN WILLST.
> DER, DER GROSSE TRÄUME HAT, IST STÄRKER ALS DER,
> DER ALL DIE FAKTEN HAT.
> ALBERT EINSTEIN

MACH DEIN DING

Träumst du davon, etwas auf den Weg zu bringen? Möchtest du deine eigene Kunst oder ein Buch veröffentlichen, einen Blog starten oder dich mit einem Unternehmen selbstständig machen? Du möchtest DEIN Ding machen?

Vielleicht möchtest du eigene Produkte schaffen, einen Online-Auftritt oder eine App programmieren? Vielleicht fotografierst du gerne oder möchtest deine eigenen Ideen und Erfahrungen als Coach und Therapeutin an andere weitergeben? Was immer es ist: DU interessierst dich dafür.

Dieses Buch ist für Menschen geschrieben, die eine Idee haben, die sie gerne verwirklichen möchten. Es geht um Menschen, die eine Vision haben, die etwas beschäftigt, die denken, das könnte, sollte anders sein, das könnte man machen, das sollte es geben, das würde ICH gerne tun …

Es ist immer wieder faszinierend, auf Menschen zu treffen, die diesen Weg weiter gegangen sind, die aus einer Idee etwas erschaffen haben. Am Anfang ist da ein Funke, ein Impuls, ein Traum – so luftig, dass er irrwitzig und verrückt erscheint. Am Ende ist etwas entstanden, etwas Kleines oder Großes: Eine Arztpraxis, die besonders auf die Bedürfnisse von Eltern und Kindern Rücksicht nimmt. Ein Gelände, auf dem eine komplette mittelalterliche Klosteranlage erbaut wurde, nur mit den Materialien und Werkzeugen, die es im Mittelalter gab.[2] Eine gebraute Limonade, die Vorreiter wird für viele Nachahmer-Produkte.[3] Ein mit Stoffbahnen verhüllter Reichstag.[4]

Alles, was uns heute selbstverständlich ist, entsprang einmal einer bloßen Idee. Handys und Internet, Autos und Züge, Glühbirnen und Elektrizität aus der Steckdose wären unseren Vorfahren wahnwitzig und unvorstellbar erschienen. Nur besonders kreative und weitdenkende Geister wie etwa Leonardo da Vinci konnten sich bereits im 15. Jahrhundert eine Flugmaschine vorstellen.

Dieses Buch ist richtig für dich, wenn
- du wieder einmal an dem Punkt stehst, dich zu fragen: Und jetzt? Was möchte ich jetzt tun?
- du Projekte planen und verwirklichen möchtest.
- du im Rahmen deiner Selbstständigkeit Neues anstoßen willst.
- du nach Möglichkeiten suchst, deinem Job oder deiner jetzigen Aufgabe deinen eigenen Stempel aufzudrücken.
- dich die Idee einfach nicht loslässt, dein eigenes Ding zu machen.
- du schauen möchtest, wie du deine kreativen Ideen umsetzen könntest, welches Potenzial sie haben und was du daraus machen kannst.
- du dich fragst, wie du mit deinen Potenzialen Geld verdienen könntest.
- du Ermutigung suchst, dass du auf dem richtigen Weg bist, obwohl der große Erfolg bisher noch ausgeblieben ist.

Begib dich auf die Reise

Deine Idee zu erschaffen, ist eine Reise – eine reale Reise, bei der du zu neuen Ufern aufbrichst, Entdeckungen machst, Rückschläge erlebst und am Ende dein Ziel erreichst.

Egal, an welchem Punkt deines Lebens du jetzt stehst, immer wieder stehst du vor der Frage: Was machst du mit diesem einzigartigen Geschenk, deiner Lebenszeit? Wie willst du sie füllen? Was ist genügend wichtig und wertvoll, dass du dich damit beschäftigen möchtest? Wie kannst du dein Leben so gestalten, dass du am Ende deines Lebens stolz darauf zurückblickst?

Sich mit den eigenen Wünschen und Träumen zu beschäftigen, um die eigenen Ideen zu verwirklichen, ist wie eine Reise zu sich selbst, eine Art „Heldenreise"[5], bei der du für dich heraus kristallisierst, was dich wirklich ausmacht und was dein Beitrag zu dieser Welt sein soll.

Das Wegfallen gültiger, fester Lebenskonzepte stellt uns alle heute vor die Herausforderung, selbst herauszufinden, wie ein gelungenes, glückliches Leben für uns aussieht. Wir leben in einer Welt voller Möglichkeiten. Materiell, wirtschaftlich, technisch geht es uns besser als allen Generationen vor uns.

Gleichzeitig bescheren uns die vielen Optionen große Unsicherheiten. Wenn alles möglich ist, stehen wir vor der Herausforderung, zwischen all diesen Möglichkeiten zu wählen. Für immer mehr Menschen wird das immer schwerer. Wie soll man verantworten, diese eine Wahl getroffen zu haben? Deshalb versuchen viele Menschen, sich möglichst lange alle Optionen offenzuhalten: Bloß keine Entscheidung treffen, die Möglichkeiten verbaut. Bloß nichts Falsches tun, was eine Umkehr verhindert. Aber macht ein solcher Weg glücklich?

Macht es uns nicht eher zufrieden und stolz, wenn wir unser Potenzial verwirklichen, indem wir das tun, was für uns sinnvoll und wichtig ist? Wir bringen eine einzigartige Mischung aus Fähigkeiten, Eigenschaften, Erfahrungen, Interessen und Wünschen mit. Sie sind das Rohmaterial, aus dem sich formt, was wir in dieser Welt sein können und wollen.

Was hilft uns dabei, die richtige Wahl zu treffen? Wie finden wir den roten Faden, der aus dem manchmal ungeordneten Durcheinander in uns eine Ordnung entstehen lässt? Wie finden wir heraus, was wirklich bedeutsam für uns ist? Diese Fragen stellen sich in unserem Leben nicht nur einmal, sondern immer wieder, an jeder wichtigen Gabelung unseres Weges.

Es gibt diesen roten Faden in jedem von uns. Alles, was uns interessiert, was für uns wichtig ist, was für uns wertvoll ist, folgt einer bestimmten Ordnung. Diese Ordnung ist da, auch wenn sie uns nicht bewusst ist, wenn wir sie (noch) nicht beschreiben können. Irgendwann in unserem Leben, häufig sehr früh, haben wir einschneidende Erfahrungen gemacht, die uns nachhaltig geprägt haben.

Beschäftigen wir uns mit unseren Ressourcen, unserem Wissen und unseren Fähigkeiten, unseren Wünschen und dem verborgenen Potenzial in uns, kristallisiert sich mit der Zeit eine Idee, ein Wunsch, eine Vision heraus. Die Leidenschaft, die Neugierde und die Lust auf etwas Neues geben uns die Richtung vor. Zufriedenheit mit unserem Leben erreichen wir dann, wenn wir es mit dem füllen, was für uns sinnvoll ist.

In den letzten 20 Jahren ist in Deutschland eine Start-up-Szene entstanden, die es so vorher nicht gegeben hat. Der Wunsch vieler Menschen, etwas Eigenes auf die Beine zu stellen, lässt sich dabei in zwei Richtungen interpretieren. Einerseits versuchen Menschen die Möglichkeiten, die sich durch die wirtschaftliche und technologische Entwicklung ergeben, zu nutzen. Andererseits suchen viele einen Gegenentwurf zu einer immer komplexer und unübersichtlicher werdenden Welt. Experten beschreiben die aktuelle gesellschaftliche Entwicklung als sogenannte VUCA-World. Dabei steht das Akronym VUCA für:

Volatility   = Flüchtigkeit/Unbeständigkeit
Uncertainty = Unsicherheit/Ungewissheit
Complexity = Komplexität
Ambiguity   = Ambiguität/Mehrdeutigkeit

Es gibt immer mehr Menschen, die nicht damit zufrieden sind, nur ein kleines Rädchen in einem großen Räderwerk zu sein, sondern Verfügungsmacht über ihre Zeit, über die Inhalte und den Sinn ihres Tuns haben möchten. Dieser zunehmende Wunsch nach Selbstbestimmung spiegelt sich in der steigenden Zahl von Chancengründungen wider. Während die Zahl der Gründungen insgesamt rückläufig ist, startet mittlerweile mehr als die Hälfte der GründerInnen aus einem bestehenden Beschäftigungsverhältnis (2016: 58 Prozent). Die sogenannten Chancengründer gelten dabei als innovativer und stabiler in ihrer Selbstständigkeit, sie verwirklichen eher neue Ideen und schaffen es länger, am Markt zu bestehen.[6]

Auf diese Weise entstehen neue Lebensformen und Identitäten jenseits der alten Aufteilung in große und mittelständische Unternehmen, Handwerksbetriebe und klassische freiberufliche Tätigkeit. Menschen, die ihre Ideen als Solo-Selbstständige oder Start-up-Unternehmen verwirklichen, sind hochinnovativ und experimentierfreudig, beweglicher als herkömmliche Unternehmen und damit Motor gesellschaftlicher Entwicklung. Die Unzufriedenheit mit heutigen Lösungen führt zur Entwicklung von Produktinnovationen, die direkt zur Lösung gesellschaftlicher Probleme beitragen, zum Beispiel im Bereich der Gesundheit, Ökologie, Ernährung, des nachhaltigen Bauens usw.

GründerInnen und Selbstständige entwickeln dabei Arbeitsformen und Mindsets, die in großen Unternehmen unter dem Stichwort „Agiles Arbeiten" ebenfalls en vogue sind. Die heutige Wirtschaft bedarf an vielen Stellen Menschen, die selbstverantwortlich und selbstmotiviert tätig sind, die in der Lage sind, mit sich ständig verändernden Rahmenbedingungen umzugehen und flexibel auf sie zu reagieren, Menschen, die im Geist beweglich sind und eigene Entscheidungen treffen können.

Sich mit den eigenen Ideen und einer möglichen Selbstständigkeit zu beschäftigen, schult diese neue Art des Denkens und die dazu notwendigen inneren Haltungen. Wer sich mit der Realisierung eigener Ideen beschäftigt, beginnt, sich als GestalterIn zu begreifen. Was immer du am Ende aus deinen Ideen machen wirst – alleine durch die Beschäftigung mit ihnen gewinnst du wertvolle Qualifikationen hinzu.

Dein Werk kannst nur du schaffen

Im *ersten Kapitel* geht es um dich. Ich möchte dich auf eine Reise mitnehmen, auf der du für dich sammelst, wer du bist, was dich ausmacht, was dich interessiert, welche Ressourcen, Erfahrungen und Qualitäten du mitbringst und was dein Werk sein soll. Hier findest du das Handwerkszeug, um deine Ideen genauer zu formulieren.

Wer etwas Neues erschaffen möchte, findet keinen fertigen Plan, keine Bastel- und Gebrauchsanleitung für die Ausarbeitung der eigenen Idee, denn UrheberIn und GestalterIn des Werks und des Weges dorthin bist du selbst. Du kannst dir Hilfe und Unterstützung suchen, doch den Weg gehen musst du selbst. Dieses Kapitel begleitet dich dabei, herauszufinden, was DEINS ist.

Wenn du zum Beispiel einen Blog schreiben möchtest, wirst du sicherlich Menschen finden, die dich dabei beraten, wie man einen solchen schreibt, welche sprachlichen Regeln es zu beachten gilt, wie ein Blog technisch aufzusetzen ist oder wie man ihn vermarktet. Doch all dies wird dir nicht die Frage beantworten, wie DEIN Blog aussehen soll. Diese Antwort kannst nur du geben, indem du entscheidest, über was, in welchem Stil und für wen du schreiben möchtest.

Andere werden dir zur Seite stehen und dich unterstützen, dich ermutigen oder aufhalten. Selbst wenn du das Schreiben selbst abgeben würdest an jemand anderen – auch dieser wird dir die Frage nicht beantworten, was der Inhalt deines Blogs sein soll. Die Antwort auf die Frage, was entstehen soll, wird dir niemand abnehmen. Lässt du zu, dass andere für dich Antworten geben und übernimmst du ungefragt IHRE Inhalte, kann es passieren, dass du deinen eigenen Weg verlässt und irgendwann merkst: Das ist nicht MEINS.

Kreatives Genie, Querdenker oder Unternehmertypen? Von Prozessen und Haltungen

Welche Qualitäten brauchst du, wenn du deine Ideen verwirklichen willst? Musst du ein Genie sein? Schadet es, ein Sonderling oder Künstlertyp zu sein oder ist es geradezu eine Qualifikation? Musst du ein sogenannter Unternehmertyp sein?

Im *zweiten Kapitel* dieses Buch möchte ich dich einladen, dich in eine Reihe mit sympathischen Querdenkern und Ideenverwirklichern zu stellen, deren Kreativität niemals stillsteht, weil es so vieles gibt, was man machen und entwickeln könnte.

Wenn du zu den Menschen gehörst, aus denen immer neue Ideen und kreative Impulse sprudeln, stehst du vor der Herausforderung, das, was sich in dir abspielt, zu formulieren, auf den Punkt zu bringen und nach außen zu tragen. Dazu möchte ich dir hilfreiche Tools aus dem Gründungsbereich, Kreativitätstechniken und Modelle an die Hand geben, die dir helfen, deine Idee und dein Konzept zu definieren und auszuformulieren. All das soll dich darin unterstützen, deine Ideen auszuspinnen und zu konkretisieren, bis sie Gestalt annehmen.

Gute Ideen finden nicht automatisch Beifall in der Welt. Dieses Buch zeigt deshalb Schritt für Schritt, wie du deinen Ideen Geltung verschaffst, und hilft dir zu verstehen, was eine Idee erfolgreich macht. Finde für dich heraus: Welche Zutaten sind nötig und welche Schritte verhelfen mir zum Erfolg?

Viele Ideen lassen sich nur in der Selbstständigkeit verwirklichen

Vieles lässt sich nur als selbstständiges Projekt verwirklichen. Vielleicht kannst du deine kreativen Ideen nur erfolgreich verwirklichen, wenn du dich selbstständig machst. Oder die Gründung eines Unternehmens ist DEIN kreatives Projekt. Deshalb geht es im *dritten Kapitel* darum, was für eine erfolgreiche Unternehmensgründung notwendig ist.

Anders als in typischen Gründungsratgebern liegt der Fokus jedoch nicht auf der Frage, wie du die Finanzierung deiner Idee realisieren kannst oder welche Rechtsform dein Unternehmen haben soll. Vielmehr geht es darum, dich mit dem Markt und deinen KundInnen auseinanderzusetzen und zu prüfen, wie deine Idee ihren Platz in der Welt finden kann. Und es geht um den inneren Weg in die Selbstständigkeit – um das, was in dir wachsen muss, damit du deinen Ideen Geltung in der Welt verschaffen kannst.

Im *vierten Kapitel* geht es um dich und die Rahmenbedingungen deiner Gründung: Willst du alleine gründen oder mit anderen? Wie groß soll deine Gründung werden? Was musst du lernen, um erfolgreich zu sein?

Dein innerer Kritiker

Wenn du dich auf die Reise begibst, deine Ideen zu verwirklichen, wird einer mit Sicherheit auftauchen – dein innerer Kritiker. Sobald du beginnst, deinen Ideen Raum zu geben, sobald sie langsam Gestalt annehmen, ruft ihn das auf den Plan. Er meint es gut und will dich beschützen und vor Unheil, Blamage und Ruin bewahren. Doch zu oft schießt er über das Ziel hinaus, ist bei den meisten von uns zu groß geraten und trampelt auch das nieder, was eigentlich wachsen sollte. Die Kunst ist es also, ihm einen angemessenen Platz zuzuweisen.

Nur Mut! Du bist nicht allein

Ich möchte dich ermutigen, dein Projekt anzugehen. Aus eigener Erfahrung weiß ich, wie viel sich einer Sache oder einem kreativen Prozess in den Weg stellen kann und welche Hürden es zu überwinden gilt. Die Fragen und Hindernisse, die auftauchen, wenn Menschen etwas Kreatives, Neues in die Welt bringen, erleben sie als individuelle Schwierigkeiten. Sie zweifeln und hadern mit ihrem Vorhaben, sie kreieren neue Ideen und verwerfen sie wieder, sie machen Schritte vorwärts und möchten dann am liebsten wieder alles ganz lassen.

Diese Prozesse sind typisch und ich bin ihnen in unzähligen Beratungsgesprächen und Seminaren begegnet. Sie tauchen unweigerlich auf, wenn jemand losgeht und etwas erschaffen möchte, was es noch nicht gibt. Sie sind Teil des kreativen Schöpfungsprozesses und es ist wichtig, mit ihnen einen konstruktiven Umgang zu finden – DAMIT am Ende etwas entstehen kann.

GründerInnen und KünstlerInnen plagen sich gleichermaßen damit, eine Form oder einen Ausdruck für das zu finden, was in ihnen steckt. Solange eine Idee noch nicht ihre endgültige Gestalt angenommen und Beifall in der Welt gefunden hat, ist es manchmal schwer, daran festzuhalten, weiterhin an sie zu glauben, neue Energie zu investieren, sie zu formen und wachsen zu lassen, kurz: etwas zu erschaffen.

Viele wunderbare Ideen blieben nur Hirngespinste und wurden nicht verwirklicht, weil Menschen hängenblieben oder aufgaben. Es braucht gelungenes Selbstmanagement, um eine Idee erfolgreich zu realisieren.

Im *fünften Kapitel* möchte ich dir von anderen kreativen Köpfen erzählen. Wie sie ihre Ideen verwirklicht haben, zeigt dir, dass du mit deinen Zweifeln und Krisen nicht allein bist und sie kein Ausdruck dafür sind, dass du ungeeignet bist oder deine Ideen es nicht wert sind, umgesetzt zu werden.

Leg los!

Ideen wachsen auf einem Nährboden aus konstruktivem Feedback, Hoffnung, Zuversicht und positiver Bestärkung. Das *sechste Kapitel* ermutigt dich loszugehen. Es braucht „Spiel-Räume", in denen kreativ gedacht, ausprobiert und gescheitert werden darf, um Geniales und Solides, Innovatives und Inspirierendes hervorzubringen.

Willst du erfolgreich sein, tust du gut daran, dir ein entsprechendes Umfeld zu erschaffen und ein Mindset in dir zu nähren, das dir selbst Wachstumsräume eröffnet.

Es gehörte lange Zeit zum guten Ton der Beraterszene, sich als Türsteher vor der Gründungstür zu begreifen, um diejenigen vor einer Gründung zu warnen, die man für ungeeignet hielt – in bester Absicht. Sicher sind auch viele abgeschreckt worden, die nicht auf den ersten Blick als zukünftige Ideenverwirklicher und gute UnternehmerInnen erkennbar waren. Denn viele gute Ideen kommen zu Beginn als Larven daher. Sie werden erst nach dem Verpuppungsstadium zu Schmetterlingen.

MACH DEIN DING

Deshalb mein letzter Tipp, bevor du dich auf die große Heldenreise begibst: Finde Menschen, die den Schmetterling in dir erahnen können, auch wenn du ihnen eine Raupe vorstellst. Sie helfen dir, das zu werden, was du sein möchtest und deine Ideen zum Leuchten zu bringen.

Unterstützt wirst du dabei von der KREATIV-Methode. Diese Technik integriert Emotionen und Fakten, fördert versteckte Potenziale zutage und ermutigt dazu, kreative, verrückte und neue Ideen ernst zu nehmen. KREATIV planen heißt:

K = KREATIVITÄT FÖRDERN
R = RESSOURCEN AKTIVIEREN
E = EMOTIONEN INTEGRIEREN
A = AGIL HANDELN
T = TALENTE ENTDECKEN
I = INNOVATIV DENKEN
V = VISIONEN VERWIRKLICHEN

Ich lade dich ein, auch durch dieses Buch deinen eigenen Weg zu gehen. Es kann sein, dass du eine ganz andere Reihenfolge brauchst, als ich sie dir hier vorschlage. Fühl dich frei, mit dem letzten Kapitel anzufangen, wenn es gerade Zweifel sind, mit denen du dich plagst, oder dich mit deinem Bild von Unternehmern zu beschäftigen. Du allein bist der Experte bzw. die Expertin dafür, was gerade hilfreich für dich ist.

Astrid Hochbahn

Autorin und Verlag haben einen kreativen Kompromiss zwischen dem Wunsch nach Lesbarkeit und dem Wunsch, Frauen und Männer gleichermaßen anzusprechen, gesucht. Das Ergebnis ist gewollte Uneinheitlichkeit aus neutraler, nur weiblicher oder nur männlicher Form.

> WAS IMMER DU TUN KANNST, ODER TRÄUMST, ES ZU KÖNNEN,
> FANG DAMIT AN!
> MUT HAT GENIE, KRAFT UND ZAUBER IN SICH.
> JOHANN WOLFGANG VON GOETHE

TIPPS FÜR UNTERWEGS

1. Egal, was passiert: Mach weiter!

Der Erfolg liegt HINTER den Rückschlägen, Zweifeln und Misserfolgen. Handle! Denke nicht über den perfekten Plan nach, sondern probiere deine Ideen aus, hol dir Feedback und mache Erfahrungen. Was nicht funktioniert, zeigt dir, was du besser machen kannst. Das hilft dir, den richtigen Weg zu finden.

2. Deine Lust ist dein wichtigster Ratgeber

Deine Lust ist klug und weise, in ihr steckt das Wissen um deine Bedürfnisse. Sie sorgt dafür, dass deine Ziele und Schritte im Einklang mit deinen Lebenszielen und deinen Potenzialen stehen. Sie weist dir die Richtung und kennt die nächsten To-dos. Wenn sie sich versteckt, ist es an der Zeit, sich zu fragen, was los ist: Wovor habe ich Angst? Was stimmt nicht? Gehe ich noch in die richtige Richtung? Stimmt die Größe meiner Schritte? Stimmen die Rahmenbedingungen? Sind die richtigen Menschen an meiner Seite? Stimmt der Zeitpunkt?

3. Erfolg entsteht durch Arbeit

Lass dich nicht blenden von denen, die scheinbar über Nacht „entdeckt" werden. Rede dir nicht ein, dass Talent, Inspiration oder eine gute Idee genügen. Der unsichtbare Faktor wirklichen Erfolgs ist die Arbeit, die hinter den Kulissen passiert, innerlich wie äußerlich. Wenn du eine gute Idee hast, dann mach dich daran, sie zu realisieren und dich all den kleinen und großen Herausforderungen zu stellen, die dein Projekt mit sich bringt.

4. Akzeptiere, dass Zweifel dazugehören

Hadere nicht damit, dass immer wieder Zweifel aufkommen. Werte dies nicht als Zeichen, dass dein Projekt Unsinn ist. Erst wenn dein Projekt steht und erfolgreich ist, wirst du aufhören, immer wieder generell an ihm zu zweifeln. Neu aufkommende Zweifel werden sich auf neue Fragen beziehen, die sich dir dann stellen, aber du wirst aufhören, an deinem Projekt insgesamt zu zweifeln.

Akzeptiere, dass Zweifel immer wieder Wegbegleiter deines Weges sein werden. Zweifel sind ungehörte Stimmen in dir, die Einwände und Bedenken formulieren. Höre sie dir an, beschäftige dich mit ihnen, versuche sie zu entkräften und hole dir gegebenenfalls Hilfe. Zweifel sind wichtige Helfer, die dich dabei unterstützen, dein Projekt besser, stärker und widerstandsfähiger zu machen.

5. Finde UnterstützerInnen

Je mehr andere positive Stimmen in und um dich sind, desto besser wirst du mit Zweifeln fertig. Such dir Menschen, die an dich glauben, die dich inspirieren und ermutigen.

6. Stärke den Glauben an dich selbst.

Beschäftige dich mit dem, was dir bereits gelungen ist. Erkenne an, was du bisher auf den Weg gebracht hast. Würdige kleine Schritte und blick zurück auf das, was du bisher geschafft hast. Sei stolz auf dich!

7. Nutze Chancen: Erfolg kommt vielleicht anders, als du es erhoffst und planst.

Vielleicht sieht der Erfolg anders aus, als du heute glaubst. Etwas, woran dein Herz heute hängt, lässt sich vielleicht doch nicht realisieren – dafür entdeckst du neue Möglichkeiten, die du vorher noch gar nicht im Blick hattest. Verfolge deine Vision weiter. Bleib offen für Überraschungen und sich bietende Gelegenheiten.

8. Zuversicht und Selbstvertrauen entstehen durch Handeln.

Jeder Schritt, der gelingt, bestärkt dich in deinem Vorhaben und gibt dir neues Vertrauen. Mach die Schritte deswegen bedacht und so klein, dass du sie gehen kannst – und geh. Das Vertrauen in deine Kraft und dein Können entsteht im Gehen. Jede bewältigte Herausforderung stärkt dich.

9. Probleme laden dich ein, klarer zu werden.

Krisen und Kritik zwingen dich, dich mit Unwillkommenem, bisher Übersehenem auseinanderzusetzen. Auch wenn sie nicht angenehm sind – sie sind häufig das Tor zu unerwarteten neuen Einsichten und Wendungen. Auf lange Sicht machen sie deinen Output wahrscheinlich sogar besser.

10. Trau deiner eigenen Intuition.

Manchmal kannst du nicht begründen, was du spürst. Du willst etwas unbedingt, ohne definieren zu können, warum eigentlich, und auch dein Verstand äußert 1.000 Gegenargumente. Es lohnt sich, auf deine innere Stimme zu hören! Vertraue ihr.

1

DU UND DEIN POTENZIAL: WAS BRINGST DU MIT?

DU KANNST AUF DIESER WELT NUR LEBEN, WENN DU SIE ZU DEINER
GELIEBTEN MACHST. SIE MIT DIESEN WUNDERN UND GRAUSAMKEITEN
ANNIMMST UND ZWISCHEN BEIDEN DAS GLEICHGEWICHT FINDEST.
SONST WIRST DU SIE NICHT SO VERLASSEN KÖNNEN, WIE DU ES VORHAST –
LAUT LACHEND AUF EINEM SILBERNEN VOGEL FLIEGEND UND
BIS ZUM RAND ERFÜLLT MIT ALLEM, WAS SIE DIR ZU BIETEN HATTE.

JANOSCH

> IN DEM AUGENBLICK, IN DEM MAN SICH EINER EINZIGARTIGEN
> AUFGABE VERSCHREIBT, BEWEGT SICH DIE VORSEHUNG. (...)
> WAS IMMER DU KANNST ODER DIR VORSTELLST,
> DASS DU ES KANNST, BEGINNE ES!
> KÜHNHEIT TRÄGT GENIUS, MACHT UND MAGIE IN SICH.
> BEGINNE JETZT!
>
> JOHANN WOLFGANG VON GOETHE

1. JEDER MENSCH HAT EIN EINZIGARTIGES POTENZIAL: SCHAU, WER DU BIST!

Was möchtest du in die Welt bringen? Kribbelt es in dir? Fragst du dich, was es genau ist, was entstehen will? Dann ist es ratsam, dich mit deinen Ressourcen, Qualifikationen, Ideen und Werten auseinanderzusetzen, um genauer zu verstehen, welches Potenzial in dir steckt und zum Ausdruck kommen will.

Selbst wenn du schon genau weißt, was du willst, ist es von Bedeutung, die Basis, auf der deine Idee fußt, zu kennen und zu festigen. Dieses Kapitel will dich dabei unterstützen, genauer zu verstehen, was du machen möchtest und welche Ressourcen dir für dein Vorhaben zur Verfügung stehen.

Du bist eine einzigartige Mischung aus Erfahrungen, Interessen, Erlebnissen, Kompetenzen, Wünschen und Werten. Was dein Ding ist, ist entweder klar und offensichtlich oder steckt noch im Verborgenen in dir. Aber es ist bereits da.

Viele Menschen bilden schon im Kinder- und Jugendalter Interessen und Werte aus, die dazu führen, dass sie sich für bestimmte Wissens- und Arbeitsgebiete besonders interessieren. Andere stoßen später auf etwas, was sie fasziniert, etwas, was ihnen das Gefühl gibt: Das ist es! Das will ich machen! Damit will ich mich beschäftigen!

Es geht darum, in dich hineinzuhorchen und auf Spurensuche zu gehen:

WAS BRINGST DU MIT?

- *Wofür interessierst du dich?*
- *Was beschäftigt dich?*
- *Aus welchen Wissensgebieten bringst du Erfahrungen mit?*
- *Welche Ideen und Impulse schlummern in dir?*

Auch wenn du das Muster deiner Interessen selbst noch nicht verstehst, ist es dennoch da. Das verbindende Glied bist du. Du bist es, der/die sich für all das interessiert – und der Sinn dieser ganz speziellen Interessenkombination liegt in dir verborgen.

Deine Suche kann sich wie ein Detektivspiel anfühlen: Du sammelst Indizien und Einzelteile und suchst die Verbindung zwischen ihnen. Du versuchst zu verstehen, welche Logik in deinen Interessen steckt, die auf den ersten Blick nicht zusammenzugehören scheinen.

Du bist ein 1.000-Teile-Puzzle ohne Vorlage: hier ein Teil mit Himmel, da mit Wasser – und vorerst weißt du nicht, ob das Puzzle am Ende Venedig oder San Francisco zeigen wird. Von einem aber darfst du ausgehen: Alle Teile zusammen ergeben am Ende ein Bild, das Sinn macht. Denn die Dinge machen in dir Sinn. Diesen Sinn gilt es zu entschlüsseln. Die Herausforderung besteht darin, auch das scheinbar Nicht-Zusammengehörige auszuhalten. Aus dieser einzigartigen Mischung, die du darstellst, ergibt sich das, was du in die Welt bringen willst. Und weil du einzigartig bist, kannst nur du dein Werk erschaffen. Lernst du es, zu verstehen, was das Einmalige und Besondere an dir ist und dies zum Ausdruck zu bringen, musst du dir keine Sorgen machen, dass du in der Masse untergehen könntest.

Es ist gut und in Ordnung, dass du dich von anderen inspirieren lässt. Wir alle stehen auf den Schultern unserer Vorfahren, den Erfahrungen und Werken von Menschen, die vor uns Großes geleistet haben.

Wenn es dir gelingt, dir und deinem eigenen Blick zu vertrauen, entsteht gleichzeitig etwas Neues. Die Summe deiner persönlichen Erfahrungen bewirkt, dass du die Dinge etwas anders angehst als jemand anderes.

Etwas, das Sinn macht

Bist du an einem Lebenspunkt angelangt, an dem du für dich neu klären willst, was für dich Sinn macht? Meist gibt es nicht nur eine Aufgabe, die wir erfüllen können. Vielleicht hast du einen Beruf gelernt, in dem du gut bist, dessen Anforderungen du passabel oder sogar sehr gut erfüllst. Du bist vielleicht sicher und etabliert, aber bist du glücklich? Oder merkst du schon länger, dass du auf dem falschen Weg bist, weil die Dinge nicht gelingen?

Ob dich etwas zufrieden macht, hat ganz wesentlich damit zu tun, ob du es tun möchtest. Menschen wollen Sinnvolles tun und sich mit ihrer Aufgabe identifizieren. Erfüllt dich, was du tust, mit Freude und Stolz? Passt das, was du tust, zu deinen Werten und Interessen?

Es gibt eine kleine Geschichte, die das wunderbar illustriert:

> Drei Steinmetze arbeiten auf einer Baustelle. Ein Passant fragt sie danach, was sie tun. Der erste Steinmetz räumt mürrisch Steine zusammen und sagt: „Ich verdiene meinen Lebensunterhalt." Der zweite Steinmetz klopft mit wichtiger Miene auf seinen Stein, während er antwortet: „Ich liefere die beste Steinmetzarbeit weit und breit." Der dritte Steinmetz aber schaut den Fragenden ruhig und mit glänzenden Augen an und sagt: „Ich baue eine Kathedrale."[7]

Studien zeigen immer wieder, dass Menschen beruflich zufrieden sind, wenn sie sich in Sinnkontexte eingebunden fühlen. Stellvertretend dafür sei eine Untersuchung der Initiative Gesundheit & Arbeit aus dem Jahr 2016 zitiert, nach der ein Fünftel der ArbeitnehmerInnen innerlich ausgestiegen ist. Ursachen hierfür: Schwächen im Führungsverhalten, mangelnde Wertschätzung, fehlende Mitbestimmung und ungelöste Konflikte.[8] Zufrieden ist, wer spürt, dass er seine Fähigkeiten einsetzen kann und dass der eigene Beitrag in einem größeren Kontext wichtig ist.

Motivationen und Werte

Was ist für dich wesentlich und wertvoll? Wozu möchtest du einen Beitrag leisten?

Oft sind es besonders eindrückliche Erfahrungen, die dazu führen, dass bestimmte Wissensgebiete von bleibendem Interesse sind. Insbesondere während der Schulzeit, in der Ausbildung oder im Studium werden wichtige Erfahrungen gesammelt und Werte vermittelt. Aber auch familiäre Erlebnisse – unabhängig von der Erziehung – sind prägend.

Gibt es etwas, was du verändern möchtest? Hast du etwas Positives erlebt, das du an andere weitergeben möchtest? Oder ist dir etwas Negatives widerfahren, das du anderen ersparen möchtest?

Menschen unterscheiden sich darin, dass sie von unterschiedlichen Werten angetrieben werden, zum Beispiel: Familie, Ehre, Anerkennung, Liebe, Gemeinschaft, Abenteuer, Ästhetik usw.[9] Was sind deine wichtigsten Werte, die dir und deiner Idee als Motor dienen? Im Wort „Wert" selbst steckt die Botschaft: Was ist für dich wertvoll? Für welche Werte bist du bereit, dich anzustrengen und Schwierigkeiten durchzustehen?

BEISPIELE:

Andreas hatte einen Vater, der in seiner Freizeit in seiner Werkstatt im Keller bastelte und baute; die Werkstatt war technisch hervorragend bestückt und Andreas machte die Erfahrung, dass es nichts gab, was sein Vater nicht technisch lösen oder bauen konnte. Er war ein Erfinder und Bastler mit kreativen Ideen und Andreas durfte schon früh mithelfen. Das hat ihn nachhaltig geprägt. Er hat ständig Ideen, wie man etwas bauen oder technisch umsetzen könnte. Am liebsten würde er ständig basteln und tüfteln und damit sein Geld verdienen.

Nele wuchs in einer schwierigen Familie auf. Ihre Kindheit verlief zerrissen zwischen wunderbaren Erfahrungen von Kreativität, Natur und Spielen einerseits und negativen Erlebnissen mit Sucht, Konflikten und Angst andererseits. Basis ihres gesamten Berufslebens ist dadurch der Wunsch geworden, Kindern in schwierigen Lebenssituationen zu helfen. Dabei setzt sie heute in ihrer Arbeit alles ein, was sie an positiven Ressourcen in ihrer Familie gelernt hat: Spielen, die Natur erleben, Kreativität ausleben …

Auch in Annas Familie gab es viele Konflikte und Spannungen. Zuflucht und Rückzugsmöglichkeiten fand sie in Büchern. Sie konnte ihrer Phantasie und Kreativität in erfundenen Welten freien Raum lassen; hier fand sie die Ordnung, die sie im wirklichen Leben vermisste. Heute träumt sie davon, selbst Bücher zu schreiben und fremde Welten zu kreieren.

> IN DEM MOMENT, ALS DIE RAUPE DACHTE,
> DIE WELT GEHT UNTER, WURDE SIE ZUM SCHMETTERLING.
> PETER BENARY

2. WAS IST DEINE LEBENSAUFGABE?

Was hat dich geprägt? Welche Erfahrungen waren für dich einschneidend? Welche Dinge haben dir in deiner Kindheit und Jugend besonders Freude gemacht? Welche Erfahrungen hast du als Erwachsener gemacht, die dich und deine Werte nachhaltig beeinflusst haben?

Möglicherweise brennst du innerlich für ein Thema oder etwas liegt dir schon lange am Herzen, wofür du dich bereits einsetzt oder gerne einsetzen würdest. Oder es gibt etwas, womit du dich gerne beschäftigen würdest, auch wenn es dafür kein Geld gibt – einfach, weil du es wichtig findest.

Vielleicht beobachtest du schon seit Jahren Situationen, Vorkommnisse, Prozesse, Gegebenheiten usw., die sich in dir zu einem Anliegen geformt haben:

- Du siehst Missstände und hast Ideen, wie sie behoben werden könnten.
- Du siehst, dass man in deiner Branche Dinge besser machen könnte.
- Du ärgerst dich als Kunde immer wieder darüber, wie etwas gelöst wird – und denkst, man könnte und sollte das ganz anders machen.

Bring zu Papier, was dich beschäftigt. Was genau würdest du gerne anders machen? Wo siehst du Verbesserungsbedarf?

> LERNEN HEISST,
> SEINE EIGENEN MÖGLICHKEITEN AUSLOTEN.
> PAOLO COELHO

3. FINDE HERAUS, WAS DEIN POTENZIAL IST

Deine Fähigkeiten und Ressourcen sind dein Potenzial, sozusagen das Rohmaterial deiner Ideenverwirklichung. Du wirst staunen, welche Fülle du angesammelt hast – egal, an welchem Punkt deines Lebens du dich befindest.

Jetzt ist die Zeit, dir bewusst zu machen, was dir zur Verfügung steht, worauf du zurückgreifen kannst. Das wird dich für dein Tun stärken und du gewinnst vielleicht neue Einsichten, wer du bist und was dich ausmacht. Jeder Mensch ist eine faszinierende, einzigartige Mischung aus Erfahrungen, Erkenntnissen, Werten, Fähigkeiten und Kenntnissen und es ist spannend, sichtbar zu machen, wer du bist.

Am besten gehst du systematisch vor und machst eine Bestandsaufnahme. Kauf dir ein Notizbuch, beschreibe große Flipchart-Bögen oder lege dir einen Potenzial-Ordner auf deinem Computer oder in deinem Handy an.

Egal, mit welcher Methode – fang an zu sammeln und finde heraus, was du alles mitbringst:

- *Welche Fähigkeiten machen dich aus?*
- *Welche persönlichen Eigenschaften zeichnen dich aus?*

WAS BRINGST DU MIT?

- *Welche Kenntnisse hast du im Laufe deiner Ausbildung sowie beruflichen wie privaten Tätigkeiten erworben?*
- *Welche Erfahrungen hast du gemacht?*
- *Welche Kontakte hast du?*

Erstelle eine Potenzial-Liste, die möglichst vollständig enthält, womit du dich bereits beschäftigt hast, welche Fähigkeiten und Fertigkeiten, Kontakte und Netzwerke du hast, auf welche Erfahrungen du zurückschaust und welche Ausbildungen du durchlaufen hast. Denke daran, dass an jeder Arbeits- und Ausbildungsstelle unter Umständen eingeschlafene Kontakte hängen, die du vielleicht reaktivieren könntest. Dein Potenzial ist sehr viel größer als das, was du zurzeit lebst.

Pflege diese Potenzial-Liste, vervollständige sie soweit wie möglich, indem du sie auch um ungeliebte Fähigkeiten erweiterst – du weißt nicht, wofür selbst negative Eigenarten vielleicht noch zu gebrauchen sind.

Um der Liste eine Struktur zu geben, markiere die Dinge, die dir am Herzen liegen und dir wichtig sind, zum Beispiel mit Smileys.

Erlaube dir genauso die Dinge zu kennzeichnen, die du nicht mehr weiter in deinem Leben haben willst.

 ABER: LASS SIE NICHT WEG!
AUCH DINGE, DIE DU NICHT MAGST, GEHÖREN ZU DEINEN FÄHIGKEITEN.

Die folgende Übersicht hilft dir beim Erstellen deiner Potenzial-Liste:

POTENZIAL-LISTE

Berufliche Qualifikationen
- Welche beruflichen Qualifikationen hast du erworben?
- Welche Ausbildungen, Studiengänge und Weiterbildungen hast du absolviert?
- Welche Job- und Praktikumserfahrungen hast du?
- Hast du eventuell schon früher Erfahrungen mit Selbstständigkeit – Honorarjobs und dergleichen – gesammelt?
- Was in deinen bisherigen Jobs hat dir besonders Spaß gemacht, was mochtest du weniger?
- Was willst du hinter dir lassen?

Hobbys/Interessen
- Was interessiert dich jenseits beruflicher Interessen?
- Was machst du in deiner Freizeit?
- Was hast du kennengelernt, wofür dein Herz brennt?

Persönliche Eigenschaften und Fähigkeiten
- Was macht dich als Mensch aus?
- Welche persönlichen Qualitäten zeichnen dich aus?
- Was sind deine Stärken, was deine Schwächen?

Kontakte
- Wen kennst du – aus beruflichen oder privaten Kontexten?
- Schreib alle auf – auch die, die dir im Moment vielleicht nicht relevant erscheinen. Vielleicht verändert sich deine Idee noch.
- Über welche Kontakte hast du unter Umständen Verbindungen zu anderen Menschen, Institutionen oder Firmen?[10]

Wichtige Erfahrungen und Erkenntnisse
- Was sind wesentliche Erfahrungen, die du gemacht hast?
- Welche Erfahrungen haben dich nachhaltig geprägt?
- Dein Potenzial – das sind auch deine vergangenen Erlebnisse, Erkenntnisse und Haltungen.

Eine solche Liste zu erstellen, kann sich ein bisschen nach Fleißarbeit anfühlen. Mach daraus etwas, was dir Spaß macht. Mach es so bunt oder so systematisch, wie du persönlich gestrickt bist. Mach sichtbar, wer du bist! Du bist einzigartig und besonders!

Bitte auch dein Umfeld um Feedback: Was seht ihr in mir? Was kann ich in euren Augen besonders gut? Spannend ist es, Menschen zu fragen, die dich aus unterschiedlichen Kontexten kennen und dir unterschiedlich nahestehen, denn du wirst nicht allen die gleiche Seite von dir zeigen.

Eines ist wichtig: Leg das Feedback nicht auf die Goldwaage, sei nicht enttäuscht oder sogar beleidigt, wenn nicht das kommt, was du erwartet oder erhofft hast. Frag niemanden, mit dem du gerade im Clinch liegst – das Feedback wird dir vermutlich nicht guttun. Sprich mit den Menschen darüber, wenn dir etwas Wichtiges fehlt oder dich Rückmeldungen überraschen. Es kann sein, dass jemand sich ungeschickt ausgedrückt hat oder etwas für nicht wichtig erachtet hat, was dir sehr wichtig ist.

> GREIFE NACH DEM MOND. VERFEHLST DU IHN,
> LANDEST DU IMMER NOCH ZWISCHEN DEN STERNEN.
>
> LES BROWN

4. FORMULIERE DEINE VISION

Der Moment, in dem du dir überlegst, deine Ideen zu verwirklichen, ist eine wunderbare Gelegenheit, dich zu fragen, was du dir wirklich für dein Leben wünschst. Trau dich, dir auch das zu wünschen, was dir nicht realistisch erscheint. Was realisierbar ist und was nicht, schätzen wir häufig falsch ein. Deshalb darfst du dir jetzt Dinge wünschen, die vielleicht erst in zehn Jahren Wirklichkeit werden – oder nie. Den Blick von den unmittelbaren nächsten Schritten weg auf dein ganzes Leben zu richten, hilft dir, jetzt anstehende Entscheidungen mit deiner gesamten Lebensplanung zu verbinden. Hilfreich sind die folgenden Übungen des Zeitmanagement-Experten Lothar J. Seiwert:[11]

DER 88. GEBURTSTAG

Schreibe die Rede, die an deinem 88. Geburtstag über dich gehalten werden soll. Stell dir vor, deine Lieben sind versammelt und einer nach dem anderen steht auf und würdigt dich und dein Leben. Was soll gesagt werden?

FORMULIERE DEINE VISION

DIE GRABREDE

Schreibe deine Grabrede. Womit möchtest du in Erinnerung bleiben? Was wird hervorgehoben, wer warst du? Was hast du in deinem Leben gemacht? Womit möchtest du gesehen werden? Was ist im Nachhinein, wenn du auf dein gesamtes Leben schaust, wirklich wichtig?

Beide Übungen helfen dir, auf dein gesamtes – bisheriges – Leben zurückzublicken. Deine Lebenszeit ist dein wichtigster Besitz. Dich gedanklich an das Ende des eigenen Lebens zu stellen und Bilanz zu ziehen, hilft dir, Prioritäten zu setzen. Ganz deutlich wird aus diesem Blickwinkel, dass nur du allein darüber entscheidest, was du aus deinem Leben machst.

Im Trubel des täglichen Alltags geht uns genau diese Erkenntnis verloren: Wir fühlen uns gelebt und getrieben von tausend Kleinigkeiten, ein Schritt scheint sich ständig aus dem anderen zu ergeben. Daher brauchen wir es, ab und an herauszutreten und einen Aussichtspunkt zu besteigen, von dem aus wir betrachten können, was eigentlich wirklich wichtig ist.

Träumen erlaubt: Was wünschst du dir für dich und deine Zukunft?

Mach die Augen zu und träume. Male ein Bild. Such dir Fotos aus Zeitschriften aus und gestalte eine Collage. Mach dir ein Bild von dem Leben, das du wählst.
Stell dir vor, du hättest deine Idee erfolgreich verwirklicht. Was ist entstanden? Wer erkennt dich für das an, was du erschaffen hast? Wie sieht dein Leben jetzt aus? Was ist die Belohnung?

Wie würde dein Leben aussehen, wenn du deine Ideen umsetzt und der Erfolg so kommt, wie du ihn dir erträumst?
Stell dir vor, eine gute Fee käme zu dir und würde dich nach deinen Wünschen fragen, alles wäre möglich, alles miteinander vereinbar, alles erreichbar. Was würdest du dir wünschen? Es geht nicht nur um „realistische" Wünsche – es geht darum, alles zuzulassen und herauszufinden, was du wirklich möchtest, privat wie beruflich. Es geht darum, die kritischen und „realistischen" Stimmen in dir eine Weile auszublenden und auch das scheinbar Unmögliche in Erwägung zu ziehen. Das ist nötig, denn anders als bei Kindern sind unsere besten Ideen oft vergraben unter einem Berg von Vernunft. Es gilt, einen kreativen, bunten Möglichkeitsraum zu erschaffen, indem auch Unvernünftiges erst einmal gedacht werden darf. Nichts von dem, was du jetzt

WAS BRINGST DU MIT?

äußerst, musst du 1:1 umsetzen. Die Vernunft hat hinterher wieder ihren Platz. JETZT geht es darum, schräg, verrückt und anders sein zu dürfen.

Warum solltest du auch Dinge in Betracht ziehen, die dir selbst unrealistisch erscheinen? Meiner Erfahrung nach haben Dinge, die du dir wünschst, eine Bedeutung. Wenn du sie zu früh herausfilterst, bleiben vielleicht wichtige Aspekte nicht berücksichtigt. Du möchtest einerseits fremde Welten entdecken und Naturforscher sein, andererseits wünschst du dir einen Teilzeit-Job, der sich mit deinen Kindern vereinbaren lässt? Du träumst davon, auf einer großen Bühne zu stehen und wünschst dir gleichzeitig Sicherheit und Beschaulichkeit?

Wir denken oft, alles müsste gleichzeitig da sein, was wir uns wünschen – und dann wirken unsere Wünsche widersprüchlich. Aber kann es nicht sein, dass der Teilzeit-Job wunderbar ist, solange die Kinder noch klein sind, und du später aufbrechen wirst, um fremde Länder zu bereisen? Und vielleicht braucht dein Weg auf die Bühne kleine Schritte, so dass du dich sicher genug fühlst, ihn zu gehen?

BEISPIEL:

Der Entwickler der Bionade hat jahrelang in einem Dorf in der Rhön an einem neuen Verfahren zum Brauen von Limonade gearbeitet – mit einem Destillierapparat in der häuslichen Badewanne. Er hatte eine große Vision, dass seine Limonade irgendwann überall zu kaufen sein würde und sprach von der „Volks-Limo". Im Dorf galt er als Spinner.[12]

WUNSCHSUCH-FRAGEN

- **Was** möchtest du gerne tun?
- **Wie** möchtest du arbeiten? In welchem Umfeld möchtest du dich bewegen? Welche Rahmenbedingungen sind für dich wichtig?
- **Wofür** würdest du dich gerne einsetzen?
- **Womit** möchtest du dich gerne beschäftigen?
- Mit welchen **Themen** möchtest du zu tun haben?
- Was würdest du tun, wenn du fünf Leben hättest? Was würdest du jeweils in diesen parallelen Leben machen und werden wollen?
- Was würdest du tun, wenn du eine Million Euro im Lotto gewinnst?
- Was würdest du tun, wenn du nicht scheitern könntest?
- Was würdest du tun, wenn du gut genug wärst?

FORMULIERE DEINE VISION

- *Was würdest du tun, wenn du genügend Unterstützung hättest?*
- *Was wolltest du als Kind werden? Was waren deine ersten Berufswünsche?*
- *Wen beneidest du – und um was?*
- *Wer ist für dich ein Vorbild? In welcher Hinsicht? Was bewunderst du an dieser Person?*
- *Wofür würdest du Geld bezahlen, um es tun zu dürfen?*
- *Was macht für dich Sinn? Gibt es etwas, für das du kämpfen würdest, was für dich sehr wichtig ist?*[13]

Der Traum von der Selbstständigkeit

Du träumst vom eigenen Unternehmen? Auch dann lohnt es sich, einen Blick in die Zukunft zu werfen. Stell dir vor, du hast dich tatsächlich erfolgreich selbstständig gemacht und nun sind ein paar Jahre vergangen:

- *Wie sieht dein Unternehmen aus? Wo befindet es sich? Wie groß ist es? Wer ist dort mit dir? Wie viele Menschen – MitarbeiterInnen/KundInnen – halten sich dort auf? Was bekommen sie? Was tun sie? Was machst du selbst? Wie geht es dir bei deinem Tun? Wie sieht ein typischer Tagesablauf aus?*
- *Wie erfahren KundInnen von dir? Was erfahren sie? Was sagen KundInnen über dein Unternehmen? Womit sind sie besonders zufrieden? Warum gehen sie lieber zu dir als zur Konkurrenz?*
- *Wie viel Geld verdienst du? Wie viel arbeitest du?*
- *In einem Magazin erscheint ein Artikel über dich: Was wird besonders hervorgehoben? Was erscheint der Redaktion als bemerkenswert? Wofür wirst du besonders gelobt?*

Visionen sind kraftvoll. Sie ziehen dich wie ein Magnet an und geben dir Orientierung, wohin du willst, was du erreichen willst. Selbst wenn du nicht alles erreichst, was du anstrebst, bewegst du dich durch sie in die richtige Richtung.

Wir überschätzen oft, was wir kurzfristig schaffen können – deshalb sind unsere To-do-Listen in der Regel zu lang. Doch andererseits unterschätzen wir, was wir über längere Zeiträume erreichen können, da wir zu sehr am Status quo kleben und uns gar nicht vorstellen, was wir wirklich bewerkstelligen können, wenn wir Geduld haben. Ich habe es immer wieder erlebt, dass das, was Menschen beim Spinnen von Visionen noch verrückt und unerreichbar erschien, eines Tages Wirklichkeit wurde.

WAS BRINGST DU MIT?

Folge deiner Vision!

Deine Wünsche sind eine einzigartige innere Leitschnur und geben deinem Leben eine Richtung. Was könnte sonst der Maßstab dafür sein, was du mit deinem Leben anfangen willst?

Wenn wir uns auf den Weg machen, besteht immer wieder die Gefahr, dass wir unsere Wünsche aus dem Blick verlieren. Sachzwänge, praktische Rahmenbedingungen, innere Hürden und Hindernisse, gut gemeinte Ratschläge von außen – all das sorgt schnell dafür, dass wir irgendetwas planen und überlegen, was wir vielleicht im tiefsten Inneren doch gar nicht wollen. Daher ist die Rückbesinnung auf die innere Vision und das, was du dir wirklich wünschst, wichtig, um zu prüfen, ob du dein Ziel noch im Blick hast. Du erschaffst dir selbst einen Kompass, der dir zeigt, ob du auf dem richtigen Weg bist.

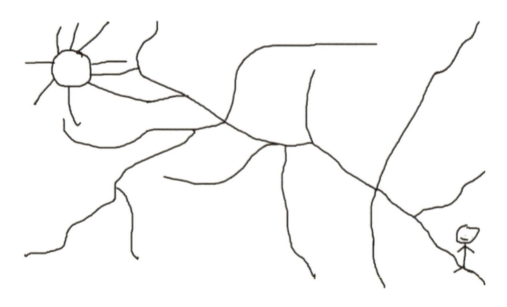

Ziele zu haben bedeutet nicht, an ihnen sklavisch festzuhalten. Es kann sein, dass du auf deinem Weg merkst, dass du deine ursprünglichen Pläne ändern möchtest oder du auf einem anderen Weg schneller und leichter vorankommst. Kein Mensch hindert dich daran, deine Pläne jederzeit wieder zu ändern.

FORMULIERE DEINE VISION

Deine persönliche Mischung ist entscheidend

Wie kannst du durch das, was du über dich zusammenträgst, herausfinden, was du tun sollst? Was machst du mit dieser Aufzählung von Vorlieben, Wünschen, Fähigkeiten und Potenzialen?

Du hast jetzt wahrscheinlich eine Vielzahl von Interessen, Ideen und Möglichkeiten gesammelt. Die Frage ist, welchem Pfad du folgen möchtest, welches Interesse welche Gewichtung erhält. Was ist ein Hobby, was wird deine Berufung? Welche Aspekte lassen sich zu einem Ganzen kombinieren, was ist nicht so wichtig?

Deine Aufgabe ist es, zu gewichten, zu schieben und Muster entstehen zu lassen.

BEISPIEL:

Christian interessiert sich für Biografien und Geschichte. Er liest gerne, am liebsten Ratgeber und psychologisch angehauchte Bücher. Von Beruf ist er Geisteswissenschaftler. Er hat in einigen wissenschaftlichen Projekten gearbeitet und geforscht. Das war zwar spannend, aber zu akademisch und trocken. Er hat das Bedürfnis, etwas Neues zu tun. Er will etwas Sinnvolles machen – etwas, was ihn wirklich erfüllt.

Im Privatleben ist er als Gesprächspartner und persönlicher Berater in vielen Lebenslagen geschätzt, weil er gut zuhören kann und kluge Dinge sagt, wenn Menschen gerade nicht weiterwissen. Manchmal bedauert er, dass er nicht Psychologie studiert hat; wahrscheinlich wäre er ein guter Therapeut geworden. Er hat sich erkundigt, natürlich könnte er noch ein zweites Studium beginnen. Aber bis er dann wirklich Therapeut wäre … das ist ein zu langer Weg.

Er liebt die Natur und Tiere und ist gerne draußen. Urlaub machen heißt für ihn, wochenlang draußen sein, zelten, wandern, Boot fahren, Radfahren. Am liebsten wäre er gerne mehr draußen, auch im Berufsleben –, aber wie? Er selbst steht vor dieser Aufzählung und hat das Gefühl, die Dinge passen nicht zusammen. Wie soll er daraus den richtigen Weg für sich finden?

Ähnlich geht es dir vielleicht mit all den Listen und Mindmaps, die du erstellst. Du kannst zusammentragen, was dich interessiert, was du spannend findest und was du eher nicht magst. Aber wie passt das alles zusammen, wie entsteht daraus ein Weg?

Findest du die richtige Aufgabe, den nächsten Schritt auf deinem Lebensweg, fügt sich plötzlich alles zu einem Bild. Lösungen merken wir daran, dass sie etwas lösen. Das, was du suchst, zeichnet sich dadurch aus, dass deine wichtigsten Interessen und

Werte erfüllt und deine wesentlichsten Talente genutzt werden. Natürlich kann nicht alles, was dich ausmacht, darin Platz finden, auch weiterhin wird ein Teil deiner Fähigkeiten schlummern oder in der Ausübung von Hobbys ausgelebt werden. Doch das ist dann nicht mehr relevant, wenn dich dein Weg zufrieden macht. Im Nachhinein merkst du dann, dass Irr- und Abwege dir wichtige Erfahrungen beschert und dich an dein Ziel geführt haben.

Die Kunst ist es, dir einzugestehen, was du wirklich möchtest und was nicht. Selten fallen die Lösungen eindeutig vom Himmel. Meist ist es ein Prozess zu schauen, welchen der Stränge, die du gefunden hast, du wirklich weiterverfolgen willst und kannst. Wichtig ist es, dich und deine Wünsche wirklich ernst zu nehmen. Sobald es etwas gibt, das dich nicht mehr loslassen will, etwas, das immer wieder kommt, lohnt es sich, hinzuschauen. Folgst du deinen Interessen, findest du vermutlich über kurz oder lang etwas, das dir gefällt.

BEISPIEL:

Christian hat gemerkt, dass er Beratung und Natur kombinieren will. Auf seiner Suche, wie das gehen könnte, ist er über einen Verein gestolpert, der wildnis-pädagogische Angebote und Prozessbegleitung für Menschen in der Natur anbietet und ist total begeistert. Ihm wird klar: Das will er machen. Es gibt tatsächlich etwas, das alles, was ihn interessiert, zusammenbringt. Er kann draußen sein, dabei Menschen die Natur, die er so liebt, näherbringen und sie gleichzeitig dabei begleiten, Wesentliches über sich selbst herauszufinden. Seine Fähigkeit, sie im Gespräch zu beraten, bekommt auf einmal ganz neue Bedeutung. Früher hat sich sein Interesse, die Lebenswege von Menschen zu verstehen, im Lesen von Biografien geäußert. Nun kann er die Lebenswege lebendiger Menschen erforschen. So findet er „Forschung" gar nicht mehr trocken.

Um diesen Weg zu gehen, fehlen ihm noch wichtige Kompetenzen. Auch wenn er ein gutes Gespür für Menschen hat, um sie professionell beraten zu können, braucht er eine Beratungs- oder Coaching-Ausbildung. Vielleicht findet er sogar eine Ausbildung, die etwas mit Naturpädagogik zu tun hat. Was ihn am meisten freut: Er kann sein psychologisches Interesse realisieren, ohne dass ihn das Jahre kostet. Natürlich liegt noch ein ganzes Stück Weg vor ihm, bis er aus dieser Erkenntnis einen neuen Beruf machen kann. Auch wird es sicherlich nicht einfach, in diesem Bereich einen Job zu finden. Wahrscheinlich läuft sein Plan auf eine Selbstständigkeit hinaus. Ein paar Hürden wird er überwinden müssen. Und dennoch: Christian ist Feuer und Flamme, weil er etwas gefunden hat, was all seine Interessen unter einen Hut bringt.

Die „Schmuddel-Ecke"

Manchen Menschen fällt es sehr schwer zu sagen, was sie sich wünschen. Das liegt nicht etwa daran, dass sie wunschlos glücklich sind. Doch wenn sie nach ihren Wünschen gefragt werden, spüren sie nur Leere. Ihr innerer Kritiker haucht ihnen Sätze ins Ohr wie: „Das Leben ist kein Wunschkonzert" oder: „Das Leben ist kein Ponyhof". Ihre Kindheit oder schwierige Lebenssituationen haben ihnen das Wünschen ausgetrieben. Sie haben gelernt durchzuhalten, ihre Pflicht zu erledigen, vernünftig zu sein und sich nicht allzu oft zu fragen, ob ihnen gefällt, was sie tun. Es fällt ihnen schwer zu sagen, was sie sich wünschen, denn in ihnen ist die Vorstellung, dass sie ohnehin nicht bekommen, was sie wollen. Verständlicherweise ist es heikel, sich eigene Wünsche einzugestehen, wenn sie unerreichbar erscheinen. Wenn es dir so geht, lass dir Zeit, wieder Vertrauen in die Kraft deiner Wünsche zu bekommen. Ein erster Weg, dich ihnen zu nähern, ist dich damit zu beschäftigen, was du nicht willst. Das ist manchmal einfacher.

Was gefällt dir NICHT?
Was möchtest du NICHT mehr?

Wenn es dir leichter fällt, dich zunächst damit zu beschäftigen, was anders werden soll und was du hinter dir lassen willst, reserviere eine Ecke auf deinem Plakat oder eine Seite in deinem Notizbuch für die „Schmuddel-Ecke". Hier darfst du nach Herzenslust formulieren, was du zukünftig nicht mehr in deinem Leben haben willst.

Dein jetziger Job, deine jetzige Lebenssituation lösen immer wieder Unbehagen und Frust in dir aus? Wenn es so ist, lohnt es sich, genauer hinzuspüren:

Was magst du an deiner jetzigen Aufgabe und was nicht?
Was genau willst du hinter dir lassen, was möchtest du behalten?

Die Kehrseite dessen, was du NICHT in deinem Leben haben willst, sind deine Wünsche. Vielleicht fällt es dir jetzt leichter, dich zu fragen, was in deinem Leben anders werden soll. Lass dir Zeit, das Wünschen neu zu lernen.

> ES MUSS DAS HERZ BEI JEDEM LEBENSRUFE BEREIT ZUM ABSCHIED
> SEIN UND NEUBEGINNE, UM SICH IN TAPFERKEIT UND
> OHNE TRAUERN IN ANDRE, NEUE BINDUNGEN ZU GEBEN.
> UND JEDEM ANFANG WOHNT EIN ZAUBER INNE, DER UNS BESCHÜTZT
> UND DER UNS HILFT, ZU LEBEN.
> HERMANN HESSE

5. PERSÖNLICHE STANDORTBESTIMMUNG

Prüfe, wo du stehst.

Wie sieht deine jetzige Situation aus? Bist du im Wesentlichen zufrieden und geht es jetzt „nur" darum, deinem Leben ein Krönchen aufzusetzen?
Oder bist du grundlegend unzufrieden und möchtest nachhaltig Dinge ändern?

Welchen Stellenwert hat deine Idee in deiner jetzigen Lebenssituation? Geht es darum, alles auf eine Karte zu setzen? Möchtest du dich selbstständig machen und mit deiner Idee zukünftig deinen Lebensunterhalt verdienen?

Oder geht es darum, ein Projekt zu verwirklichen, das dir schon lange am Herzen liegt – nebenbei, als Hobby oder persönliches Steckenpferd, aber ohne dass du grundlegende Weichen neu stellen willst?

> SUCHE DIR MENSCHEN, DIE EINE GRÖSSERE VISION
> VON DIR HABEN ALS DU SELBST.

6. HOFFNUNG, SELBSTWIRKSAMKEIT UND BERUFLICHER ERFOLG

Was ist die größere Gefahr: Dass du deine Idee und ihr Potenzial über- oder unterschätzt?

Die psychologische Forschung liefert mittlerweile eine Fülle von Belegen, die einen positiven Zusammenhang zwischen Selbstwirksamkeit, Hoffnung und Erfolg belegen.

Welche Logik verbirgt sich hinter dieser Verbindung? Wer in früheren Lebenssituationen die Erfahrung gemacht hat, die eigenen Geschicke positiv gestalten zu können, hat Selbstwirksamkeitsüberzeugungen ausgebildet und damit auch die Erwartung, zukünftig die Dinge gestalten zu können. Albert Bandura beschreibt Selbstwirksamkeit als den Glauben an die eigene Fähigkeit, die notwendigen Handlungsschritte zum Erzielen bestimmter Ergebnisse zu organisieren und auszuführen.[14]

Wenn du überzeugt bist, dass du positiven Einfluss auf deinen weiteren Lebensweg nehmen kannst und optimistisch und hoffnungsvoll in die Zukunft blickst, macht es Sinn, sich Ziele zu setzen und Anstrengungen zu unternehmen, diese Ziele zu erreichen.

Der Journalist, Autor und Glückscoach Leo Bormans hat in seinem Buch Hoffnung. *The World Book of Hope* wissenschaftliche Ergebnisse zum Thema Hoffnung aus der ganzen Welt zusammengetragen. Hoffnung erweist sich dabei auch als zentrale Kategorie beim Erzielen von beruflichem Erfolg: „Erfolg ist (…) kein Zustand, der wie von Zauberhand entsteht, wenn die Bedingungen günstig sind – er setzt Handeln voraus. (…) Nutzt ein Mensch seine Individual- und Kontextbedingungen synchron, so kann er Gelegenheiten ergreifen, die eigenen Stärken nutzen und seine persönliche Entwicklung aktiv vorantreiben. So gesehen, offenbart sich beruflicher Erfolg in positiven Gefühlen und Einstellungen, das heißt einem guten Gefühl der eigenen Person, den eigenen Fähigkeiten und dem eigenen Platz in der Welt gegenüber." [15]

Im Bereich der Sportpsychologie und im Bereich der Erzielung von Spitzenleistungen wird mentalen Faktoren und inneren Ressourcen eine große Rolle zugeschrieben. In den obersten Leistungsbereichen sind es nicht mehr materielle Aspekte, die über Sieg oder Niederlage entscheiden, sondern die eigenen Fähigkeiten, wie sich zu Ausdauer und Anstrengung zu motivieren, mit Rückschlägen umzugehen, flexibel auf Herausforderungen zu reagieren und durch Zuversicht die Motivation zu behalten.

Charles Richard Snyder, der Gründervater der Hoffnungspsychologie, lehrte, dass Hoffnung aus drei Komponenten besteht: Ziel, Zielgerichtetheit und Lösungswege. Hoffnungsvolle Menschen setzen sich tendenziell mehr Ziele und diese sind jeweils etwas höhergesteckt als die vorher erreichten.[16] Der chinesische Psychologe Prof. Samuel Ho, dessen Hauptforschungsinteresse den Themen Traum und Resilienz gilt, kam zu der Erkenntnis, dass Hoffnung zudem dazu beiträgt, mit Rückschlägen besser fertigzuwerden: „Darüber hinaus neigen sehr hoffnungsvolle Menschen im Vergleich zu weniger hoffnungsvollen eher dazu, alternative Routen zur Zielerreichung zu planen (Lösungswege), und sind eher fähig, Ressourcen zur Selbstmotivation zu mobilisieren, um ihre Ziele trotz Hindernissen zu erreichen (Zielgerichtetheit)."[17]

WAS BRINGST DU MIT?

Wer sich erfolgreich selbstständig macht, erlebt sich in hohem Maße als selbstwirksam. Im besten Fall gelingt es, aus den eigenen Ressourcen und Kompetenzen etwas zu machen, was sinnerfüllend ist, Freude bereitet und die eigene Existenz sichert. Wer es schafft, Durststrecken zu überstehen, durchzuhalten und am Ende erfolgreich zu sein, erlebt sich als resilient, das heißt belastbar und psychisch widerstandsfähig. Die Erfahrung, Herausforderungen zu bewältigen, stärkt gleichzeitig die Widerstandskraft gegenüber zukünftigen Herausforderungen.

Wer sich mit seinen Ideen beschäftigt und dabei jeden möglichen Ausgang dieser Beschäftigung als willkommen akzeptiert, wird sich so oder so als erfolgreich und selbstwirksam erleben. Es geht darum, den eigenen Ideen den angemessenen Platz im eigenen Leben zu geben – als Geschäftsidee, als geliebtes Hobby oder als Ressource in einem Job.

WICHTIG IST ES, ALLEIN DIE BESCHÄFTIGUNG MIT DEN EIGENEN IDEEN ALS ERFOLG ANZUERKENNEN – EGAL, WAS AM ENDE DABEI ENTSTEHT. WER EINE GRÜNDUNGSIDEE EINGEHEND PRÜFT UND DIESE AUS GUTEN GRÜNDEN NICHT REALISIERT, HANDELT UMSICHTIG.

BEISPIEL:

Eine meiner Kundinnen hat in den letzten zehn Jahren mit unterschiedlichen Ideen an drei Gründungsseminaren teilgenommen. Etwas von ihren Ideen hat sie immer verwirklicht und sich dennoch entschieden, weiterhin ihr Geld mit einem normalen Angestelltenverhältnis zu verdienen. Ihr Lebenskonstrukt sorgt dafür, dass ihre Interessen und Talente den für sie passenden Platz haben. Was morgen ist, wird sich zeigen.

Manchmal realisiert jemand nicht die erste Idee, sondern erst die zweite oder dritte. Oder die intensive Auseinandersetzung mit den eigenen Wünschen und Fähigkeiten führt zu einem Jobwechsel. Wenn dich also eine Idee umtreibt, dann trau dich, dich mit ihr zu beschäftigen. Du wirst dir in jedem Fall selbst näherkommen und kannst deine Zukunft aktiv gestalten.

2

DEINE IDEE:
WAS WILLST DU IN DIE WELT BRINGEN?

DAS PROBLEM ZU ERKENNEN IST WICHTIGER,
ALS DIE LÖSUNG ZU ERKENNEN,
DENN DIE GENAUE DARSTELLUNG DES PROBLEMS
FÜHRT ZUR LÖSUNG.

ALBERT EINSTEIN

MENSCHEN MIT EINER NEUEN IDEE GELTEN SOLANGE ALS SPINNER,
BIS SICH DIE SACHE DURCHGESETZT HAT.

MARK TWAIN

1. SPINN DEINE IDEE AUS

Was möchtest du in die Welt bringen? Welche deiner Ideen möchtest du (vielleicht) verwirklichen?

Soll deine Idee Gestalt annehmen, geht es nun darum, zu untersuchen, ob und wie du sie umsetzen kannst – egal, wie abgedreht und verrückt sie dir zum jetzigen Zeitpunkt erscheinen mag. Wenn du sie weiter verfolgst und konkretisierst, wirst du selbst herausfinden, ob sie realisierbar ist. Vielleicht kommst du am Ende an einer ganz anderen Stelle heraus als du jetzt glaubst. Wenn du dich mit deiner Idee beschäftigst, wird sich herausstellen, ob du sie teilweise, ganz, gar nicht oder anders verwirklichen kannst.

Du wirst merken: Fängst du an zu planen und zu überlegen, tun sich manchmal unerwartete Hürden und Schwierigkeiten auf. Indem du konkreter wirst, stellen sich immer wieder neue Fragen. Ihre Beantwortung bringt dich der Realisierung deiner Idee näher. Oder du stößt auf Widerstände, die dir zeigen, dass sich deine Idee verändern muss. So oder so wird dir klarer, was du wirklich machen willst.

BEISPIEL:

Zwei Gründerinnen haben die Idee, sich mit der Produktion besonderer Marmeladen, Pasten und Chutneys selbstständig zu machen. Die eine kocht für ihr Leben gerne und ist weit über ihren Bekanntenkreis für ihr leckeres selbstgemachtes Essen bekannt; ihre Buffets sind legendär. Die andere hat kaufmännisches Talent, kann wunderbar verhandeln, planen und verkaufen. Bei der konkreten Planung stellen sich jedoch schnell viele Fragen und Hürden, zum Beispiel: Wo können sie die Marmeladen und Chutneys produzieren? Ihre eigenen Küchen dürfen sie nicht nut-

zen, wenn sie die Produkte verkaufen wollen. Eigens eine Küche anzumieten und einzurichten, übersteigt jedoch zum jetzigen Zeitpunkt ihre finanziellen Mittel. Sie überlegen, recherchieren und fragen andere – trotzdem finden sie keine zufriedenstellende Lösung. Auch wirft ihr Marketingkonzept neue Fragen auf: Nur eine weitere neue Marmeladenmarke wollen sie nicht sein. Das ist langweilig. Wie können sie zeigen, was anders an ihnen ist? Aber was ist es überhaupt, was sie von anderen unterscheidet?

In den nächsten Abschnitten möchte ich dir Tools und Hilfsmittel vorstellen, die dir helfen, deine Idee zu konkretisieren. Teste, was dir am meisten weiterhilft!

> WENN DICH ETWAS FASZINIERT – MACH ES!
> WENN DICH ETWAS LANGWEILT, LASS ES.
> DEREK SIVERS

2. BRING DEINE IDEEN ZU PAPIER

Du hast verschiedene Möglichkeiten, deine ersten Überlegungen zu Papier zu bringen, die dir gleichzeitig helfen, Struktur in deine Gedanken zu bringen:

Mindmap

Eine Mindmap[18] hilft dir, den Inhalt deines Geistes abzubilden. Sie liefert dir einen ersten Überblick über deine Idee. Das Wunderbare an einer Mindmap ist, dass du noch keine Struktur für deine Idee im Kopf haben musst. Du kannst einfach loslegen und die Struktur entsteht im Tun.

Nimm dir ein großes Blatt Papier, schreibe deine Idee in die Mitte und assoziiere frei. Ausgehend von der Mitte bilden sich Äste, von denen sich wiederum Unteräste abspreizen. Diese Methode hat den Charme, dass du deinen Gedanken mühelos freien Lauf lassen kannst, indem du sie assoziativ über das Blatt verteilen kannst. Gleichzeitig entsteht eine Struktur, denn über Hauptäste und Unterarme ordnet sich dein Thema. Es ist, als würdest du dein Gehirn ausleeren und deine Denk- und Assoziationsstruktur sichtbar machen.

BRING DEINE IDEEN ZU PAPIER

Eine Mindmap zu erstellen, kann Verblüffendes zutage fördern. Schnell zeigt sich, dass du schon viel mehr weißt und viel mehr geordnet ist, als dir vorher selbst klar war. Gleichzeitig stellt sich heraus, an welchen Stellen du noch hängenbleibst. Oder du erkennst, dass dein Thema mehrere „Ordnungen" haben könnte, das heißt die Hauptäste unterschiedliche Bezeichnungen tragen könnten.

Mindmaps müssen nicht ausschließlich aus Worten bestehen, auch Bilder und Zeichnungen sind erlaubt, ebenso verschiedene Farben. Dein Gehirn liebt Bilder und Farben und das Spielerische dieser Methode.

Clustern

Einem ähnlichen Prinzip folgt das Clustern. Auch bei dieser Methode kannst du deinen assoziativen Gedankengängen freien Raum lassen und sie in Stichworten zu Papier bringen. Häufig ist uns gar nicht bewusst, was wir schon alles zu unserer Idee wissen und denken. Indem du dir erlaubst, deine Assoziationen einfach aufzuschreiben, schaffst du ein schriftliches Abbild dessen, was du über deine Idee weißt. Du gewinnst einen ersten Überblick, welche Themen zu bearbeiten sind.

Mindmaps und Clustern sind einfache, schnell umsetzbare Methoden. Dein Anspruch, die Dinge geordnet, in der richtigen Reihenfolge, strukturiert und zusammenhängend aufzuschreiben, ist außer Kraft gesetzt, weil du rein zum assoziativen Denken eingeladen bist. Alles, was dir einfällt, ist erlaubt und richtig. Es geht nicht darum, bestimmte Gedanken hervorzubringen, sondern schlicht abzubilden, was in deinem Kopf, just in diesem Moment DA ist. Da dein Gehirn nicht NICHT denken kann, wird es irgendetwas produzieren und denken.

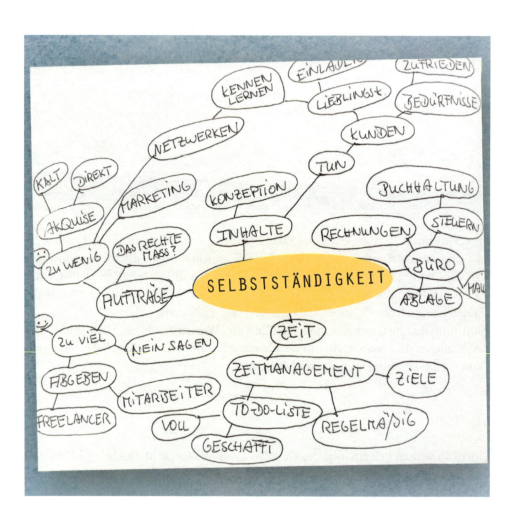

Sketchnotes

Sketchnotes, Scribbles oder Skizzen eignen sich ebenfalls wunderbar, um deine Gedanken zu visualisieren. Dabei ist es nicht wichtig, ob du besonders gut zeichnen kannst. Es geht nur darum, deine Gedanken bildlich auszudrücken. Erstmal malst du nur für dich selbst. Der Vorteil bildlicher Darstellung ist, dass andere Wahrnehmungsebenen angesprochen werden. Auch emotionale Aspekte kommen durch Bilder mehr zum Ausdruck. Text ist erheblich weniger „sinnlich" als Bilder. Dein Gehirn wird zu kreativer Auseinandersetzung mit deiner Idee angeregt. Die Beschäftigung mit deinem Vorhaben macht so mehr Spaß und ist besonders fruchtbar. Du erkennst unter Umständen neue Zusammenhänge, die dir vorher gar nicht klar waren.

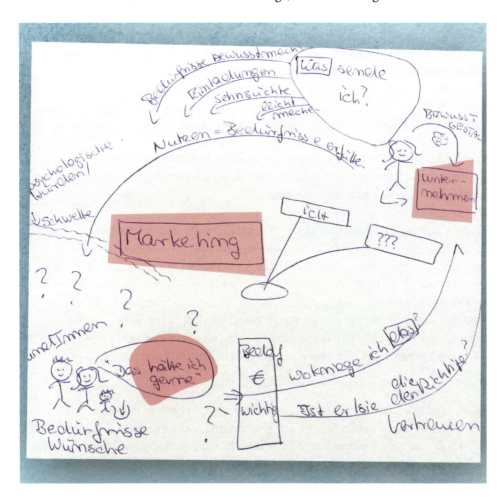

Collage, Bilder, Schuhkarton

Klebe eine Collage mit deiner Vision und deinen Ideen oder male ein Bild. Die Ebene der Bilder wird Dinge zutage fördern, die jenseits von Worten liegen. Überlass dich deiner Intuition und verwende das, was auf das Bild will – auch wenn du über dich selbst im Tun staunst. Was immer in deine Collage will – vertrau darauf, dass sich der Sinn für dich irgendwann erschließen wird.

Eine wunderschöne Möglichkeit des Visualisierens ist „der Laden/die Praxis im Schuhkarton". Reaktiviere deine Bastelkünste aus Kindertagen und gestalte deine Geschäftsräume mithilfe eines Schuhkartons. Deine Vision wird lebendig und bekommt neue Strahlkraft.

Sei dabei offen für Überraschungen. Vielleicht merkst du, dass dir die Umgebung deiner künftigen Praxis am wichtigsten ist. Erst durch das Basteln merkst du, was du möchtest. Oder du baust Einrichtungsgegenstände, die dir einen neuen Blick darauf geben, was du wirklich tun möchtest.

Freies Schreiben

Das freie Schreiben ist eine weitere Möglichkeit, deinen inneren Zensor auszuschalten und deine Ideen unkommentiert und unkritisiert aufzuschreiben. Als Output hast du hier bereits einen längeren Text.[19]

Sorg dafür, dass du mindestens 15 bis 30 Minuten ungestört Zeit hast. Nimm dir ein Blatt Papier oder öffne ein neues Dokument und fang an zu schreiben. Schreib, ohne abzusetzen. Lass deine Gedanken fließen und schreib immer weiter – mindestens 10 Minuten lang. Thema: Meine Idee. Irgendetwas wirst du schreiben – und sei es, dass du schreibst, was an deiner Idee alles Quatsch ist. Auch das ist begrüßenswert, denn es ist eine konstruktive Auseinandersetzung mit deiner Idee. Schreib einfach weiter. Den so entstandenen Text kannst du als Ausgangspunkt für den nächsten Text verwenden: Wähle die Sätze oder Aspekte aus, die dir am besten gefallen und schreibe darüber den nächsten Text.

Diese Methode lässt sich immer wieder anwenden, bei jedem einzelnen Aspekt deiner Idee, bei jedem neuen Schritt der Realisierung. Du kannst auf diese Weise auch deinen Businessplan formulieren. Es geht nicht darum, veröffentlichungsreife Texte zu produzieren, sondern das zum Ausdruck zu bringen, was längst da ist – ohne dass dein innerer Kritiker die Chance hat, dir nörgelnd über die Schulter zu spähen.

> **NICHTS AUF DER WELT KANN EINE IDEE AUFHALTEN,
> DEREN ZEIT GEKOMMEN IST.**
>
> VICTOR HUGO

3. FÜHRE EIN IDEEN-BUCH

Um das Ausgangsmaterial für deinen kreativen Prozess zu sammeln, halte deine Gedanken und Überlegungen schriftlich fest. Ich persönlich bevorzuge ein Notiz- oder Skizzenbuch und das Schreiben mit der Hand. Stattdessen oder auch zusätzlich macht es aber auch Sinn, eine entsprechende Datei auf deinem PC oder Tablet zu führen – Hauptsache, du schreibst auf, worüber du nachdenkst.

Ein Ideen-Buch ist eine ungeordnete Sammlung von Eingebungen, Eindrücken und Gedanken. Alles ist erlaubt. Du kannst Bilder und Fotos, Zeitungsausschnitte und Flyer einkleben. Du kannst malen oder Mindmaps erstellen. Du kannst dein Ideen-Buch als eine Art berufliches Tagebuch nutzen oder einfach Stichworte notieren. Nützliche Links oder Adressen gehen nicht mehr verloren. Wichtige Informationen haben ihren Platz. Ein Ideen-Buch muss keiner Form genügen oder eine logische Struktur einhalten. Du darfst einfach aufschreiben, was dich im Augenblick beschäftigt beziehungsweise was vielleicht irgendwann nützlich sein könnte.

Diese Methode hat viele Vorteile:
– Du merkst, dass etwas entsteht und du nicht nur im Kreis denkst. Dein Ideen-Buch füllt sich und du kannst daran den Fortschritt deiner Gedanken beobachten.
– Gedanken sind flüchtig. Die besten Eingebungen kommen uns oft bei Spaziergängen, Autofahrten oder in anderen Situationen, wo der Geist auf Wanderschaft geht. Im Moment des Ankommens legt sich etwas anderes darüber und dein genialer Gedanke ist vielleicht schon wieder weg. Ich habe es mir daher zur Gewohnheit gemacht, ein kleines Notizbuch immer dabeizuhaben. Manchmal halte ich bei einer Autofahrt an, um meine Ideen aufzuschreiben. Den gleichen Zweck erfüllt übrigens auch die Diktierfunktion des Handys. Hauptsache, deine Erkenntnisse und Eingebungen gehen nicht verloren.
– Schreiben verhilft zu mehr Klarheit. Immer wenn du etwas aus deinem Kopf „herausholst", kannst du es dir von außen anschauen. Du gewinnst anderen Abstand.
– Du kannst anderen zeigen, woran du arbeitest.
– Sich ein wunderschönes Notizbuch zu kaufen, manifestiert, dass du dein Projekt und deine Ideen ernst nimmst.

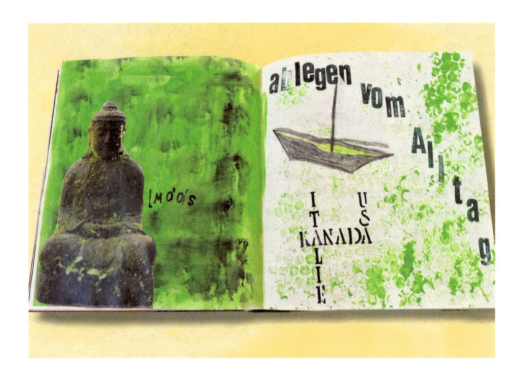

> CREATIVITY IS INTELLIGENCE HAVING FUN.
> ALBERT EINSTEIN

4. SCHAFFE EINEN KREATIVEN NÄHRBODEN

Deine Idee auszuspinnen, ist ein hoch kreativer Prozess. Auf welchem Nährboden wächst deine Idee?

Aus der Welt der Ideenentwicklung und Grafik kommt eine Methode namens Design Thinking, die in den letzten Jahren immer stärker Verbreitung findet.[20] Neben methodischen Tools formuliert Design Thinking Prinzipien und Werte, die du dir zu eigen machen solltest, wenn du deine eigenen Ideen nach vorne bringen möchtest:

- Arbeite visuell (be visual).
- Fördere verrückte Ideen (encourage wild ideas).

- Stelle Kritik zurück (defer judgement).
- Quantität ist wichtig (go for quantity).
- Bleib beim Thema (stay on topic).
- Baue auf den Ideen anderer auf (build on the ideas of others).[21]

Der Gegenspieler der Kreativität ist Kritik. Je mehr es dir gelingt, für dich selbst einen Rahmen zu schaffen, in dem das Verrückte, Andere erst einmal da sein darf, desto mehr kannst du aus dem Vollen schöpfen. Kritik ist wichtig – doch nicht zum jetzigen Zeitpunkt. Erst einmal geht es darum, die Dinge entstehen zu lassen.

> DU BIST DORT, WO DEINE GEDANKEN SIND.
> SIEH ZU, DASS DEINE GEDANKEN DA SIND, WO DU SEIN MÖCHTEST.
> RABBI NACHMANN VON BRATZLAW

5. HILF DEINER KREATIVITÄT AUF DIE SPRÜNGE

Angeblich ist Archimedes mit seinem berühmten Ausruf „Heureka" („Ich hab es gefunden") nackt durch die Stadt gelaufen, als ihm beim Baden klar wurde, dass er das Wasser, das er verdrängt, wiegen kann und so die spezifische Gewichtskraft eines Körpers messen kann. Auch der Apfel, der Newton auf den Kopf fiel, hat Berühmtheit erlangt, weil er den Moment der plötzlichen Erkenntnis markiert, dass Gegenstände von der Schwerkraft angezogen werden und deshalb zur Erde fallen.

Viele Menschen glauben, Ideen kämen als Eingebung, quasi aus dem Nichts. Sie haben gegrübelt und gegrübelt und es wollte sich keine Lösung zeigen – und auf einmal haben sie einen Geistesblitz. Beim Abwaschen, bei einem Spaziergang, während sie etwas ganz anderes gemacht haben, hatten sie plötzlich auf einmal die entscheidende Idee.

Betrachtet man nur diesen Teil der Ideenfindung, scheint es, als könne man selbst nichts aktiv unternehmen, um neue Ideen zu haben. Sie kommen einfach – oder auch nicht. Man selbst kann nur auf die eigene Genialität und Kreativität vertrauen und abwarten.

Viele Menschen halten Kreativität für eine besondere Fähigkeit von Künstlern, Musikern oder Werbeleuten. Sie selbst halten sich nicht für kreativ. Kreative Einfälle sind jedoch nicht allein das Privileg künstlerischer Genies. Kreativ ist alles, was eine neue Lösung darstellt. Auch technische Verfahren, Geschäftsideen oder so manche

Heimwerker-Erfindung sind kreativ, denn sie lösen ein Problem nicht auf herkömmliche, sondern auf neue Art und Weise.

Kreative Prozesse bestehen aus viel mehr als dem einen Moment des „Heureka!", der Erleuchtung, die uns von vielen Wissenschaftlern beschrieben wurde. Dieser Moment der Erkenntnis ist vielleicht der spektakulärste Teil der Entwicklung von Ideen, doch kannst du viel dafür tun, dass er irgendwann eintritt. Ihm gehen wichtige Phasen voraus. Wenn du nicht nur dasitzen und auf ein Wunder warten, sondern systematisch etwas tun willst, um Antworten auf deine Fragen zu finden, stehen dir dafür viele Möglichkeiten zur Verfügung. Du kannst deinen Geist füttern und dazu anregen, kreative Einfälle zu generieren:

Mit dem Problem aktiv beschäftigen

Eine kreative Erkenntnis braucht Material und Beschäftigung mit dem Problem. Es geht darum, wichtige Parameter zu erfragen, das Problem zu analysieren und zu verstehen. Unser Gehirn braucht Ausgangsmaterial, mit dem es sich beschäftigen kann, um neue Lösungen zu kreieren – je mehr und je unterschiedlicher, desto besser. Das Gehirn bearbeitet sogar im Schlaf das Material weiter – sofern es entsprechend gefüttert worden ist.

Rekombination von Material

Ideen werden nicht aus dem Nichts geboren, sondern sind eine Rekombination aus Vorhandenem. Es braucht also zweierlei:

– Um etwas zu kombinieren, muss etwas da sein, das heißt: Ein gefüllter Geist hat mehr Material, das er kombinieren kann. Wer sich mit vielerlei beschäftigt, wer viele Interessen hat, wer Wissen anhäuft und zwar aus verschiedenen Disziplinen und Interessengebieten, hat Ausgangsstoff zu Rekombinationen.
– Alles, was es deinem Geist ermöglicht, eine neue Sicht auf die Dinge zu haben, verhilft dir zu neuen Lösungen, das heißt du profitierst davon, wenn du Wissen aus unterschiedlichen Wissensgebieten in dir trägst und aktiv etwas dafür tust, das Problem auf ungewöhnliche Weise zu betrachten. Dabei helfen verschiedene Kreativitätstechniken, auf die wir später noch eingehen werden.[22]

Loslassen

Immer wieder ist es notwendig, das Problem loszulassen und sich mit etwas anderem zu beschäftigen, um sich nicht zu verbeißen, wenn es nicht weitergeht. Das ermöglicht es unserem Gehirn, sich aus der Starre zu lösen und eine neue Perspektive auf die Dinge einzunehmen. Während wir spazieren gehen, Musik hören oder irgendetwas tun, was uns auf angenehme Weise beschäftigt, geht unser Gehirn selbst auf Wanderschaft. Es findet eine Art der Verarbeitung statt, die weniger zielgerichtet und verbissen ist als unser Arbeitsmodus. In diesem Zustand kann eine plötzliche Rekombination verschiedener Wissensgebiete und Themenbereiche in unserem Kopf stattfinden, wodurch „wie aus dem Nichts" urplötzlich eine neue Idee entsteht.

Die Perspektive verändern

Alles, was es dir ermöglicht, deinen Blickwinkel zu verändern, kann hilfreich sein. Ein Perspektivwechsel beschert dir häufig neue Einsichten und Erkenntnisse.

Frage dich: Wie würde ein Kind deine Idee erklären? Was wäre anders, wenn es ein Geschenk wäre? Was würde IKEA tun?
Stell dir vor, du würdest in zehn Jahren einen Blick zurück auf dich und deine Idee werfen. Was würdest du dann sehen? Was ist aus dieser Perspektive wichtig? Wie würdest du deine Idee dann angehen?

Durch den Wechsel der Perspektive verschieben sich Proportionen. Etwas, was dir zuvor wichtig erschienen ist, verliert plötzlich an Bedeutung. Anderes siehst du deutlicher, dafür rückt wieder anderes in den Hintergrund. Du siehst etwas von außen, was du vorher nur von innen betrachten konntest. Die Verfremdung hilft dir, gewohnte Gedankenbahnen zu verlassen, so dass neue Ideen und Impulse möglich werden.

Prüfen

Was dann folgt, ist Feinarbeit: Die Idee braucht Feinschliff und muss auf Verwendbarkeit geprüft werden. Nun darf auch unser innerer Kritiker zu Wort kommen und die Praxistauglichkeit der gefundenen Ideen testen.

WAS WILLST DU IN DIE WELT BRINGEN?

BEISPIEL:

Die Marmeladen-Köchinnen hatten verschiedene Optionen abgewogen, wie und wo sie ihre Marmeladen und Chutneys produzieren könnten: Die Idee, eine ihrer Küchen zu einer Gastro-Küche umzubauen, war zu teuer und nicht praktikabel; extra Räume anzumieten und einzurichten, war zum jetzigen Zeitpunkt noch nicht finanzierbar und mit zu großem Risiko behaftet, auch wenn es eines Tages dort hingehen sollte; und auch die Option, Restaurants zu fragen, ob sie ihre Küche tagsüber auslasten und zur Produktion der Marmeladen nutzen könnten, blieb erfolglos, da sie niemanden finden konnten. Die Lösung war am Ende, sich in der Küche eines Bildungsanbieters einzumieten, um die Marmelade dort zu kochen. Diese Lösung war zwar logistisch aufwendig, weil Obst, Gemüse und Gläser erst in die Küche transportiert und die fertige Marmelade hinterher abtransportiert werden musste, aber für den Anfang finanzierbar, ohne zu großes Risiko.

> SOBALD DU MERKST, DASS DU DICH IM KREIS DREHST,
> IST ES AN DER ZEIT, AUS DER REIHE ZU TANZEN.
> UNBEKANNT

6. SPIELE MIT DEINEN IDEEN

Wenn du etwas Neues entwickelst, gibt es über kurz oder lang den Moment, wenn du denkst: Das klappt alles nicht. Der ersten Begeisterung folgt schnell das erste Tief, weil sich die Dinge nicht zusammenfügen wollen. Es gibt tausend Fragen zu klären und die einzelnen Teile des Puzzles scheinen einfach nicht zusammenzupassen:

BEISPIEL:

Nadine überlegt, sich mit der Produktion von grünen Smoothies, veganen Pasten, Brotaufstrichen und Kräutermischungen selbstständig zu machen. Freunde und erste Testkunden sind begeistert von ihren Produkten und sie wurde schon öfter gefragt, wo man die Sachen kaufen kann. Nun hat sie begonnen, ernsthaft darüber nachzudenken, ob das nicht wirklich eine tolle Idee ist. Lust dazu hätte sie.

Sie denkt nach, wie sie das größer aufziehen könnte. Zunächst stellt sich die Frage,

SPIELE MIT DEINEN IDEEN

woher sie ihre Lebensmittel beziehen soll. Bisher ist sie einfach auf den Markt gegangen, aber das macht logistisch keinen Sinn. Schnell kommen tausend neue Fragen hinzu: Wo bekommt sie das, was sie braucht, in guter Qualität, zu akzeptablen Preisen, in ausreichender Menge, ohne dass die Transportwege zu weit sind? Wo kann sie produzieren? Welche Auflagen muss sie erfüllen, wie sind gesetzliche Rahmenbedingungen für jemanden, der Lebensmittel produziert? Kann sie das alles alleine schaffen oder braucht sie Mitarbeiter? Aber rechnet sich das dann noch alles? Wie viel kann sie denn für das, was sie machen will, verlangen und wären die Kunden auch bereit, diesen Preis zu bezahlen?

Sie ist ganz erschlagen von den Dimensionen, die sich plötzlich vor ihr auftun und das „Mobile" in ihrem Kopf dreht sich unablässig. Immer wenn sie an einer Ecke zieht und sich ein Faktor ändert, ändern sich alle möglichen anderen mit.

Sie rechnet und rechnet und merkt, dass ihr die Zeit fehlt, als Unternehmerin tätig zu werden und die Produkte zu verkaufen, wenn sie alles selbst produziert. Doch für Mitarbeiter hat sie noch kein Geld.

Selbst produzierte Lebensmittel darf sie nur verkaufen, wenn sie sie in einer Gewerbeküche hergestellt hat. In ihrer bestens eingerichteten Küche daheim darf sie nicht tätig werden. Aber wie soll sie an eine Gewerbeküche kommen? Sie wollte doch aus Kostengründen erstmal von zu Hause aus arbeiten ...

Je mehr sie über alles nachdenkt, desto mehr fragt sie sich, womit sie sich eigentlich beschäftigen will. Ja, ihre Vision war es, selbst produzierte Lebensmittel herzustellen, aber will sie wirklich den ganzen Tag mit Kochen verbringen?

Immer wieder gibt es Hürden und Hindernisse und damit die Einladung zu sagen: Das funktioniert alles nicht. Doch mit deiner Idee zu spielen, bedeutet, nicht gleich auszusteigen, nur weil du gerade keine Lösung siehst, sondern anzufangen, deine Idee zu variieren und neu zu denken. Denke anders, denke quer. Verändere Faktoren. Vielleicht geht es nicht SO – aber vielleicht geht es ANDERS.

Nimm das, was nicht funktioniert, als Herausforderung, weiterzudenken.

BEISPIEL:

Nadine fragt sich:
– *Wie könnte sie an Geld kommen, um von Anfang an MitarbeiterInnen einzustellen? Das hätte den Vorteil, dass sie nicht nur mit Kochen beschäftigt ist. Außerdem würde sie Zeit gewinnen, um ihre Produkte zu vertreiben. Natürlich tauchen auch jetzt sofort neue Fragen und Gegenargumente auf: Rechnet sich das? Wer zahlt ihr*

genügend Geld für ihre Produkte, so dass sie auf Dauer MitarbeiterInnen finanzieren kann? Allein mit einer Anfangsfinanzierung kommt sie nicht weit. Sie braucht ein Konzept, das auch auf längere Sicht tragfähig ist.
- *Sie macht sich schlau, ob es Möglichkeiten gibt, eine Gewerbeküche anzumieten. Vielleicht geht das am Anfang stunden- und tageweise. Aber mit MitarbeiterInnen wäre das wiederum schwierig. Dann muss sie Lebensmittel und produzierte Waren immer hin und her transportieren. Möglicherweise muss sie größer denken, als sie das ursprünglich wollte und eine Küche anmieten.*
- *Oder sie produziert gerade nicht im größeren Stil. Sie könnte ja auch Kochkurse anbieten und die TeilnehmerInnen kochen lassen. Dann braucht sie weder eine Gewerbeküche, noch muss sie sich mit all den aufwendigen lebensmittelrechtlichen Vorschriften rumschlagen. Und sie ist nicht tagaus, tagein mit Kochen beschäftigt. Auch eine interessante Überlegung.*

Das ist der eigentliche kreative Prozess, den dein Projekt verlangt: Weiterdenken und Lösungen suchen. Um die Ecke denken. Es liegen lassen, um neu darauf schauen zu können. Das, was nicht passt, neu denken. Begreife das Finden von Lösungen als aktiven Prozess, den du selbst vorantreiben kannst – und halte es aus, dass du NOCH keine Lösung hast.

Methodisch hast du dabei verschiedene Möglichkeiten:

Loslassen und mit den Fragen in die Antworten hineinleben

Wenn du keine Antworten hast, geht es darum, die Fragen selbst lieb zu haben und in die Antworten hineinzuwachsen, wie Rainer Maria Rilke das so wunderbar in einem Brief an einen Freund formuliert: „Ich möchte Sie, so gut ich es kann, bitten, lieber Herr, Geduld zu haben gegen alles Ungelöste in Ihrem Herzen und zu versuchen, die Fragen selbst liebzuhaben wie verschlossene Stuben und wie Bücher, die in einer sehr fremden Sprache geschrieben sind. Forschen Sie jetzt nicht nach den Antworten, die Ihnen nicht gegeben werden können, weil Sie sie nicht leben könnten. Und es handelt sich darum, alles zu leben. Leben Sie jetzt die Fragen. Vielleicht leben Sie dann allmählich, ohne es zu merken, eines fernen Tages in die Antwort hinein."[23]

Das bedeutet, dein Projekt nicht zu verwerfen, weil du jetzt nicht weißt, wie es geht, sondern mit der Devise leben: Es gibt bestimmt eine Lösung – ich habe sie bloß noch nicht. Ich bin gerade zu sehr in meinem eigenen Denken gefangen. Ich werde sie finden, wenn die Zeit reif ist.

Auf Inspirationssuche gehen

Eine Möglichkeit, den Knoten zu lösen, ist der aktive Umgang mit deiner aktuellen Situation:

Nimm deine Fragen zum Ausgangspunkt für Recherchen. Beschäftige dich mit ihnen. Lese Bücher, Artikel, Blogs etc. zum Thema. Sprich mit anderen und frage sie nach Ideen. Frage Experten um Rat. Sieh dir an, wie deine Konkurrenten das gleiche Problem oder andere Branchen vergleichbare Schwierigkeiten lösen. Kurz gesagt: Füttere deinen Geist, damit er in der Lage ist, neue Antworten zu kreieren.

Nach Analogien suchen

Eine kreative Möglichkeit, deinen Geist auf neue Gedanken zu bringen, ist die Suche nach Analogien – die Stunde der Best Practice-Kultur. Wer hat dein Problem schon gelöst und auf welche Art und Weise? Wer hat ein ähnliches Problem gelöst und auf welche Weise?

Die produktive Kraft des Austausches in Gründungsseminaren mit GründerInnen unterschiedlicher Branchen liegt oft in diesem Faktor: Wenn du dir anhörst, was die anderen machen, gewinnst du meistens irgendeine Idee, die du auch auf deine Gründung beziehen kannst – und zwar oft genau deshalb, weil die anderen NICHT das Gleiche machen wie du. Es kann zum Beispiel sehr spannend für einen Grafiker sein, wenn er hört, wie die zukünftige Biohändlerin über Kundengewinnung nachdenkt. Über Rabattaktionen und Probiermöglichkeiten hat er nämlich noch nie nachgedacht.

Der Werbefachmann Paul Arden schlägt vor, das Nächste, worauf dein Blick fällt, wenn du über ein Problem nachdenkst, als Inspirationsquelle zu nutzen.[24]

Hol dir Inspirationen aus der Natur oder in einem Museum. Selbst wenn du dich nur in deiner Wohnung oder an deinem Arbeitsplatz umschaust – überall warten Impulse auf dich!

Analogien findest du überall. Es kommt nicht darauf an, eine besonders passende Parallele zu finden. Du kannst praktisch alles nehmen, um eine neue Sicht auf deine Idee und dein Problem zu gewinnen. Was immer du tust, womit immer du dich beschäftigst – es kann dir gleichzeitig dazu dienen, deine Idee zu verfeinern und weiterzudenken, wenn du nach Verbindungen suchst. Hauptsache, du erlaubst dir, die Dinge verrückt, schräg, neu, eben kreativ zu denken, Ungewohntes in Betracht zu ziehen, quer zu schauen usw. In dem, was immer schon war und was alle machen, liegt meist nicht die Lösung.

Male, sprich mit anderen, erstelle Mindmaps, gehe spazieren ... Jede Beschäftigung mit deinem Problem wird dich einen Schritt weiterbringen.

Systematisch Alternativen durchdenken

Kreativitätstechniken bieten dir die Möglichkeit, die Inspirationssuche systematisch zu betreiben. Ich möchte dir im Folgenden einige Techniken vorstellen, die sich für mich in der Praxis bewährt haben.

> EVER TRIED. EVER FAILED. NO MATTER.
> TRY AGAIN. FAIL AGAIN. FAIL BETTER.
> SAMUEL BECKETT

7. VARIIERE DEINE IDEE: KREATIVITÄTSTECHNIKEN

Die Walt-Disney-Methode

Walt Disney, der legendäre Realisator berühmter Zeichentrickfilme, ließ MitarbeiterInnen zur Ideenentwicklung nacheinander in verschiedene Rollen schlüpfen: die des Träumers, des Realisten und des Kritikers. Hieraus hat sich eine Kreativitätstechnik entwickelt, bei der es darum geht, die eigene Idee aus drei verschiedenen Blickwinkeln zu betrachten.

Du kannst am besten drei Stühle nutzen, die jeweils die verschiedenen Perspektiven auf deine Idee repräsentieren. Du setzt dich nacheinander auf diese Stühle, um die jeweilige Sicht auf deine Idee einzunehmen und schaust, welche Impulse, Ideen und Gedanken du hast, wenn du auf diesem Stuhl sitzt. Besonders gut geht das, wenn du mit jemand anderem zusammen die einzelnen Perspektiven durchsprechen kannst.

Du kannst auch drei Zettel nehmen, um nacheinander die unterschiedlichen Perspektiven durchzugehen und schreibst jeweils auf, was dir einfällt. Leichter wird es dir fallen, in die Perspektive wirklich hineinzuschlüpfen, wenn du – wie mit den Stühlen – deine räumliche Position veränderst.

Als Erstes betrachtet der **Träumer** deine Idee. Er darf schwelgen und schwärmen und sich ausmalen, was entsteht, wenn alles funktioniert, es toll läuft und du alles realisieren kannst, was du möchtest.

Der **Realist** klopft deine Idee im Hinblick auf Tatsachen ab. Er wägt ab und prüft, ist pragmatisch und denkt über die Umsetzung, einzelne Schritte und Realisierungsmöglichkeiten nach.

Der **Kritiker** darf sich wohlwollend-skeptisch damit auseinandersetzen, was zu bedenken ist und gesehen werden sollte. Er ist eingeladen, konstruktive Verbesserungsvorschläge abzugeben und auf das hinzuweisen, was droht, übersehen zu werden.

Die Methode hat den Charme, dass du die inneren Stimmen, die du ohnehin in dir hast, der Reihe nach zu Wort kommen lässt. Ohne dass wir uns gezielt jeder dieser Stimmen zuwenden, ist es für uns innerlich manchmal nur schwer zu unterscheiden, wer da gerade spricht.

Illustration: Lara Hochbahn

Manchmal wird noch eine vierte Perspektive eingeführt, die des **neutralen Beobachters oder Beraters**. Dieser stellt als Erstes überhaupt das Problem vor und ist auch derjenige, der abschließend Stellung bezieht.

Im Rahmen einer Gruppe eignet sich diese Methode besonders gut als Rollenspiel. Dann übernimmt jeweils eine Person eine der Rollen und die Idee wird von allen diskutiert.

Die 6-Hut-Methode

Die 6-Hut-Methode wurde vom Mediziner und Kognitionswissenschaftler Edward de Bono entwickelt. De Bono hat mit ihr die Walt-Disney-Methode weiterentwickelt. Es geht darum, nacheinander verschiedene Perspektiven auf eine Idee einzunehmen. Die Aufgabe besteht darin, sich gedanklich nacheinander sechs „Denk-Hüte" aufzusetzen und damit aus sechs verschiedenen Blickwinkeln auf die Idee zu blicken. Jeder der Hüte repräsentiert eine Art des Denkens und rückt andere Aspekte in den Vordergrund. Praktisch kannst du diese Methode nutzen, indem du mit jemand anderem über deine Idee sprichst und dir dabei jeweils gedanklich einen dieser Hüte aufsetzt oder indem du schriftlich – beispielsweise in deinem Ideen-Buch – nacheinander die verschiedenen Perspektiven durchgehst.

Illustration: Lara Hochbahn

Der weiße Hut:
Sachperspektive, analytisches Denken, Konzentration auf Tatsachen
Versuche, Bewertungen außen vor zu lassen; verschaffe dir einen Überblick über die Fakten; formuliere das, was eine Filmkamera sehen könnte.

Der rote Hut:
Positive wie negative Gefühle, Meinungen, Subjektives, Intuition
Hier haben deine Gefühle Raum.

Der gelbe Hut:
Positives, Chancen, Pluspunkte, Hoffnungen, Vorteile
Was kannst du realistisch erwarten?

Der schwarze Hut:
Probleme, Skepsis, Kritik, Ängste, Risiken, negative Aspekte
Was sind kritische Aspekte deiner Idee?

Der grüne Hut:
Neue Ideen, Kreativität, neue Aspekte, Verrücktes, Unrealistisches
Hier ist alles erlaubt, hier darf quergedacht werden.

Der blaue Hut:
Überblick, Kontrolle, Dirigent
Verschaff dir einen Überblick und ordne alles, was du gehört hast.[25]

Die Osborne-Checkliste

Wenn du gedanklich mit einer Idee beschäftigt bist und auf Hindernisse stößt, versuchst du Faktoren zu variieren, um neue Lösungen zu finden: Du lässt Aspekte weg, die nicht funktionieren, du fügst etwas hinzu, was dir wünschenswert erscheint, du denkst die Idee größer, weil sie dann spannender oder lukrativer ist, oder kleiner, weil dir die Umsetzung realistischer erscheint und weniger Angst macht. Das geschieht meist unsystematisch und unser Geist produziert Eingebungen und Ideen von ganz alleine.

Leider klebt er aber zum Teil gerne an einmal gefundenen Lösungen und wir haben Mühe, uns davon wieder zu lösen, vor allem wenn sie schon einmal gut funktioniert haben. Ein gutes Beispiel dafür sind Wechselbilder, wie etwa das berühmte Bild, das gleichzeitig eine alte Frau und ein junges Mädchen darstellt. Sehen wir das eine Bild, wird es schwierig, das andere zu sehen. Erst nach einer Weile des Übens gelingt es uns, von einer Perspektive zur anderen zu wechseln.

Eine Methode, diesen Prozess des Neu-Denkens systematisch zu erarbeiten, ist die sogenannte Osborne-Checkliste. Sie stellt uns Möglichkeiten vor, eine Idee anders und neu zu denken. Du wirst systematisch dazu eingeladen, mit deiner Idee zu spielen. Die Osborne-Checkliste schlägt zehn verschiedene Möglichkeiten vor, wie du es anders machen könntest. Dabei geht es nicht darum, nur umsetzbare, vernünftige Ideen zu produzieren, sondern querdenken zu dürfen.

Um zu demonstrieren, was diese Methode an Möglichkeiten bietet, wende ich die Varianten an einem Beispiel an.

ABER VORSICHT: DIE ZUORDNUNG IST NICHT IMMER TRENNSCHARF – MANCHE IDEE PASST ZU MEHREREN ASPEKTEN.

BEISPIEL:

Nehmen wir an, du hast die Idee, dich mit Natur- und Wildniscoaching selbstständig zu machen. Deine Absicht ist es also, Menschen wieder stärker in Kontakt mit der Natur zu bringen, indem du ihnen einerseits Fertigkeiten für das Leben draußen vermittelst (Hüttenbau, draußen übernachten, Feuer machen, Essbares in der Natur finden etc.). Andererseits sollen diese Menschen durch das Wildniscoaching und den intensiven Kontakt mit der Natur Antworten auf für sie wichtige Fragen finden.

Anders verwenden!

Wie könntest du x (wo)anders einsetzen?

Ursprünglich hattest du vor, ein Grundstück in der Nähe deines Wohnorts zu mieten, das im oder am Wald liegt. Nun überlegst du: Naturcoaching könnte in anderen Ländern stattfinden; du könntest ein kombiniertes Urlaubs-Coaching-Angebot entwickeln oder Wildnis-Schulungen in der Gruppe anbieten. Das machen auch andere, warum also nicht du?

Anpassen!

Was ähnelt x? Was könntest du übernehmen?

Du könntest von anderen Beratungsformaten Anleihen machen. Wie ist Coaching, Beratung, Therapie, Fortbildung organisiert – was könnte dich davon inspirieren? Du könntest Naturcoaching für bestimmte Zielgruppen anbieten, zum Beispiel für Kinder,

Jugendliche, Väter und ihre Söhne, oder mit bestimmten Themen wie Bogen-, Trommel- oder ein Tipibau, Kochen wie die Indianer, Reiten in der Wildnis usw.

Ändern!
Welche Aspekte/Merkmale von x könntest du ändern?

Du könntest Naturcoaching mit Tieren anbieten. Du könntest Natur-Art-Elemente integrieren, das heißt Kunst aus Naturelementen herstellen bzw. Kunst in der Natur ausstellen. Du könntest kürzere oder längere Aufenthalte in der Natur organisieren.

Vergrößern!
Könntest du x vergrößern/verstärken/erhöhen/verlängern …?

XXL-Naturcoaching könnte bedeuten, dass du Menschen bei der Planung einer Auszeit begleitest, etwa bei der Gestaltung eines Sabbatjahres. Viele Menschen träumen davon, für eine Weile mit dem, was sie tun, ganz aufzuhören. Du könntest für sie einen USA- oder Kanada-Trip organisieren und sie beraten, um ihren Traum von einer Auszeit in der Natur zu verwirklichen. Du könntest als Guide fungieren und sie eine Weile begleiten. Du könntest Naturcoaching extrem anbieten und mit Menschen Trips in die Antarktis oder in die Wüste planen.

Verkleinern!
Könntest du x verkleinern/abschwächen/verkürzen/verfeinern …?

Du könntest über Naturcoaching schreiben. Es könnte ganz kleine Formate geben – ein Nachmittag in der Natur, eine Wanderung.

Ersetzen!
Was könntest du an x ersetzen/austauschen?

Könnte man sich Naturcoaching ohne Natur vorstellen? Du könntest mit Menschen an einen Ort fahren, wo nur Müll und Naturzerstörung ist. Das wäre auf alle Fälle eine eindrucksvolle Management-Fortbildung über die Tragweite des eigenen Handelns.

Du könntest Naturseminare anbieten, Naturberatung, Naturtherapie, Naturheilkunde, Kräuterkunde …

Umstellen!
Könntest du Teile von x tauschen, die Reihenfolge ändern oder Ursache-Wirkung umdrehen?

Im Moment steckt hinter Naturcoaching die Idee, dass Menschen in die Natur gehen, um für ihren Alltag zu lernen.

Wie wäre es, wenn das Ganze umgekehrt stattfinden würde? Ist es denkbar, dass Menschen aus ihrem Alltag für die Natur lernen?

Umkehren!
Könntest du das Gegenteil von x machen? Wie sieht das Spiegelbild von x aus?
Das Gegenteil von X könnte sein, Städtecoaching anzubieten. Du fährst mit Menschen in Großstädte – New York, Shanghai, Moskau …

Kombinieren!
Könntest du x mit anderen Ideen verbinden? Kann x Teil von etwas Größerem sein? Könntest du x in kleinere Teile aufspalten?
Du könntest Naturcoaching mit Paarberatung, Organisations- oder Unternehmensberatung verbinden, mit Hundetraining und Pferdeausflügen für Tierliebhaber. Naturcoaching könnte auch nur ein Teil deines Seminarangebots sein, während du daneben noch ganz andere Dinge machst.

Transformieren!
Könntest du x zusammenballen/ausdehnen/komprimieren/verflüssigen …?
Naturcoaching könnte ein Element eines Beratungsprozesses oder eines Seminars sein, ohne dass du das gesondert kenntlich machst – du schickst deine Teilnehmer an irgendeiner Stelle raus. Naturcoaching könnte sich einfach ergeben, indem du Seminare und Beratungen an einem wunderschönen Ort machst, wo Teilnehmer von sich aus Sinnbezüge zwischen dem Seminarinhalt und dem Ort herstellen.

Nicht jede Idee ist fruchtbar und sollte umgesetzt werden. Ziel der Osborne-Liste ist es einfach, systematisch neue Ideen zu produzieren und sich aus den Beschränkungen des eigenen Denkens zu lösen.

> HALTE DICH VON MENSCHEN FERN, DIE DEINEN EHRGEIZ BELÄCHELN.
> BEDEUTUNGSLOSE MENSCHEN TUN DAS IMMER,
> DIE WIRKLICH GROSSARTIGEN GEBEN DIR JEDOCH DAS GEFÜHL,
> DASS AUCH DU GROSSARTIG WERDEN KANNST.
>
> MARK TWAIN

8. SPRICH MIT ANDEREN

Sprich mit anderen über deine Ideen und über das, wo du stecken bleibst.

Jeder Mensch, mit dem du sprichst, bringt seinen Wissens- und Erfahrungshintergrund mit. Ihm steht ein anderes Rekombinationspotenzial zur Verfügung, das heißt er hat einen eigenen Blickwinkel, eigene Ideen und Fragen zu deinem Problem. Das heißt indem du mit anderen sprichst, schaffst du die Chance, dass zusätzlicher Input für dich entsteht. Du gewinnst im besten Fall eine Vielzahl neuer Einsichten und einen Pool, aus dem du schöpfen kannst.

Einige systemische Beratungsmethoden zielen auf diese Weisheit der Vielen ab. Kollegiale Beratungsmethoden oder die Methode des Reflecting-Teams schaffen erst eine vertiefte Problemeinsicht, indem du mit einem Berater dein Thema und deine Frage diskutierst, während alle anderen zuhören. In einem nächsten Schritt darfst du zuhören, während die anderen im Raum dein Problem besprechen und ihre Ideen dazu aussprechen. Meist bekommst du einen guten Rundum-Überblick über viele Aspekte deines Themas und wertvolle neue Impulse. Du hast anschließend die Möglichkeit, mit dem Berater zu sortieren, was für dich daran neu und gut verwertbar ist.

Oder du stellst dein Thema bei einem Barcamp zur Diskussion. Hier kommen Menschen zu einem festgelegten Thema zusammen, doch es gibt kein Programm. Es gibt keine Referenten und keine Tagesordnung. Der Rahmen eines Barcamps besteht aus Räumen, einem Zeitplan und Essen. Alle Teilnehmenden haben die Chance, ein Thema vorzustellen. Diese Methode stellt sicher, dass nur über Relevantes gesprochen wird und dass jeder die Chance hat, sich mit anderen über Themen austauschen zu können, die ihm gerade Kopfzerbrechen bereiten.

In Beratungs- und Coachingprozessen passiert im Grunde eine unsystematische, assoziative Variante der Osborne-Liste. Intuitiv, auf Basis des eigenen Wissens- und Erfahrungspools werfen BeraterInnen einen neuen Blick auf dein Problem. Dein Gegenüber ist frei von den Gedankenschleifen, in denen du steckst. Sie können ganz anders auf dein Thema schauen, kombinieren automatisch neu und können sich deine Idee kleiner oder größer vorstellen – eben ganz anders. Seine Fragen regen dazu an, selbst einen differenzierten Blick auf deine Fragestellungen zu werfen.

WAS WILLST DU IN DIE WELT BRINGEN?

NEUE WEGE ENTSTEHEN, INDEM WIR SIE GEHEN.
FRIEDRICH NIETZSCHE

9. UNTERSUCHE DEINE IDEE SYSTEMATISCH: DEIN UNTERNEHMENSKONZEPT

Ein Unternehmenskonzept ist nichts anderes, als die strukturierte Auseinandersetzung mit einer Idee. Wenn du irgendwann Dritte davon überzeugen möchtest, in deine Idee Geld zu investieren – sei es die Arbeitsagentur oder die Bank –, brauchst du ohnehin ein Unternehmenskonzept. Aber auch wenn du daran kein Interesse

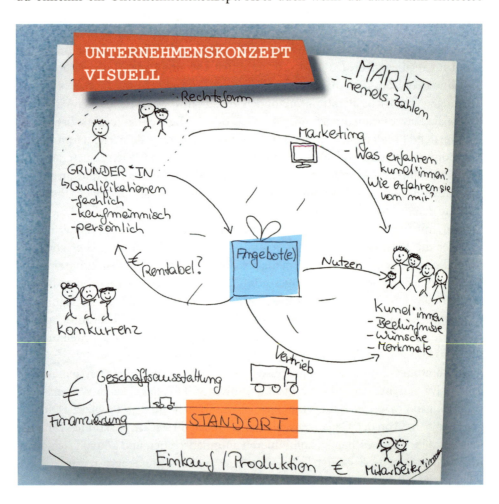

hast, bietet die Gliederung eines Businessplans eine hilfreiche Struktur, um dich systematisch mit deiner Idee auseinanderzusetzen.

Von der Form her bietet es sich an, eine Datei am PC mit einer ausführlichen Gliederung anzulegen und die Punkte des Konzepts wie Schubladen aufzufüllen. Ein Unternehmenskonzept kann aber genauso gut ein Notizbuch sein, in das du deine Gedanken und Ideen sammelst, oder eine Loseblattsammlung. Nur die Bank oder die Arbeitsagentur will von dir schön in Form gebrachte Unterlagen. Für dich selbst erlaube dir das, was dich am besten beim Planen unterstützt.

Was unterscheidet das Konzept von einem Ideen-Buch? Wofür kann ein Unternehmenskonzept nützlich sein?

Ein Ideen-Buch ist wie ein großer Schrank, in den du alle deine Gedanken legst. Alles ist verstaut, nichts geht verloren. Aber mit der Zeit kann es darin ganz schön voll werden und du findest wichtige Dinge vielleicht nur durch mühsames Suchen wieder. Wenn du dir mehr Ordnung wünschst, empfiehlt es sich, Dinge systematisch abzulegen.

Ein Konzept ist wie eine große Kommode mit vielen Schubladen, auf denen „Angebot", „Marketing", „Anmelden" und „Kunden" steht. All deine Überlegungen kommen gleich in die richtige Schublade.

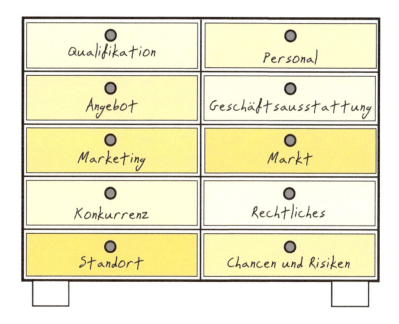

WAS WILLST DU IN DIE WELT BRINGEN?

In einem ersten Schritt kann das heißen, dass IN den Schubladen durchaus weiter Chaos herrscht. Du kannst die Gliederung dazu nutzen, Assoziationen, Ideen, Erkenntnisse und Überlegungen zu sammeln, ohne dich darum zu bemühen, einen geordneten Fließtext zu formulieren.

Im Unterschied zum Ideen-Buch lädt dich das Unternehmenskonzept ein, systematisch relevante Punkte zu bedenken. Du beschäftigst dich nicht nur mit dem, was dich anfliegt und innerlich umtreibt, sondern bekommst von außen Fragen gestellt, die dir helfen, deine Planungen zu konkretisieren.

Businessplan, Geschäftskonzept, Unternehmenskonzept und Co.

Für Nicht-Betriebswirte ist die betriebswirtschaftliche Sprache und Denkweise des Businessplans mitunter fremd und abschreckend, ähnlich wie die Terminologie heutiger Stellenmärkte trotz guter Englisch-Kenntnisse ein Gefühl von Fremdheit erzeugt, wenn von einem „Chief Executive Consultant" oder „Chief Procurement Officer" die Rede ist. Zwar lassen sich diese Begriffe übersetzen, aber sie bleiben merkwürdig „unsinnlich". Ähnlich geht es vielen mit der Sprache in Businessplänen, die sie nur schwer in Einklang mit den eigenen, ganz konkreten Überlegungen rund um die Verwirklichung einer Idee bringen.

> *Dabei stellt ein Unternehmenskonzept nur die Fragen, die dich ohnehin beschäftigen: Reichen deine Qualifikationen für das, was du machen willst, aus? Wird das Ganze wohl funktionieren, das heißt, gibt es einen „Markt" für deine Idee? Wie werden Kunden zu dir finden?*
> *Gibt es formale Anforderungen, die du beachten musst?*

 DAS WICHTIGSTE IST DAHER, DASS DU DAS UNTERNEHMENSKONZEPT NICHT ALS EINE MISCHUNG AUS KLASSENAUFSATZ UND EXAMENSARBEIT BETRACHTEST – ALSO ALS ETWAS, WAS DU NICHT FÜR DICH TUST, SONDERN FÜR FREMDE AUTORITÄTEN UND EXPERTEN. ES IST WICHTIG, DASS DU NICHT DIE VERBINDUNG ZU DIR SELBST UND DEINEN PLÄNEN VERLIERST.

UNTERSUCHE DEINE IDEE SYSTEMATISCH

BEISPIEL:

Sabine ist Supervisorin und Therapeutin. Sie braucht für die Arbeitsagentur einen Businessplan. In der Beratung betont sie mit Inbrunst, sie könne kein Gründungskonzept schreiben, sie wüsste überhaupt nicht, was da rein sollte und was man da von ihr wolle. Sie ist völlig blockiert. Ob das nicht jemand für sie schreiben könnte oder ob es irgendwo fertige Unternehmenskonzepte gibt, die sie für sich abändern kann.

Das macht natürlich wenig Sinn, denn schließlich geht es um IHRE Planungen und Ideen. Wenn jemand anderes für sie ein Konzept formuliert, kann man damit vielleicht eine Finanzierung bei der Bank bekommen oder den Gründungszuschuss beantragen. Als Planungsgrundlage für ihr eigenes Handeln ist jedoch ein fremdverfasster Businessplan wenig nützlich. Das leuchtet ihr ein, aber sie weiß trotzdem nicht, wie sie es hinkriegen soll, einen Businessplan zu schreiben.

Auf Nachfragen kann sie sehr genau und detailliert darlegen, was sie eigentlich machen und anbieten will, also ihr Angebot beschreiben, denn darüber hat sie sich eine Menge Gedanken gemacht. Ich frage nach, wen sie in ihre Beratungen, Therapien und Supervisionen einladen will: Kinder, Erwachsene, Paare oder Familien, Frauen oder Männer, mit bestimmten Problemlagen usw.? Und auch dazu kann sie mir sehr viel erzählen. Sie kann also die Zielgruppen, die sie ansprechen will, gut beschreiben. Und so frage und frage ich: Ob sie ein eigenes Büro oder eine Praxis haben oder doch mit in eine andere Praxis einziehen will? Ob es ihr wichtig ist, mitten in der Stadt Räumlichkeiten zu haben oder ob sie lieber außerhalb sein will? (Standort) Wie sie sich bekannt machen will, ob sie Flyer, eine Homepage etc. machen will, ob sie über Kontakte verfügt, ob sie Vorträge oder Seminare machen will? (Marketing) Über all diese Punkte zu sprechen, ist für sie kein Problem. Am Ende lautet mein Fazit für sie: „Schreib all das auf, was du mir jetzt erzählt hast. Das ist dein Unternehmenskonzept! Um genau diese Inhalte geht es!" Ihre Reaktion ist Verblüffung und Lachen. Denn IHRE Vorstellung von einem Unternehmenskonzept war etwas völlig anderes als ihre eigenen Überlegungen. Sie hatte sich gar nicht vorstellen können, dass es einfach darum gehen könnte, ihre Gedanken zu ihrer Gründung zu Papier zu bringen.

MUSTER FÜR EINEN BUSINESSPLAN[26]

1. **Qualifikation des Gründers/der Gründerin**
   - Was ist deine Qualifikation im Hinblick auf deine Idee? Kannst du alles, was du können musst? Musst du noch etwas lernen?
     - fachlich
     - persönlich
     - kaufmännisch

2. **Angebot**
   - Was willst du auf die Welt bringen?
   - Beschreibung der Waren oder Dienstleistungen/Merkmale/Service/Preise/ Nutzen
   - Was ist das Besondere deines Angebots? Wie wird es hergestellt?

3. **Kunden/Zielgruppe**
   - Wen möchtest du ansprechen? Wer möchte das haben, was du anbietest?
   - Merkmale wie Alter, Geschlecht, Wohnort, Einkommen, Berufe, Einkaufsverhalten, Gewohnheiten, Bedürfnisse und Probleme
   - Hast du eventuell schon KundInnen?

4. **Markt-/Standortanalyse**
   - Gibt es gesellschaftliche Trends und Entwicklungen, die es wahrscheinlich machen, dass deine Idee Erfolg hat?
   - Wo möchtest du tätig werden? Gibt es wichtige Trends, die maßgeblich sind? Informationen zur Entwicklung der Branche

5. **Standort**
   - An welchem Ort willst du deine Idee realisieren?
   - Damit ist die Stadt, aber auch das Büro oder Ladenlokal gemeint. Je nachdem, welche Reichweite dein Angebot hat, ist damit unter Umständen auch Deutschland als Standort wichtig.
   - Wie können etwaige Nachteile ausgeglichen werden?
   - Informationen zum gewählten Standort (Kaufkraft, Einzugsgebiet, Werbewirksamkeit)

6. Organisation – Personal
- Brauchst du MitarbeiterInnen und was müssen diese können?
- Welche Organisation ist nötig, um dein Angebot zu realisieren? Öffnungszeiten, Kompetenz des Personals usw.

7. Konkurrenz
- Wer bewegt sich noch auf diesem Markt?
- Wie groß ist die Konkurrenz im engeren Sinne, das heißt wer macht das gleiche oder hat ein ähnliches Angebot?
- Wie groß ist die Konkurrenz im weiteren Sinne, das heißt was könnten KundInnen noch tun, statt dein Angebot in Anspruch zu nehmen? Was sind Stärken und Schwächen der Konkurrenz?
- Was unterscheidet dich und dein Angebot von dem der Konkurrenz?
- Wie begegnest du den Marketingstrategien der Konkurrenz?

8. Vertrieb
- Wenn du Produkte verkaufst:
- Wie gelangt das Produkt zu den KundInnen?
- Wie versendest oder transportierst du es?
- Welche Vor- und Nachteile sind mit verschiedenen Vertriebswegen verbunden?
- Welche Kosten entstehen?

9. Marketing
- Wie und was erfahren KundInnen von dem Angebot? Kommunikation des Angebots/der Dienstleistung nach außen – Präsentation des Unternehmens, Corporate Identity, Werbung

10. Rahmenbedingungen: Unternehmensform, Geschäftsausstattung
- Rechtliche Form des Unternehmens: Einzelunternehmen, freiberuflich/ gewerblich, gemeinsam mit anderen?
- Geschäftsausstattung: Was ist notwendig für die Gründung?

11. Zukunftsaussichten: Chancen und Risiken
- Was sind für die Gründung riskante Faktoren?
- Wieso ist die Realisierung der Idee chancenreich?

Wenn du das Konzept für dich selbst erstellst, bist du frei hinsichtlich Form und Stil. Du kannst die einzelnen Punkte dazu nutzen, um deine Überlegungen zu notieren. Du musst noch nicht überzeugen. Es geht vielmehr darum, alle Aspekte zu bedenken und zu prüfen, ob du Antworten darauf hast, wie du deine Idee in die Tat umsetzen willst. Je nachdem, was deine Idee ist, sind vielleicht einzelne Punkte nicht relevant. Fühl dich frei, das Konzept umzugestalten und andere Themen zu bearbeiten.

Das Konzept hilft dir, dir darüber klar zu werden, an welchen Stellen deine Überlegungen noch vage sind. Denn beim Schreiben merkst du schnell, was wirklich klar ist und wo du eigentlich noch schwimmst oder dir Informationen fehlen. Es wird Punkte geben, zu denen du spontan ganz viel schreiben kannst und andere, zu denen dir im ersten Augenblick gar nichts einfällt. Das ist nicht schlimm – du merkst schlicht, dass du dich mit diesen Punkten noch näher beschäftigen solltest.

Besonders fruchtbar und kreativ ist das Schreiben insbesondere dann, wenn du dir erlaubst, dich nicht an irgendwelche Experten-Ansprüche zu halten. Betrachte das Konzept als etwas, was du für dich selbst machst. Erlaube dir, deine eigene Sprache zu sprechen. Du musst nicht in betriebswirtschaftliches Kauderwelsch verfallen, wenn dir das fremd ist. Du musst von dir auch nicht in der dritten Person sprechen. Es gibt nur eine Regel, an die du dich halten musst: Bleib dran an deiner Idee! Ein Unternehmenskonzept ist kein Selbstzweck, sondern soll dir helfen, deine Idee zu untersuchen und zu beschreiben.

Experten-Rat

Wenn du mit deinem Businessplan andere überzeugen willst, in deine Idee zu investieren, macht es Sinn, in einem zweiten Schritt deinen Text unter diesem Aspekt zu überarbeiten, denn jetzt schreibst du für einen Dritten als Leser. Wie immer, wenn wir für andere Menschen schreiben, ist es dann zunächst sinnvoll, sich folgende Fragen zu stellen:

- *Welche Interessenlage hat dieser Dritte?*
- *Wo hole ich ihn ab?*
- *Wie viel Zeit nimmt er sich vermutlich für meinen Text, sprich wie lang sollte er sein und brauche ich gegebenenfalls eine Zusammenfassung für einen eiligen Leser?*
- *Welche Argumente muss ich wie darlegen, um zu überzeugen?*

UNTERSUCHE DEINE IDEE SYSTEMATISCH

Zweifel, die in deinem Konzept durchaus ihren Raum finden durften, stellst du nun besser zurück. Schließlich willst du deine Leser nicht davon überzeugen, dass es KEINEN Sinn macht, Geld in deine Idee zu investieren, indem du ausführlich beschreibst, was alles gegen deine Idee spricht. Im Gegenteil: Du willst begründen, warum deine Idee aussichtsreich ist und allenfalls zeigen, dass du dich mit kritischen Aspekten eingehend beschäftigt hast und diese in deine Planungen einbeziehst. Ein Businessplan muss nicht 50 Seiten lang sein, doch eine gewisse Detailgenauigkeit zeigt dem Leser, dass du dich auskennst und dich wirklich eingehend mit deiner Idee auseinandergesetzt hast.

Bevor du deinen Businessplan einer Bank, einem Investor oder der Arbeitsagentur vorlegst, ist es zudem sinnvoll, Feedback einzuholen. Dir fehlt der Blick von außen, wenn du komplett in deinen Planungen steckst. Was für andere offensichtlich ist, fällt dir vielleicht gar nicht mehr auf.

Dabei ist es wichtig, dem Rat von außen einen angemessenen Platz zu geben. BeraterInnen können dir helfen, deine Gedanken und Ideen zu klären und dir mit ihrer Expertise zur Seite stehen – schließlich sind sie den Weg, den du vielleicht zum ersten Mal gehst, schon viele Male mit anderen gegangen. Der Job eines Beraters ist es, dich zu unterstützen. Seine Aufgabe ist es, dich und deine Ideen zu verstehen und dir zu helfen, sie zum Leuchten zu bringen. Er gibt dir wichtige Hinweise, was du aus seiner Sicht ändern und überdenken solltest. Sein Job ist es nicht, dich von deinem Weg abzubringen.

Woran erkennst du einen guten Berater/eine gute Mentorin?
„Ein echter Mentor gibt oft und gerne.
Du fühlst dich großartig, wenn du mit ihm zusammen bist.
Er gibt dir das Gefühl großer Sympathie, fast wie eine Welle.
Er teilt sein Wissen gerne.
Er kennt die Gewohnte Welt und die Neue Welt.
Er spielt keine Spielchen. Nicht ein einziges Mal.
Er zieht dich in die richtige Richtung."[27]

Ein Mentor will keine Gegenleistung; ein Berater kostet dich Geld – aber nicht mehr als in deiner jetzigen Lebenslage passend und angemessen ist.

Macht es Sinn, die ganze Planung in die Hände von Experten zu legen? Wäre es nicht naheliegend, zu einem Unternehmensberater zu gehen, ihm von der Idee zu erzählen und die genaue Beschreibung und Ausarbeitung deiner Idee zu übergeben? Schließlich kennt er sich mit all den Detailfragen und Formalia rund um eine Gründung aus. Die Idee ist bestechend. Du konzentrierst dich auf die Inhalte, während sich andere um das ganze betriebswirtschaftliche Drumherum kümmern. Gewerbeanmeldung, Steuererklärung, Marketing – dafür gibt es schließlich Profis. Warum nicht einfach alles delegieren?

Wenn du genug Geld hast, kannst du dir die Unterstützung von Menschen einkaufen, die für dich planen und recherchieren sowie Konzepte und Entscheidungsvorlagen schreiben. Doch selbst dann ist es wichtig, dass alle relevanten Informationen zu dir zurückfließen, um das komplexe Ganze weiterhin im Auge zu behalten. Selbst wenn andere dir kräftig unter die Arme greifen, bleibt es dir nicht erspart, dich so weit mit den Planungsinhalten auseinanderzusetzen, dass du jederzeit in der Lage bist, die Richtung vorzugeben und die Ergebnisse zu beurteilen.

SolounternehmerInnen und GründerInnen kleiner Unternehmen müssen ohnehin andere Wege beschreiten, denn im Regelfall verfügen sie nicht über das nötige Budget, um ein Heer von Mitarbeiterinnen oder Externen zu beschäftigen, die sämtliche Sachfragen recherchieren und klären. Wohl oder übel bleibt dir in dieser Situation nichts Anderes übrig, als dich selbst mit allen Fragen rund um dein Unternehmen zu beschäftigen, die notwendig sind, um dieses zu gestalten und zu leiten. Ein Unternehmens- oder Steuerberater kann dich in diesem Prozess zwar unterstützen, sollte dir aber nicht die eigentliche Planung abnehmen.

Das ist einerseits bedauerlich, denn ein fundiertes Unternehmenskonzept zu verfassen ist schließlich eine Menge Arbeit. Andererseits hat das Selbstschreiben und -planen große Vorteile. Die Auseinandersetzung mit dem Businessplan hilft dir, in deine eigene Idee hineinzuwachsen und sie dir auf den Leib zu schneidern.

Das Zusammenstellen und Formulieren des Businessplans sind nicht nur Ziel, sondern auch der Weg dorthin. Sein Hauptzweck ist nicht das fertige Ergebnis, sondern das permanente Auseinandersetzen mit den eigenen Ideen und Gedanken. Auch deshalb macht es im Regelfall wenig Sinn, diesen von einem Experten schreiben zu lassen. ExpertInnen können dir Sachfragen beantworten und Denkanstöße liefern. Doch da das Ganze am Ende DEINE Unternehmensidee werden soll, ist es wichtig, dass DEINE Ideen in das Konzept einfließen.

Fällt dir das Schreiben tatsächlich derart schwer, wäre ein denkbarer Kompromiss, jemandem deine Ideen und Gedanken zu schildern, die ein anderer dann für dich aufschreibt und formuliert. Das hat sich in der Praxis bewährt bei allen, die entweder nicht über die notwendigen Sprachkenntnisse verfügen oder denen das Schreiben einfach nicht liegt. Denn diese Methode entlastet dich und stellt gleichzeitig sicher, dass du inhaltlich UrheberIn des Konzepts bist.

UNTERSUCHE DEINE IDEE SYSTEMATISCH

EIN KONZEPT ZU SCHREIBEN BEDEUTET, DEINE IDEE ERNST ZU NEHMEN. DEINE IDEEN UND GEDANKEN HABEN EINEN ORT. AUCH IN RUHEPHASEN ODER OFT GERADE DANN, ARBEITET DEIN GEHIRN WEITER, VERKNÜPFT INFORMATIONEN, SORTIERT GEDANKEN UND FÖRDERT NEUES ZUTAGE. ZUSAMMEN MIT DEINEM IDEEN-BUCH BIETET EIN KONZEPT EINEN ORT, WO DIE DARAUS GEWONNENEN EINSICHTEN UND ERKENNTNISSE ZUSAMMENFLIESSEN KÖNNEN.

Sind Businesspläne überflüssig?

In den letzten Jahren sind Unternehmenskonzepte in Verruf geraten. In Zeiten von Lean Management und schnellen Start-ups gelten sie als zu behäbig und überflüssig. Ihnen wird vorgeworfen, dass sie viel Zeit und Energie kosten und eigentlich schon überholt sind, wenn das Unternehmen startet. Denn kaum jemand verwirklicht 1:1 das, was im Businessplan steht. Warum sich dann die Mühe machen, einen solchen zu erstellen?

Alternativ gilt die Business Model Canvas,[28] entwickelt vom erfolgreichen Schweizer Entrepreneur Alexander Osterwalder, als Mittel der Wahl, denn sie ist flexibel und erfordert keinen Fließtext. Teste selbst, womit du am besten zurechtkommst beziehungsweise welches Instrument am besten zu dir passt.

So oder so, egal welche Methode du für deine Planungen wählst – jede Planung wird sich mit der Zeit als überholt erweisen. Das liegt daran, dass du im Tun neue Erfahrungen machst. Vieles, was du dir jetzt ausdenkst, wird in der Praxis nicht oder anders funktionieren. Dafür ergeben sich neue Möglichkeiten und Chancen, an die du jetzt noch gar nicht denkst. Das heißt, auch du wirst über kurz oder lang feststellen, dass du nur einen Teil deiner ursprünglichen Pläne realisiert hast. Doch ist das ein Argument, auf Planung generell zu verzichten? Sicherlich nicht, denn Sinn von Planungen ist es, eine Expertise über das Feld, in dem du dich bewegst, zu gewinnen, deine eigenen Ideen und Prioritäten zu überdenken, Möglichkeiten abzuwägen. Hieraus ziehst du großen Gewinn – auch wenn du nicht alles genauso machst wie geplant.

BEISPIEL:

Zum Vergleich: Es gibt Menschen, die in Urlaub fahren, ohne sich vorher Gedanken darüber zu machen, was sie eigentlich erleben wollen, wie sie von A nach B kommen oder wie viel Geld sie brauchen werden. Die notwendige Ausrüstung kaufen sie sich unterwegs. Wenn alle Stricke reißen, das heißt wenn das Geld ausgeht oder sich

> *Dinge als undurchführbar erweisen, müssen sie halt ihren Urlaub abbrechen oder umdisponieren.*
>
> *Hast du aber eine genaue Vorstellung von deinem Traumurlaub, den du verwirklichen möchtest, ist es sinnvoll, sich im Vorfeld genau zu überlegen, wohin die Reise gehen soll, welche Stationen du auf alle Fälle ansteuern möchtest und wie viel Geld du unterwegs in etwa brauchst. Planst du eine Trekking-Tour, ist es ratsam, vorher darüber nachzudenken, welche Ausrüstung du benötigst, ob du einen Guide brauchst und welche Jahreszeit die richtige ist. Einfach loszulegen, führt vermutlich nicht zum optimalen Ergebnis.*
>
> *Trotz aller Planung wirst du vermutlich unterwegs feststellen, dass die Etappen zu lange oder zu kurz geplant sind, dass der eine Platz so schön ist, dass du länger bleiben möchtest usw. Es geht nicht darum, so eng zu planen, dass kein Platz für Spontanität bleibt, sondern durch gute Planung den optimalen Rahmen für einen tollen Urlaub zu schaffen.*

Die Kunst besteht demnach darin, den Mittelweg zwischen zu viel und zu wenig Planung zu finden. Wie viel Planung jeder einzelne für sich braucht, ist zudem extrem unterschiedlich und hängt von unserem eigenen Bedürfnis nach Sicherheit und Kontrolle ab.

> ES PLANT NIEMAND ZU VERSAGEN,
> ABER DIE MEISTEN VERSAGEN BEIM PLANEN.
> LEE IACOCCA

10. STIMMIGE ABLÄUFE PLANEN: BUSINESS MODEL CANVAS

Die Canvas ermöglicht dir die visuelle Darstellung einer Idee und der dazugehörigen Faktoren.[29] Du kannst sie am besten mit Post-it's nutzen – das ermöglicht es dir, deine Gedanken zu verändern, ohne vorne anfangen zu müssen. Mittlerweile gibt es auch Plattformen, bei denen du dein Geschäftsmodell online durchspielen kannst.[30] Ob online oder offline – der Vorteil: Du siehst alles auf einmal und kannst anfangen, mit den einzelnen Faktoren zu „spielen", das heißt sie verändern, anders gewichten oder austauschen.

Dabei werden neun wesentliche Faktoren einbezogen:

1. **Key Partners – Schlüsselpartner:**
   - Wen kannst und willst du als Partner einbinden?
   - Wer greift dir unter die Arme?
   - Wer arbeitet dir zu?
   - Mit wem startest du Aktivitäten gemeinsam?

2. **Key Activities – Schlüsselaktivitäten:**
   - Was sind die wichtigsten Dinge, die du tun musst, um dein Geschäftsmodell umzusetzen?

3. **Customer Segments – deine Kunden:**
   - Für wen wirst du tätig?
   - Wer sind deine Nutzer, Abonnenten, Kunden?

4. **Value Proposition – Nutzen/Versprechen:**
   - Welchen spezifischen Nutzen hat dein Angebot für deine Kunden?

5. **Customer Relationships – Kundenkontakt:**
   - Wie gestaltest du die Beziehung zu deinen Kunden?
   - Bedienst du sie persönlich, über das Internet, stellst du Foren zur Verfügung oder gibt es automatisierte Dienstleistungen?

6. **Channels – Vertriebskanäle:**
   - Was sind die Kanäle und Touchpoints, über die du mit deinen Kunden in Verbindung trittst?
   - Wo begegnen Kunden deinem Angebot?

7. **Key Resources – Schlüsselressourcen:**
   - Welche Ressourcen und welche Infrastruktur benötigst du?

8. **Cost Structure – Kosten:**
   - Was sind die wichtigsten Kostenfaktoren?

9. **Revenue Streams – Einnahmequellen:**
   - Wie erzielst du Einnahmen?
   - Willst du Einmal-Kunden gewinnen oder Abonnenten?
   - Welche Preisstrategie verfolgst du?

FAIL OFTEN, FAIL EARLY, FAIL BETTER.

11. KUNDENORIENTIERTE LÖSUNGEN ENTWICKELN: DESIGN THINKING

Design Thinking ist eine strukturierte Methode zur Entwicklung kreativer Ideen. Toll ist es, falls du die Möglichkeit hast, an einem Design Thinking-Prozess in einer Gruppe mitzuwirken, denn auf diese Weise erlebst du den ganzen Prozess hautnah. Doch auch alleine kannst du dir etwas vom „Mindset"[31] und den Methoden des Design Thinking zu eigen machen, um deine Idee weiterzuentwickeln.[32]

Die fünf Phasen

Idealtypisch besteht Design Thinking aus fünf Phasen:

1. **Verstehen**
   Es geht darum, die Bedürfnisse der Kunden, Nutzerinnen oder Teilnehmer vertieft zu verstehen. Hierzu gehört es auch, alle verfügbaren Informationen wie Zahlen, Literatur, den Markt etc. zu nutzen. Es kann notwendig sein, Bestandskunden oder potenzielle zukünftige Kundinnen zu befragen.

2. **Definieren**
   In der zweiten Phase werden die Bedürfnisse genau beschrieben und definiert. Hieraus ergibt sich die konkrete Aufgabenstellung für die weiteren Phasen.

3. **Ideation**
   Diese kreative Phase gilt der Ideenentwicklung, bezogen auf die Aufgabenstellung. Erlaubt und sogar erwünscht sind wilde Ideen. Der Kreativität sind keine Grenzen gesetzt. Das Ziel sind möglichst viele neue Impulse. Aussortiert wird erst im nächsten Schritt.

4. **Bauen**
   In dieser Phase werden Prototypen erstellt. Das macht auch bei Dienstleistungen Sinn, zum Beispiel lassen sich Seminarausschreibungen konkretisieren oder konkrete Abläufe modellieren. Das Spannende dieser Phase ist, so konkret wie möglich zu werden – und die eigenen Denkmodelle praktisch zu verwirklichen.

KUNDENORIENTIERTE LÖSUNGEN ENTWICKELN

5. Testen
Nun geht es darum, die Prototypen zu testen und auf ihre Praktikabilität zu untersuchen bzw. am konkreten Modell neue Erkenntnisse zu gewinnen.

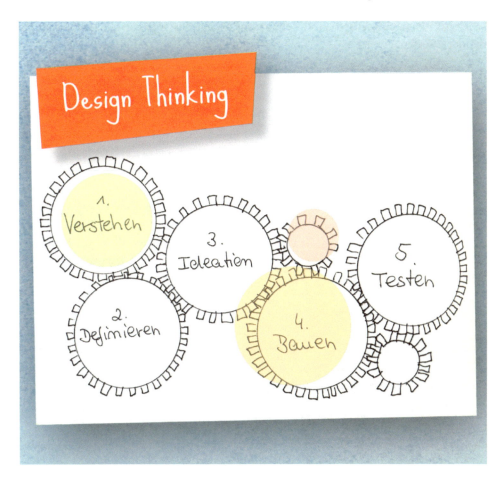

Später, im Kapitel „Effectuation", wird dir eine ähnliche Denkweise begegnen. Der Charme einer solchen Vorgehensweise liegt darin, sehr schnell konkret zu werden. Noch bevor alles zu Ende gedacht und analysiert wurde, wird praktisch gehandelt und umgesetzt. Auf diese Weise treten Denkfehler sehr schnell ans Licht. Du merkst am praktischen Modell, was umsetzbar ist. Du lernst im Tun.

WAS WILLST DU IN DIE WELT BRINGEN?

Persona

Beim Design Thinking werden Zielgruppen nicht abstrakt beschrieben, sondern als konkrete Personen vorgestellt. Dieses Vorgehen hilft, sich sehr viel näher und plastischer mit den Bedürfnissen und Lebensumständen der späteren Zielgruppe auseinanderzusetzen.

BEISPIEL:

Olaf beschäftigt sich mit verbesserten Transportmöglichkeiten für Eltern mit kleinen Kindern. Er überlegt, wie Fahrräder bzw. Fahrradanhänger konstruiert sein müssten, um ihren Bedürfnissen besser gerecht zu werden. Dazu entwickelt er folgende Persona:

Britta, 35, arbeitet 30 Stunden pro Woche bei einem Weiterbildungsträger. Aktuell ist sie noch in Elternzeit, will aber bald wieder anfangen zu arbeiten. Sie ist es, die morgens ihre beiden Kinder, Jana (3 Monate) und Joshua (2), in die Kita bringt, da ihr Mann Sven unter der Woche beruflich viel unterwegs ist und dafür das Familienauto braucht. Britta nutzt deshalb das Fahrrad. Die Strecke zur Kita beträgt 5 Kilometer.

Sie hat sich schon verschiedene Fahrrad-Anhänger angeschaut, bisher aber noch kein Modell gefunden, das ihr wirklich gefällt. Sie hat folgende Bedürfnisse:

– *Sie möchte beide Kinder vor sich transportieren können, denn sie hat bereits bei anderen Eltern erlebt, wie stressig es ist, wenn die Kinder hinten im Anhänger quengeln oder weinen, die Eltern aber während der Fahrt nicht darauf reagieren können.*
– *Das Bak Fiets, das die Kinder vorne transportiert, kommt ihr unsicher vor. Die Holzkonstruktion überzeugt sie nicht. Die Ränder sind so niedrig.*
– *Sie möchte ein mitwachsendes System, denn aktuell braucht sie noch ein Modell, in dem auch eine Babyschale montiert werden kann, jedoch langfristig eines, das Platz für zwei Kleinkinder bietet.*
– *Da sie jeden Tag raus muss, braucht sie einen Regen-, Sonnen- und Schneeschutz.*
– *Das Fahrrad darf nicht zu schwer sein, damit sie sowohl leicht damit fahren, es aber auch in unwegsamen Situationen (Treppenabsätzen, Bordsteinkanten) manövrieren kann.*

Wer sich seine Zielgruppe nicht als abstrakte Menge vorstellt, sondern als konkrete lebendige Menschen, wird neu über das eigene Angebot nachdenken. Es kommen ganz neue Aspekte ins Spiel, wie persönliche Lebensumstände, Nutzungsgewohnheiten, Ansichten und Gefühle. Je genauer und besser du die Menschen verstehst, für die du etwas erschaffen möchtest, desto stimmiger wird dein Angebot sein.

Zeitverknappung

Design Thinking arbeitet mit Zeitverknappung. Die Teams bekommen Aufgaben gestellt, die sie in einem begrenzten Zeitraum lösen müssen. Gerne neigen wir dazu, bei herausfordernden Problemen erst einmal zu sagen: „Darüber muss ich nachdenken. Schwierig …". Unser Reflex ist es, komplexe Fragen auf die lange Bank zu schieben, zu brüten, nachzudenken …

Doch das Design Thinking lässt dir hierzu keine Zeit, sondern zwingt dich, Lösungen zu produzieren – jetzt. Du musst mit dem Wissen, das du hier und heute hast, etwas erschaffen – und siehe da, irgendeine Lösung findest du, wenn du dazu gezwungen bist. Du kommst auf den Punkt, du erschaffst irgendetwas. Das ist vielleicht noch nicht das Nonplusultra, aber es entsteht etwas und du bist der Antwort auf deine Fragen ein kleines Stückchen nähergekommen. Und nicht nur das, oft ist es geradezu erstaunlich, wie weit du mit deinen Gedanken schon gekommen bist und was du realisieren kannst, wenn dich ein äußerer Rahmen, der dich zum Handeln treibt, dazu bringt, deinen inneren Kritiker außen vor zu lassen und einfach zu machen.

Wenn du nicht die Möglichkeit hast, einen ganzen Design Thinking-Prozess mit einer Gruppe zu durchlaufen, kannst du dir die Idee der Zeitverknappung dennoch zunutze machen, indem du dich zwingst, bisher Schwieriges und Ungelöstes zu bearbeiten. Dazu setzt du dir eine gewisse Zeitspanne und definierst einen Zeitraum, in welchem du dich gezielt mit dem Thema auseinandersetzt, das dir gerade Kopfzerbrechen bereitet.

Du bastelst einen Prototyp. Du gestaltest ein Produkt. Du nutzt die Methode des Free Writing und bearbeitest einen Punkt, der noch offen ist. Du kannst dafür die sogenannte Pomodoro-Technik nutzen. Du nimmst einen Küchenwecker und stellst ihn auf 25 Minuten (diese 25-Minuten-Abschnitte werden Pomodori genannt). In dieser Zeit erledigst du einen definierten Arbeitsschritt. Die Ergebnisse hältst du fest. Dabei formulierst du Stegreif-Lösungen. Hauptsache, du durchbrichst die Schutzmauer des „Ich weiß es noch nicht".

Klassischerweise geht es bei der Pomodoro-Technik übrigens noch mehrmals so weiter. Du legst eine kurze Pause von fünf Minuten ein, bevor du mit dem nächsten Pomodoro-Abschnitt beginnst. Nach jeweils vier Pomodori machst du eine längere Pause.³³

Konkret werden: Lösungen und Prototypen entwickeln

Ein Design Thinking-Prozess fordert dich dazu heraus, sehr schnell Lösungen und Prototypen zu entwickeln, indem du mit den Informationen, die du JETZT hast, konkrete Lösungen kreierst. Diese lassen sich hinterher jederzeit verfeinern und verbessern oder auch wieder verwerfen. Doch die Tatsache, dass du deine Idee einmal zu Ende denkst, kann dich einen großen Schritt nach vorne bringen.

Was ist ein Prototyp? Wenn du Produkte entwickelst, heißt das, du baust, gestaltest, töpferst, kochst, nähst oder konstruierst erste Versionen dessen, was du zukünftig in die Welt bringen willst. Bei Dienstleistungen kann das bedeuten, dass du versuchsweise massierst, berätst, behandelst oder gestaltest.

Prototypen können dazu dienen, sie bei potenziellen Kunden zu testen und durch deren Feedback Fehler zu beheben, weiterzuentwickeln und neue Sichtweisen in den Prozess einfließen zu lassen. Du bekommst so Rückmeldungen: Was ist schon gut, was noch verbesserungsbedürftig? Was geht komplett an den Bedürfnissen der Zielgruppe vorbei?

BEISPIEL:

Joana plant ein Literaturcafé. Den Prototyp ihres Cafés baut sie mithilfe einer Kiste, in der sie ein erstes Modell aus Pappe bastelt. Dabei fallen ihr die ersten Ideen zur Einrichtung ein. Gleichzeitig merkt sie, dass es wichtig ist zu recherchieren, wie groß der Abstand zwischen den Tischen sein muss, damit sich die Gäste noch wohl fühlen, die Bedienungen sich aber noch bewegen können. Als sie ihren Prototyp betrachtet, kommt sie auf die Idee, dass sich die Gäste Essen und Getränke selbst an der Theke holen könnten. Dadurch würde sie Personal sparen, könnte aber möglicherweise mehr Tische aufstellen. Jedoch sollte sie irgendwo ein Regal für die Geschirrrückgabe einplanen. Sie macht sich Gedanken über die Farbgestaltung und die Dekoration. Dazu malt sie ihr Modell an. Außerdem macht sie sich auf die Suche nach geeigneten Möbeln – natürlich in anderen Cafés. Sie will ausprobieren, welche Möbel ihr gefallen, wenn sie selbst Gast ist, und was für ihr eigenes Café infrage kommen könnte.

Gemeinsam mit anderen

Beim Design Thinking kommen unterschiedliche Blickwinkel, Professionen und Erfahrungshintergründe zusammen. Hierdurch entsteht eine kreative Gemengelage unterschiedlicher Impulse entsteht. Überlege dir, welche Personen du einladen könntest, sich mit deiner Idee zu beschäftigen. Woher könntest du Impulse bekommen? Und wie könntest du Menschen mit unterschiedlichem Background einbinden?

Iteratives Vorgehen

Design Thinking liegt die Erlaubnis zugrunde, zu jeder Zeit „heilige Kühe" vertreiben zu dürfen. Dieser zugegeben sehr brachiale Vergleich bedeutet, dass du zu jedem Zeitpunkt zu einem früheren Punkt zurückkehren kannst, wenn du bei deinen Überlegungen feststellst, dass du doch noch nicht auf dem richtigen Weg bist und deine Ergebnisse nicht stimmig oder noch nicht überzeugend sind. Vielleicht merkst du zu einem späteren Zeitpunkt erst, dass du mit ganz anderen Zielgruppen arbeiten möchtest, als du sie bei deiner Persona beschrieben hast oder du hast bei der Problembeschreibung etwas übersehen? Du hast jederzeit die Möglichkeit, zurückzugehen und bei früheren Phasen wieder anzusetzen. Design Thinking bezeichnet dieses Vorgehen als iterativen Prozess oder iterative Schleifen.

Fail often, fail early

Design Thinking ist insgesamt fehlerfreundlich. Lass dich davon inspirieren und erlaube dir, kritische Aspekte anzunehmen und in die eigenen Planungen einzubeziehen, statt stur an einmal getroffenen Annahmen festzuhalten. Es geht darum, das Scheitern zu entdramatisieren und dadurch die innere Freiheit zu gewinnen, immer wieder neue Ansätze auszutesten. Es ist normal, dass nicht immer alles und auf Anhieb funktioniert. Je mehr du diese Einstellung verinnerlichst, desto lernfähiger bist du und desto besser ist dein Ergebnis. Wir alle hätten nie laufen gelernt, wenn wir versucht hätten, das Hinfallen zu vermeiden. Schaut man Kindern zu, wie sie Krabbeln, Aufstehen und Laufen lernen, kann man nur fasziniert sein, wie sehr der Drang, das endlich zu können, sie nach vorne treibt. Auch sie sind mitunter frustriert, wenn ihre Bemühungen nicht zum Ziel führen – und probieren es anders und weiter, bis es ihnen gelingt. Alles, was wir als Kinder gelernt haben, haben wir durch unermüdliches Ausprobieren, Scheitern und erneutem Ausprobieren begriffen.

WAS WILLST DU IN DIE WELT BRINGEN?

WENN DU EINEN FEHLER MACHST, FEIERE EIN FEST.
VIRGINIA SARTIR

12. EFFECTUATION: PLANE, ABER SEI OFFEN FÜR ENTWICKLUNG

Es ist wichtig, deine Idee auszuspinnen und konkret zu machen. Genauso wichtig aber ist es, Erfahrungen zu sammeln. Es geht nicht darum, monate- oder vielleicht jahrelang im stillen Kämmerlein zu brüten, sondern stattdessen deine Ideen und Gedanken auszuprobieren, mit KundInnen zu sprechen, erste Gehversuche zu starten, Prototypen zu erschaffen und deine Idee im Kontakt mit der Welt weiterzuentwickeln.

Die indische Kognitionswissenschaftlerin Sara Sarasvathy hat sich mit den Denkprozessen sogenannter „Supraentrepreneurs", also erfolgreicher Mehrfach-GründerInnen beschäftigt, die Firmen mit Jahresumsätzen von 200 Mio. bis 6,5 Mrd. Dollar gegründet und mindestens eines ihrer Unternehmen an die Börse gebracht hatten. Sara Sarasvathy lehrt Entrepreneurship und Ethik an der Darden Graduate School of Business Administration der University of Virginia. Sie beschäftigte sich mit der Frage, wie erfahrene und erfolgreiche UnternehmerInnen handeln und Entscheidungen unter Ungewissheit treffen und nannte ihre Vorgehensweise Effectuation. Der Effectuation-Ansatz formuliert hilfreiche Prinzipien für Menschen, die etwas Neues auf den Weg bringen möchten.[34] Es handelte sich um UnternehmerInnen zwischen 40 und 82 Jahren aus den unterschiedlichsten Branchen. Es zeigte sich, dass sie nicht in erster Linie theoretische Planer waren, sondern ihre Ideen im Tun und durch Erfahrung – positive wie negative, Erfolg und Scheitern – kreiert haben. Was kannst du von ihren Erfolgen und ihrer Vorgehensweise lernen? Wie gingen diese UnternehmerInnen vor?

„Bereits nach wenigen Interviews stach ins Auge, dass die Experten wesentliche Elemente dessen, was gemeinhin als *professionell* gilt, systematisch ignorierten. Sie stellen mehrheitlich die zur Verfügung gestellten Prognosedaten infrage, gingen gedanklich weit über die vorgeschlagenen Zielmärkte hinaus und besonnen sich vor allem auf ihre persönlichen Interessen, ihr Wissen und ihr soziales Netzwerk, um die Geschäftsidee zu formen. Obwohl selbst gut mit Kapital ausgestattet, wählten sie mehrheitlich Strategien aus, die mit einem Minimum an finanziellem Einsatz umgesetzt werden konnten. Vereinbarungen und Partnerschaften mit Kunden, Lieferantinnen und anderen Stakeholdern ihrer Vorhaben standen von Anfang an im Zentrum ihrer Überlegungen."[35]

Erkunde den Markt durch Handeln

Die von ihr befragten UnternehmerInnen hielten erstaunlich wenig von Marktforschung. Statt theoretische Forschung zu betreiben, nutzten sie vorhandene Ressourcen, um handelnd zu erkunden, was möglich war. Sie planten nicht bis in alle Einzelheiten, sondern begannen – ausgehend von vorhandenen Netzwerken und Kontakten, Ressourcen und ersten Kundenerfahrungen – ein Geschäftsmodell zu entwickeln und anzupassen. Stellten sie fest, dass ein Weg nicht weiterführte, gingen sie neue Wege. Begegneten ihnen Möglichkeiten und Gelegenheiten, die sie zuvor nicht bedacht hatten, die aber vielversprechend aussahen, revidierten sie ihr ursprüngliches Vorhaben und nutzten, was sie vorfanden. Planerisch wurde ihr Handeln erst, wenn sich konkrete Märkte zeigten. Je vorhersehbarer zukünftige Ergebnisse waren, desto wichtiger wurde rational-kausales Planen.

Wie kannst du für dich diesen Ansatz nutzen? Wenn du zukünftig Dienstleistungen und Produkte verkaufen möchtest, möchtest du vermutlich schon wissen, ob es genügend Menschen gibt, die das haben wollen, was du zu bieten hast? Eine gewisse Vorstellung von deinem künftigen Markt zu haben, wäre also nützlich.

Doch Marktforschung im großen Stil kostet viel Geld, woran es Start-ups und GründerInnen in der Regel zumeist mangelt. Zudem stellt sich die Frage, ob Marktforschung überhaupt abbildet, was sie abbilden soll. Können KundInnen Auskunft darüber geben, ob sie Produkte und Dienstleistungen haben wollen, die sie gar nicht wirklich kennen? Spiegelt das, was sie über ihre Bedürfnisse sagen, wirklich das wider, wie sie hinterher agieren werden? Wenn sie jetzt sagen: „Ja, das interessiert mich", muss das noch lange nicht heißen, dass sie das Produkt oder die Dienstleistung hinterher tatsächlich kaufen werden. Umgekehrt können sie jetzt skeptisch sein, mit der Zeit aber ihre Skepsis ablegen. Wer von uns hätte sich vor zehn bis 15 Jahren vorstellen können, welche Bedeutung heutzutage Smartphones, Laptops und Tablets für uns haben und hätte damals entsprechend eine realistische Einschätzung zu den zukünftigen Nutzungsgewohnheiten geben können?

Der Effectuation-Ansatz ermutigt dich, am Markt und mit den Kunden herauszufinden, was funktionieren könnte.

Finde Partner und binde andere ein

Ein Erfolgsrezept von Effectuation ist die Suche nach strategischen Partnern. Finde Menschen, die du bereits sehr früh für dich und deine Ideen begeistern kannst und binde sie in deine Planungen ein. Vielleicht gibt es Kunden, die ein originäres Interesse daran haben, dass du deine Idee verwirklichst? Vielleicht findest du wichtige Kooperationspartner? Vielleicht gibt es Menschen, die Geld in dich und dein Vorhaben investieren möchten?

Halte in deinem Umfeld nach denen Ausschau, die interessiert sind an dem, was du tust. Erzähle Menschen von deinen Ideen. Finde Partner, die dich von Beginn an unterstützen, statt deine Idee eifersüchtig zu hüten und erst das fertige Endprodukt vorzustellen. Dadurch gewinnst du Unterstützung, Know-how und Feedback.

Kalkuliere ein, dass Dinge schiefgehen

Nicht alles, was du tust, wird gelingen. Wer sich auf den Weg macht, geht auch in falsche Richtungen. Erst im Nachhinein wird sich herausstellen, welcher Weg der richtige war. Du wirst Lehrgeld zahlen. Frage dich deshalb:

> *Welchen Verlust kannst du verschmerzen? Was kannst und willst du riskieren: Was an Geld und materiellen Gütern, Zeit, Energie und Einsatz, Reputation, Kontrolle und Entscheidungsspielräumen, Opportunitätskosten (das, was du nicht tust, weil du dich um deine Idee kümmerst), Ideen (geistiges Eigentum), Selbstwert oder Selbstvertrauen bist du bereit einzusetzen und ggf. zu verlieren?*

Wer bereits vor dem Start Perfektion anstrebt, wird schnell auf dem Boden der Tatsachen landen. Scheitern ist nicht schön, aber wer ein Scheitern um jeden Preis vermeiden will, wird vor lauter Vorsicht gar nichts tun – auf jeden Fall weniger als möglich wäre. Es geht darum zu handeln – und ggf. aus Fehlern zu lernen.

Probiere Ideen, Produkte und Dienstleistungen möglichst frühzeitig bei potenziellen KundInnen aus und nutze ihr Feedback zur Weiterentwicklung deines Angebots. So werden deine ersten KundInnen zu richtungsweisenden „Stakeholder", von denen du Wichtiges lernen kannst. Deine KundInnen sind es, denen am Ende – neben dir selbst natürlich – das Ergebnis deines Wirkens gefallen soll. Ihre Meinung ist also essentiell und es wäre riskant, ihr Feedback erst zu einem Zeitpunkt einzuholen, an dem du bereits viel Energie und Zeit in Entwicklungen gesteckt hast, die sie gar nicht interessieren.

Nutze Gelegenheiten

Die Dinge werden anders laufen als geplant. Zufälle, Störungen, Gelegenheiten – es liegt an dir, ob du das Ungeplante als unwillkommen abwehrst oder als Chance nutzt. Erfolgreich sind große Unternehmer dadurch, dass sie nicht um jeden Preis an ihrem ursprünglichen Plan festhalten, sondern mit dem günstigen Wind segeln.

Das erfordert geistige und praktische Flexibilität. Es bedeutet, eine lieb gewordene Planung vorübergehend oder dauerhaft aufzugeben und das zu tun, was möglich ist. Das bedeutet, dem Zufall Raum zu geben, Neues willkommen zu heißen und aktiv für neue Impulse und Überraschungen zu sorgen. In den nicht verplanten Zwischenräumen, den neuen Begegnungen und dem, was nicht vorgedacht war, kann die unerwartete Lösung liegen.

> DAS LEBEN BESTEHT HAUPTSÄCHLICH DARIN,
> DASS MAN MIT DEM UNVORHERGESEHENEN FERTIG WERDEN MUSS.
> JOHN STEINBECK

13. AGILES PROJEKTMANAGEMENT

Ähnlich wie Effectuation ist agiles Projektmanagement eine Antwort auf die hohe Komplexität der heutigen Welt. Das klassische Projektmanagement verwendet viel Energie darauf, perfekte Projektpläne zu entwickeln. Unternehmen bewegen sich aber heute in Märkten, die es immer weniger möglich und sinnvoll machen, alles überblicken zu wollen, bevor man handelt. Die Veränderungsgeschwindigkeit ist so hoch geworden, dass Planungsgrundlagen schon überholt sind, bevor man überhaupt begonnen hat, wenn man erst plant und dann handelt. Es ist notwendig, Handlungsformen zu finden, in denen Planung und Handeln miteinander verzahnt sind und Menschen produktiv arbeiten, ohne dass von oben das notwendige Know-how und die Vorgehensweise vorgegeben werden kann. Agiles Projektmanagement besteht aus einer Reihe von Prinzipien und Methoden, die zum Ziel haben, Unternehmen „agiler", das heißt beweglicher, reaktions- und veränderungsfähiger zu machen.

Ebenso wie das nachfolgend dargestellte Instrument Scrum, entspringen die agilen Prinzipien ursprünglich der Software-Entwicklung, werden aber mittlerweile breit für alle wirtschaftlichen Bereiche diskutiert. Alles, was hohen Verwaltungsaufwand bedeuten würde, soll vermieden werden. Stattdessen geht es um Pragmatismus im Erzielen von Lösungen. Das Wichtigste sind die gestellten Anforderungen und die Bedürfnisse der KundInnen. Definiert werden die Anforderungen an das Produkt als Ausgangspunkt. Beim Start ist nicht klar, wie die Lösung aussehen wird.

WAS WILLST DU IN DIE WELT BRINGEN?

Als GründerInnen oder KleinunternehmerIn stehst du vor den gleichen Herausforderungen, die große Unternehmen heute veranlasst, agiles Denken zu favorisieren – es geht darum, sich auf eine sich ständig wandelnde Welt einzustellen. Daher lassen sich aus den agilen Prinzipien auch für dich nützliche Ansätze ableiten.

Die folgende Tabelle gibt einen guten Überblick über die Unterschiede zwischen klassischem und agilem Projektmanagement.[36]

Klassisch	*Agil*
Anforderungen zu Beginn bekannt	Anforderungen zu Beginn unscharf
Änderungen von Anforderungen während Projektverlauf schwirig	Änderungen an Anforderungen während Projektverlauf eingeplant
Hohe Kosten für späte Anforderungsänderungen	Mäßige Kosten für späte Anforderungsänderungen
Anforderungsbeschreibung aus technischer Sicht (Features)	Anforderungsbeschreibung aus Kundensicht (Anwendungsfälle)
Sequenzieller Entwicklungsprozess	Iterativer Entwicklungsprozess
Starrer Projektmanagementprozess	Fortlaufende Prozessverbesserungen
Kunde sieht nur Endergebnis	Kunde bewertet Zwischenergebnisse
Wenn es eng wird, eher Meilensteine schieben	Wenn es eng wird, eher Aufwand verringern
Große Teams möglich	Relativ kleine Teams nötig
Klare Hierarchie	Selbstorganisierte Teams
Viele Spezialisten im Team	Viel gemeinsame Verantwortung
Team sitzt verteilt und ist in mehreren Projekten tätig	Team sitzt zusammen und hat Fokus auf ein Projekt
Aufgaben von oben zuteilen	Aufgaben selbstständig übernehmen
Viel Kommunikation über Dokumente und lange Meetings	Viel informelle Kommunikation und Standup-Meetings
Aufwandsschätzung durch Projektleiter oder Experten	Aufwandsschätzung gemeinsam im Team

Mir geht es hier nicht um eine komplette Darstellung agiler Prinzipien – nützlich für dich und deine Idee sind vor allem das Mindset und die Methoden, die im agilen Projektmanagement eingesetzt werden:

Ein **Task Board** dient dir dazu, einen Überblick über die aktuell anstehenden Aufgaben zu schaffen – eine To-do-Liste, die von dir ständig aktualisiert wird. **Use Cases**, also Anwendungsfälle, beschreiben Anforderungen an Produkte oder Dienstleistungen aus Kundensicht. Die Beschreibung von KundInnen als **Persona** aus dem Design Thinking findest du auch hier. Es gibt **tägliche Team-Besprechungen**, die aber möglichst kurz und effektiv gehalten werden. Wenn du gerade alleine an deiner Idee sitzt, könnte das eine kurze tägliche Bestandsaufnahme sein, die du für dich alleine machst, um zu sehen, wo du gerade stehst, was erledigt ist und was anliegt. **Burn-Down-Charts** dienen der Visualisierung des Arbeitsstands. Aufgaben werden dabei ein Termin und der zur Erledigung notwendige Aufwand zugeordnet. Zudem wird darauf geachtet, an nicht zu vielen Prozessen parallel zu arbeiten, um sich nicht in einem Zuviel an Aufgaben zu verlieren. Gleichzeitig wird hier der finanzielle Aufwand und Ertrag abgeschätzt.

Vieles davon entspringt Zeitmanagement Techniken – neu ist, dass stark auf Effektivität und Informationsfluss geachtet wird. Im Zentrum allen Tuns steht die gemeinsame Erledigung der Aufgabe. Dagegen soll alles, was ineffektiv, hinderlich und überbürokratisiert ist, möglichst entfallen. Wichtigste Referenz für das Gelingen eines Projekts sind der Kunde und seine Bedürfnisse.

> HINDERNISSE SIND DIESE FURCHTERREGENDEN SACHEN,
> DIE DU DANN SIEHST,
> WENN DU DEIN ZIEL AUS DEN AUGEN VERLIERST.
> HENRY FORD

14. SCRUM

Scrum[37] ist eine Methode aus dem agilen Projektmanagement, die hier beispielhaft genauer dargestellt wird, um deutlich zu machen, was Agilität für die Projektplanung konkret heißen kann:

Im Rahmen eines Scrum-Prozesses wird ein sogenannter Scrum Master eingesetzt, der als Prozessverantwortlicher sicherstellt, dass ein klar strukturiertes Vorgehen eingehalten wird. Dabei werden Meilensteine (Increments) definiert, die die

Entwicklung kleiner Produkteinheiten zum Ziel haben. Hauptidee ist es, nicht lange Zeit an der kompletten Fertigstellung eines Produkts zu arbeiten, sondern in sogenannten Sprints einzelne, in sich fertige Bausteine zu entwickeln, die schon verkaufbar sind. Sie werden den KundInnen vorgestellt und deren Feedback wird in die Weiterentwicklung der Produkte einbezogen. Verwaltung und Overhead werden so weit wie möglich reduziert. Ziel ist keine perfekte Dokumentation, sondern Output. Teams arbeiten selbstorganisiert und eigenverantwortlich zusammen. Meetings werden so knapp wie möglich gehalten.

Viele GründerInnen und Selbstständige handeln intuitiv ähnlich: Sie sind nah an den KundInnen und entwickeln ihre Produkte und Dienstleistungen in ständigem Austausch mit ihnen. Sie sind oft hoch effektiv, da jede Art unnützer Überorganisation direkt auf ihre eigenen Kosten ginge. Die Diskussion um agiles Projektmanagement erkennt an, dass ein solches Vorgehen professionell und effizient ist.

Das methodische Vorgehen eines Scrum-Prozesses kann dir als Inspiration dienen, dieses Mindset bewusst einzusetzen. Zudem kannst du einen Teil der organisatorischen Anregungen unmittelbar übernehmen: Sinnvoll kann es sein, ausgehend von den Bedürfnissen deiner KundInnen ein Anforderungsprofil, also ein Requirement, zu verfassen – egal, ob du ein Produkt oder eine Dienstleistung entwickelst. Ausgehend von den Kundenwünschen wird ein Product Backlog erstellt, das stetig angepasst wird. Von dieser Liste werden Arbeitspakete abgeleitet, die wiederum in kleinere Tasks unterteilt werden.

Beim Daily Scrum beantwortet jedes Teammitglied folgende Fragen:
- *Was hast du gestern gemacht?*
- *Was machst du morgen?*
- *Was behindert dich gerade?*

Diese Fragen sind nützlich und spannend und du kannst sie dir auch selbst stellen, zum Beispiel in Form eines Tagebuchs. Oder ihr stellt sie euch im Rahmen eines Gründungstandems täglich gegenseitig, per Mail oder persönlich.

Scrum unterscheidet zwischen verschiedenen Personengruppen, die unterschiedliche Interessen hegen. Für dich nützlich ist daran die Idee, Feedback, das du bekommst, daraufhin zu untersuchen, WER spricht und welche persönlichen Aktien diese Person vielleicht hat, die ihre Reaktion mitbestimmen. Wer betroffen ist von deinem Tun und dein Risiko mitträgt – zum Beispiel Menschen, die Geld in dich investieren oder finanziell von dir abhängig sind –, dürfte anders reagieren als jemand, der im Positiven wie im Negativen nichts durch deinen Erfolg zu erwarten hat.

SCRUM

Direkt am Prozess Beteiligte werden bei Scrum „Pigs", also Schweine genannt, Außenstehende hingegen „Chickens", Hühner. Diese Einteilung geht auf folgenden Witz zurück:

A chicken and a pig were brainstorming...
    Chicken: Let's start a restaurant!
Pig: What would we call it?
    Chicken: Ham ›n‹ Eggs!
Pig: No thanks. I'd be committed, but you'd only be involved!

Die Pigs sind diejenigen, die „committed", also direkt betroffen, mit Herzblut dabei sind und ein persönliches Risiko tragen: Die Eigentümer, das Team, der Scrum-Master und andere Stakeholder.[38] Die Chickens sind alle Außenstehenden, die zwar am Projekt interessiert sind, aber weder direkt beteiligt, noch unmittelbar betroffen vom Ausgang oder mit dem Risiko belastet sind.

Auch du kannst dich fragen, wer unmittelbar „committed", das heißt betroffen ist, wenn du deine Idee verwirklichst. Diese Person hat eigene Interessen und Aktien in dem, was du tust. Das zu bedenken, kann dir dabei helfen, auf den ersten Blick unverständliche Reaktionen unter neuen Gesichtspunkten zu sehen. Menschen werden anders auf deine Planungen reagieren, wenn sie selbst durch dich etwas zu gewinnen oder zu verlieren haben.

3

KUNDEN UND MÄRKTE: WELCHES POTENZIAL HAT DEINE IDEE?

ONCE YOU MAKE A DECISION,
THE UNIVERSE CONSPIRES TO MAKE IT HAPPEN.

RALPH WALDO EMERSON

> DAS FEEDBACK DER KUNDEN IST MANCHMAL SCHMERZHAFT,
> ABER IMMER GUT.
>
> ROLF HANSEN

1. WILLST DU MIT DEINER IDEE GELD VERDIENEN?

Wenn du damit glücklich bist, deine Idee im stillen Kämmerlein ganz für dich alleine auszubrüten, ohne Ambitionen, die Welt daran teilhaben zu lassen oder sogar geschäftlichen Erfolg damit zu haben, kannst du es an diesem Punkt dabei bewenden lassen. Es reicht, dass du weißt, WAS du tun willst und WIE du es tun willst. Auf Reaktionen von außen kommt es nicht an.

Wenn du aber andere mit deiner Idee begeistern und beflügeln möchtest, wenn du für das, was du auf die Beine gestellt hast, gewürdigt und wertgeschätzt werden willst, wenn du dafür auch bezahlt werden und von deiner Idee zukünftig – wenigstens teilweise – finanziell leben willst, kommst du nicht umhin, dich mit der Welt und ihrem Blick auf dich auseinanderzusetzen.

Der Blick auf den Markt könnte deine Idee verändern. Das, was dir gefällt, findet vielleicht nicht sofort Anklang. Oder du merkst, dass Kunden ganz andere Dinge von dir kaufen möchten, als du dir ausgemalt hast. Dann musst du dich entscheiden: Nimmst du Anpassungen vor – und willst du das überhaupt? Oder verfolgst du weiterhin das, was du dir vorgenommen hast, auch wenn du damit nicht die breite Masse abholst? Unter Umständen musst du zeitweise sogar einige Schritte zurückgehen und ursprüngliche Ideen revidieren oder verwerfen. Agiles Projektmanagement, Scrum, Design Thinking und Effectuation – all diese Methoden und Ansätze haben dich schon eingeladen, Reaktionen von außen zu berücksichtigen, denn häufig ist es der Schritt in die Welt, der zeigt, was noch nicht ausgereift ist und nicht funktioniert.

> ICH DENKE, DASS ES EINEN WELTMARKT
> FÜR VIELLEICHT FÜNF COMPUTER GIBT.
> THOMAS WATSON, CEO VON IBM, 1943

2. PRÜFE, OB ES EINEN MARKT FÜR DEINE IDEE GIBT

Wie findest du heraus, ob sich genügend Menschen für dein Angebot interessieren?

Die Kunst ist es, etwas zu schaffen, was Menschen wirklich haben wollen und es so auf dem Markt zu platzieren, dass die Kunden darauf aufmerksam werden. Deine Idee wird sich unter einer Vielzahl von Waren und Dienstleistungen behaupten müssen.

Doch was ist dieser „Markt"? Was hast du dir darunter vorzustellen?

Der Marktplatz ist der Ort, an dem Angebot und Nachfrage aufeinandertreffen, das heißt VerkäuferInnen ihre Waren oder Dienstleistungen anbieten und KäuferInnen diese sehen und kaufen können. Mit der Analyse des potenziellen „Markts" ist daher die Frage danach gemeint, welche Chancen du dir ausrechnest, für deine Waren oder Dienstleistungen KäuferInnen oder InteressentInnen zu finden.

Große Unternehmen beauftragen Marktforschungsinstitute, um Kundenbefragungen und Tests durchzuführen. Angesichts der enorm hohen Aufwendungen für die Produktion und Einführung neuer Marken versucht man, sich im Vorfeld abzusichern. Marktforschung hilft, sich mit Märkten auseinanderzusetzen. Die Idee ist, KundInnen über Bedürfnisse und Nutzungsgewohnheiten, Wünsche und Vorlieben zu befragen und so vor Markteinführung eines Produkts oder einer Dienstleistung herauszufinden, ob Interesse daran besteht.

Das funktioniert jedoch nur bedingt. Selbst diejenigen, die mit viel Aufwand und Geld Marktforschung betreiben, können sich nicht hundertprozentig absichern. Trotz der hohen Kosten, die für Meinungsumfragen aufgebracht werden, überleben nach einer Studie von Nielsen, eines globalen Mess- und Datenanalyse-Unternehmens, nur ein Viertel der jährlich neu in den Handel gebrachten Produkte das erste Jahr – alle anderen werden wieder aus dem Handel genommen und verschwinden klammheimlich wieder. Zwei Drittel der verkauften Produkte erreichen die Absatzmarke von 10.000 verkauften Produkten nicht.[39] Das zeigt: Es ist gar nicht so leicht, herauszubekommen, was KundInnen sich wünschen – vor allem vor Markteinführung, schließlich kann Zukünftiges schlecht abgebildet werden. Es fällt ihnen schwer, etwas einzuschätzen, was sie nicht kennen. Erst das Produkt selbst bzw. die Tatsache, dass es zum Statussymbol avanciert, schafft das Bedürfnis. Heute ist jeder mit Handy und viele mit Tablet unterwegs, während unsere Großeltern noch mit fest verkabeltem Festnetz-Telefon telefonierten.

Nicht jeder hat das Anliegen, seine Waren zukünftig in großen Supermärkten zu vertreiben. Doch zeigt der Blick zu den „Großen", wie schwer es neue Produkte und Dienstleistungen haben, überhaupt erst wahrgenommen zu werden, selbst für diejenigen, die das Geld haben, Marktforschung zu betreiben oder in großem Stil Werbung zu platzieren. Bei der Flut von Waren und Dienstleistungen, mit der wir alle als Konsumenten konfrontiert werden, gehen einzelne Angebote – selbst, wenn sie für sich genommen besonders raffiniert, schön und ihr Geld wert sind – schnell unter.

Wenn du ein kleines Unternehmen[40] gründen willst, reicht unter Umständen eine kleine Käuferzahl, um wirtschaftlich gut über die Runden zu kommen. Für dich können daher Geschäfte attraktiv sein, die für die Großen wenig rentabel wären, weil sie nicht genügend Stückzahlen absetzen könnten. Daher lautet für dich eine zentrale Frage:

Wie viele KundInnen brauchst du eigentlich, um wirtschaftlich zu überleben oder gut zu leben?

Vielleicht muss deine Idee gar nicht für viele Menschen das Richtige sein. Es reicht, wenn du genügend KundInnen findest, um deine persönlichen und wirtschaftlichen Ziele zu erreichen.

Doch wie lässt sich die Frage beantworten, ob es KäuferInnen für dein Angebot geben wird, wenn du nicht Marktforschung im großen Stil betreiben kannst und willst?

Sammle Informationen über zukünftige KäuferInnen und Trends

Willst du wissen, ob es einen Markt für deine Idee gibt, kannst du Informationen sammeln, die dir bei der Einschätzung helfen, ob dein Angebot die Chance hat, zukünftig Käufer zu finden:

- *Wie entwickeln sich Bedürfnisse von Menschen, die du als Kunden im Blick hast?*
- *Gibt es gesellschaftliche Trends, die dein Angebot attraktiv machen?*
- *Befriedigst du Bedürfnisse auf neue und bessere Weise als andere Anbieter?*

WELCHES POTENZIAL HAT DEINE IDEE?

Es gibt zahlreiche Anbieter, die kostenpflichtig Branchendaten sammeln. Nur bei einigen Anbietern bekommst du kostenfrei Daten.[41] Zum Beispiel stellen die Volksbanken seit Jahren Branchenbriefe für 150 Branchen und Branchenberichte vor, in denen sie solche Branchentrends abbilden.[42] Die Industrie- und Handelskammern sammeln kostenfrei Daten für ihre Mitglieder. Im Coaching-Bereich gibt es den Coaching-Report, der den Coaching-Markt aktuell bewertet.[43] Eine gute Quelle für Branchendaten findest du häufig bei Berufsverbänden, die für ihre Mitglieder den Markt beobachten.

Mittlerweile gibt es für fast jede Branche und jeden Beruf spezialisierte Gründungsratgeber, die dir zu einer ersten Einschätzung verhelfen können. Dabei ist es nicht so wichtig, konkrete Zahlen an die Hand zu bekommen, wenn du dich auf lokalen Märkten bewegst. Interessant ist es, wichtige Trends deiner Branche qualitativ zu verstehen. Denn es macht für dich einen großen Unterschied, ob du auf einer Trend-Welle reitest oder du etwas in die Welt bringen möchtest, was gerade nicht angesagt ist.

BEISPIEL:

Wer in den 1970er- und 1980er-Jahren einen Wollladen aufmachen wollte, konnte sich regen Interesses sicher sein. Damals war es wichtig zu verstehen, welche Wolle die Kundschaft sich wünschte, aber dass gestrickt und gehäkelt wurde, stand außer Frage. Dann aber brach das Interesse an Handarbeitstätigkeiten komplett ein und ein Laden nach dem anderen schloss. Nur vereinzelt konnten sich Läden oder Handarbeitsabteilungen in großen Warenhäusern halten. In dieser Zeit einen Wollladen aufzumachen, wäre wirklich riskant gewesen. Handarbeiten war „out". Dank der DIY-Bewegung erlebt das Handarbeiten ein Revival und Stricken, Nähen, Malen, Heimwerken etc. sind wieder im Kommen. Plötzlich sind nun auch wieder Wollläden en vogue.

Stell dein Angebot potenziellen KäuferInnen vor und hol dir Feedback

Sprich mit potenziellen KäuferInnen und hol dir Feedback dazu, wie attraktiv das ist, was du anbieten willst. Du kannst Menschen in deinem Umfeld ansprechen, für die dein Angebot interessant sein könnte. Du kannst Test-Angebote machen, indem du Menschen auf der Straße oder am Markt ansprichst oder dein Angebot im Internet (z. B. bei Facebook) probeweise vorstellst und explizit nach Rückmeldungen fragst.

Auf diese Weise kannst du alle Details erfragen, mit denen du dich sonst im stillen Kämmerlein herumschlägst. Am besten ist es, mit möglichst vielen Menschen zu sprechen, um das Urteil Einzelner zu relativieren. Stößt dein Angebot allgemein auf Skepsis oder verhaltene Höflichkeit, musst du dir ernsthaft Gedanken machen, was (noch) nicht attraktiv genug ist. Ist das Echo geteilt und manche sind angetan und andere kritisch, lass dich nicht entmutigen. Du wirst immer wieder auf Menschen stoßen, die mit deiner kostbaren Idee nichts anfangen können. Das heißt nicht, dass deine Idee schlecht ist, sondern dass dieser Mensch vielleicht nicht zu deiner Zielgruppe gehört oder einen anderen Geschmack hat. Frag am besten genau nach, was ihm nicht gefällt und woher seine Ablehnung kommt, damit du seine Rückmeldung einordnen kannst.

Die Kunst ist, das Urteil der anderen zwar ernst, aber nicht zu wichtig zu nehmen. Es kann sein, dass Menschen etwas, das du ihnen persönlich vorstellst, ganz anders wahrnehmen, als wenn es ihnen „irgendwo" begegnen würde – und sie gar nicht wüssten, dass es auf deiner Idee basiert. Oder dass sie dich ermutigen wollen und deshalb überschätzen, wie groß ihr Kaufinteresse tatsächlich wäre – was wiederum zur Folge hätte, dass du deine Verkaufsmöglichkeiten überschätzt. Umgekehrt kann es sein, dass du dein Angebot im halbfertigen Zustand präsentierst und dein Gegenüber das wahre Potenzial noch gar nicht erkennen kann, so dass das Feedback zu kritisch ausfällt.

Als Faustregel hilft: Das, was einer sagt, kannst du eventuell ignorieren. Das, was viele sagen, solltest du beachten und zumindest prüfen, ob sie dir wertvolle Hinweise liefern auf etwas, was du bislang übersehen oder falsch eingeschätzt hast.

Prüfe, was deine Konkurrenten erfolgreich verkaufen

Gibt es andere Anbieter, die etwas Ähnliches machen wie du? Vielleicht siehst du es nicht so gerne, wenn du Konkurrenten findest, aber die Tatsache, dass andere ein ähnliches Angebot erfolgreich realisieren, zeigt, dass es möglich ist, KäuferInnen zu finden. Du kannst von deiner Konkurrenz daher eine Menge lernen:

- *Wie vermarkten sie ihr Angebot?*
- *Wo platzieren sie es?*
- *Wie ist ihre Preisgestaltung?*
- *Welche Kunden sprechen sie an?*

In deiner direkten Umgebung, das heißt dort, wo du unmittelbar zur zukünftigen Konkurrenz zählen wirst, kann es heikel sein, mit den KonkurrentInnen zu sprechen.

Doch überall sonst sind sie eine wertvolle Informationsquelle, denn in der Regel – sofern sie gerade Zeit haben – sprechen Menschen gerne über das, was sie auf den Weg gebracht und erreicht haben.

Teste dein Produkt oder deine Dienstleistung

Marktforschung im kleinen Stil zu betreiben kann heißen, dein Produkt oder deine Dienstleistung testhalber auf den Markt zu bringen, das heißt im kleinen Maßstab, zum Beispiel im Bekanntenkreis. Oder du stellst potenziellen KundInnen kleine Teil-Einheiten vor;[44] du bietest Coaching zum Einführungspreis an; du massierst Freunde und Bekannte, um Feedback zu bekommen oder lässt sie deine selbstgemachte Marmelade probieren; du gibst dein erstes Konzert bei der Geburtstagsfeier deines Freundes etc.

Damit erhältst du erste Resonanzen auf dein Angebot und gewinnst wertvolle Hinweise, was du verbessern kannst. Deine KundInnen sind für dich Prototypen, die dir Auskunft geben können, was an deinem Angebot passgenau ist, was noch fehlt oder nicht stimmig ist. Das gibt dir die Möglichkeit, dein Angebot zu optimieren und am Markt auszurichten. Du lernst mit und durch deine KundInnen.

Dabei darfst du die Möglichkeiten, dein Angebot zu testen, nicht überschätzen: Es ist ein Unterschied, ob das, was du anbietest, professionell und „in Form gegossen" daherkommt oder noch in der „Selfmade-Variante", die es am Anfang naturgemäß ja ist. Denn die Art und Weise der Präsentation, also die „Verpackung" beeinflusst unsere Wahrnehmung und unser Kaufverhalten enorm. Stell dir die bekannten Merci-Riegel nicht in der schönen Glanzfolie vor, sondern in Packpapier …

> SUCHE NICHT NACH FEHLERN, SUCHE NACH LÖSUNGEN.
> HENRY FORD

3. VERBESSERE DEIN ANGEBOT

Dein Freundeskreis reagiert sehr kritisch und zurückhaltend? Dann solltest du gut zuhören und die Kritik ernst nehmen. Vermutlich stimmt irgendetwas noch nicht an dem, was du präsentierst, oder der Art, wie du es präsentierst, weshalb die anderen die Vorzüge deines Angebots noch nicht erkennen können.

Unter Umständen sind es nur Kleinigkeiten, die dazu führen, dass ein Angebot nicht funktioniert.

BEISPIEL:
Du hast einen Kurs ausgeschrieben und keiner hat sich angemeldet? Möglicherweise ist das Thema selbst zwar spannend, aber die angekündigte Tageszeit nicht passend. Vielleicht war der Raum unattraktiv oder am falschen Ort, dein Ankündigungstext weckte Befürchtungen oder negative Assoziationen, an die du im Traum nicht gedacht hast oder du bist schlicht noch nicht bekannt genug.

Manche Ideen lassen sich nur testen, wenn du bereit bist, in die Realisierung deiner Idee zu investieren: Wenn du planst, ein neues Online-Portal zu programmieren, das Anbieter und Nachfrager zusammenführt, lässt sich das nur schwer vorab testen – es muss an einem bestimmten Punkt online gehen, um das Nutzerverhalten und die Funktionen auszutesten. Um den richtigen Zeitpunkt einzuschätzen, musst du dich fragen:

Wie hoch ist dein Risiko, wenn es floppt? Wie hoch ist der Verlust, den du in Kauf zu nehmen bereit bist? Was kannst du alles tun, damit es funktioniert? Wie kannst du deine Kunden möglichst frühzeitig in die Entwicklung einbinden, damit du nicht erst am Ende böse Überraschungen erlebst? Wie kannst du frühe Versionen testen und die Erfahrungen deiner Kunden zur weiteren Entwicklung nutzen?

Für viele Ideen brauchst du einen langen Atem. Viele GründerInnen unterschätzen die Zeit und Energie, die es kostet, bis sie auf einem lokalen Markt eine gewisse Bekanntheit erlangt haben. Es dauert zwei bis drei Jahre, bis du einen „Namen" hast und bis „alle Welt" dich kennt. Je nachdem, wie viel du „wirbelst", geht das langsamer oder schneller. Es braucht einfach Zeit, bis genügend Menschen dich nicht nur einmal wahrgenommen haben, sondern so oft, dass sie deinen Namen speichern und im besten Fall sagen „Ach, von dem habe ich schon mal gehört. Das möchte ich mal ausprobieren". Auch wenn deine Idee stimmig und attraktiv ist, wird man dir deshalb nicht gleich die Bude einrennen. Dazu gibt es einfach von allem viel zu viel.

Die Ökonomen sprechen von nachfrageorientierten Märkten im Gegensatz zu angebotsorientierten Märkten der frühen Industrialisierung. Damit ist gemeint: Früher reichte es, ein bestimmtes Angebot vorzuhalten. Erfinder und Unternehmer taten sich zusammen, entwickelten ein marktreifes Produkt (Autos) – der Verkauf ergab sich geradezu von selbst. Die Herausforderung lag eher darin, die Logistik von Produktion,

Vertrieb und Organisation der Unternehmung zu bewältigen – daher entwickelte sich die Betriebswirtschaftslehre zur Leitwissenschaft. Ihr Anliegen war es, das Know-how bereitzustellen, ein großes Unternehmen zu leiten und zu managen.[45]

Bei einigen Ideen funktioniert das auch heute noch. Ich selbst habe gerade erlebt, dass ein neues Diabetes-Messgerät mit einer für Diabetiker hoch attraktiven Messtechnik, die den täglichen Umgang mit der Erkrankung sehr verbessert, fast ein Jahr nicht lieferbar war. Kunden konnten sich in Wartelisten eintragen. Die Idee verbreitete sich rasant über Ärzte, Diabetiker-Verbände und Zeitschriften, so dass die Firma mit Produktion und Lieferung nicht mehr nachkam. Doch ist das leider eher die Ausnahme als die Regel.

Wir leben in einer „Zuvielisation", sagt der Autor und Speaker Hermann Scherer.[46] Heute gibt es in fast allen Bereichen ein übergroßes Angebot – was am Markt Bestand hat, entscheiden die Käufer durch ihre Nachfrage. Die entscheidende Herausforderung des Unternehmerseins verlagert sich damit von der Herstellung und Verwaltung der Angebotsseite zum Marketing und Verkauf der Produkte und Dienstleistungen.

> ICH SUCHE NICHT – ICH FINDE.
> SUCHEN – DAS IST DAS AUSGEHEN VON ALTEN BESTÄNDEN
> UND EIN FINDEN-WOLLEN VON BEREITS BEKANNTEM.
> FINDEN – DAS IST DAS VÖLLIG NEUE.
> PABLO PICASSO

4. SCHAFFE ETWAS NEUES

In den meisten erfolgreichen Gründungen steckt ein Hauch Neues. Erlaube dir, die Dinge auf DEINE Art anzugehen. Wenn du dich ernst nimmst, wirst du nicht jemanden kopieren, sondern etwas Unverwechselbares schaffen. Zwar wirst du Teile anderer Ideen aufnehmen, dich von anderen inspirieren lassen und davon lernen. Aber im besten Fall entsteht ein Konglomerat aus Bekanntem und Neuem. Voraussetzung ist, dass du dem Prozess Zeit lässt, dass du deine Idee ernst nimmst, sie prüfst und nicht einfach Vorhandenes kopierst.

Gleichzeitig solltest du den Anspruch, etwas Neues erschaffen zu wollen, nicht zu hoch ansetzen. Wir alle schöpfen aus dem, was da ist. Alles Neue entsteht durch Rekombination, lernen wir aus der Biologie. Und fast alles gibt es schon in irgendeiner Form. Meist fügen wir dem ein Fünkchen Neues hinzu. Oder die Art und Weise, WIE wir etwas tun, ist das, was uns von anderen unterscheidet.

BEISPIEL:

Wenn du eine physiotherapeutische Praxis eröffnen willst, bist du durch die Auflagen der Krankenkassen gezwungen, bestimmte Standards zu erfüllen. Dein Leistungskatalog wird eine gewisse Palette von Standardleistungen beinhalten. Und dennoch hast du viele Möglichkeiten, daraus ganz und gar DEINS zu machen: von der Praxis-Einrichtung, über das Marketing, über Zusatzleistungen oder die Kundenansprache auf der Webseite – du hast viele Optionen, die Praxis unverwechselbar zu machen.

Aufregend daran ist, dass es für das Neue keine Präzedenzfälle und Vorläufer gibt. Du wirst also selbst springen und dich vortrauen müssen. Du wirst für das, was neu an deiner Idee ist, keine Vorbilder finden, die dich darin bestätigen, dass es gut ist, diesen Weg zu gehen. Denn das Neue an deinem Weg ist, dass er so noch nicht gegangen wurde. Jetzt brauchst du den Mut, zu deiner Idee zu stehen. Statt dich nur auf sicherem Terrain zu bewegen und alles so zu machen wie alle anderen, geht es darum, dich zu trauen und zu deiner Originalität zu stehen – sonst läufst du Gefahr, deiner Idee vielleicht genau das zu nehmen, was sie spannend macht.

Gleichzeitig brauchst du die Bereitschaft zu lernen: Das, was nicht passt oder funktioniert, zu verändern oder wieder fallen zu lassen, um etwas Neues auszuprobieren.

> WER, ZUM TEUFEL, WILL DENN SCHAUSPIELER SPRECHEN HÖREN?
> HARRY M. WARNER, CHEF VON WARNER BROTHERS, 1927[47]

5. LERNE VON DEINEN KUNDEN, BEFRIEDIGE IHRE BEDÜRFNISSE

Wenn wir „KundInnen" in ihrem Verhalten verstehen wollen, macht es Sinn, von uns, den Menschen um uns herum oder den Menschen auszugehen, die wir als KundInnen im Blick haben.

Du lernst enorm viel über Märkte und Marketing, wenn du dich damit beschäftigst, warum du tust, was du tust oder warum „KundInnen" das tun, was sie tun.

WELCHES POTENZIAL HAT DEINE IDEE?

Oft wird übersehen, dass hinter Bedürfnissen von „KundInnen" schlicht menschliche Bedürfnisse stecken. KundInnen sind Menschen – es klingt eigenartig, das zu sagen. Ich tue es dennoch, weil ich oft den Eindruck habe, dass GründerInnen über KundInnen und ihre Bedürfnisse sprechen, als handle sich um eine fremde Spezies.

Was sind das für menschliche Bedürfnisse, die hinter jedem Kauf stehen?
- *Grundbedürfnisse* wie Nahrung, Schutz, Wärme, Sicherheit, Kleidung, Wohnen, Gesundheit, Bildung, Mobilität
- *Emotionale Bedürfnisse* wie Anerkennung, Respekt, Gemeinschaft/Zugehörigkeit, Schönheit, Nützlichkeit, Macht, Familie, Freunde, kulturelle Teilhabe, Muße, Freiheit, Identität, Kreativität, usw.

Werbung zielt genau auf diese Aspekte ab. Nur wenn dein Angebot passgenau die Bedürfnisse deiner KundInnen erfüllt, hat es langfristig auf dem Markt eine Chance. Grundbedürfnisse verlieren in unserer Konsumgesellschaft dabei an Bedeutung, stattdessen werden sekundäre Bedürfnisse nach Status und Zugehörigkeit immer wichtiger, ebenso alle emotionalen Bedürfnisse.

Gut gemachte Werbung spricht eines oder mehrere dieser Bedürfnisse gekonnt an: Das Baby auf dem Rücksitz des (großen) Autos signalisiert: das ist ein Auto, das du für deine Familie kaufst, um sie damit sicher durch die Gegend zu fahren. Du bist auch in der neuen Lebensphase mobil.

Preisgekrönte Werbeslogans thematisieren direkt Bedürfnisse, wie zum Beispiel:

BEISPIELE:
- *Waschmaschinen leben länger mit Calgon! – das Bedürfnis nach Beständigkeit und Werterhalt*
- *Die Bank an Ihrer Seite (Commerzbank) – das Bedürfnis nach Unterstützung und Zugehörigkeit*
- *Überraschend, überzeugend, anders (Daihatsu) – das Bedürfnis nach Differenzierung, Identität und Individualität*
- *Gutes kann so gesund sein (Danone) – das Bedürfnis nach Genuss und Gesundheit*
- *Just do it (Nike) – das Bedürfnis, sportlich und gesund zu leben, und das Wissen darum, dass man dazu den inneren Schweinehund überwinden muss*
- *Der Geschmack von Freiheit und Abenteuer (Marlboro) – die Bedürfnisse werden sogar direkt benannt*

LERNE VON DEINEN KUNDEN, BEFRIEDIGE IHRE BEDÜRFNISSE

In einer Gesellschaft, die alles im Überfluss anbietet, sind die Unterschiede zwischen den Produkten oft nicht mehr substanziell. So sind es immer mehr die kleinen Unterschiede, die den großen Unterschied ausmachen. Nicht grundlegende Produkteigenschaften bzw. Unterschiede im Dienstleistungsangebot selbst sind kaufentscheidend, sondern Unterschiede, die in der Befriedigung emotionaler Bedürfnisse liegen, Unterschiede im Design, im Marketing oder im Service.

BEISPIELE:
- Du kaufst deine Brötchen lieber in dieser als in jener Bäckerei, weil die Verkäuferin ehrlich nett ist – und nicht nur die im Verkaufstraining eingetrichterten Sprüche aufsagt.
- Du schätzt deinen Zahnarzt, weil er auf deine Fragen und Ängste eingeht und dir nicht das Gefühl gibt, eine Puppe mit Zähnen zu sein.
- Du kaufst in einem Internet-Portal, das es dir leicht macht, weil es gut strukturiert und übersichtlich ist.
- Du schenkst einer Freundin „Trost-Schokolade", die dreimal so teuer ist wie normale – dein eigentliches Geschenk ist nicht die Schokolade, sondern dass deine Freundin sich in ihrer Trostbedürftigkeit gesehen fühlt.
- Du wählst den EDV-Fachmann als Berater, der dir nicht nur deinen PC repariert, sondern dich gleichzeitig bereitwillig bei deinem Wissensstand abholt und dir nicht das Gefühl gibt, ein Computer-Analphabet zu sein.
- Du gehst zu einer Heilpraktikerin, deren Leistungen du selbst finanzieren musst, weil du dich dort mit deinen Beschwerden und Gedanken zu deinen Erkrankungen und deren Ursachen ernst genommen fühlst.
- Aus der Vielzahl möglicher Arztpraxen wählst du schlicht die um die Ecke, denn dein Leben ist so voll, dass weite Anfahrtswege dich unnötig Zeit kosten.
- Du kaufst das teurere iPhone, denn es verspricht neben schönem Design das Gefühl, dazuzugehören – schließlich haben gefühlt ALLE, die etwas auf sich halten, ein iPhone.

Nutzen-Versprechen

Kunden kaufen dein Produkt oder deine Dienstleistung, doch was sie sich wirklich von ihrem Kauf versprechen, ist der Nutzen, den dieser Kauf ihnen bringen soll.

WELCHES POTENZIAL HAT DEINE IDEE?

BEISPIEL:

Der Rasenmäher soll möglichst leise, leicht handelbar sein und natürlich gründlich den Rasen kürzen. Aber verspricht der Aufsitz-Rasenmäher nicht auch Lustgewinn, indem er kindliche Bedürfnisse danach stillt, mit einem Gefährt unterwegs zu sein?

Die Schokolade soll das schlechte Gefühl auflösen und trösten. Am besten wäre noch, sie würde gleichzeitig nicht dick machen.

Wenn du zum Friseur gehst, möchtest du deine Haare wieder in Form bringen lassen und dich anschließend schön fühlen, wenn du wieder aus dem Salon gehst. Vielleicht möchtest du sogar einem neuen Lebensgefühl mit einem neuen Haarschnitt Ausdruck verleihen.

Bietest du Produkte an, können sich potenzielle KundInnen von den Eigenschaften des Produkts überzeugen – sie können es sehen, anfassen, unter Umständen ausprobieren. Ein Teil der Produkteigenschaften bleibt unsichtbar und ist Vertrauenssache: Wie langlebig ist das Produkt? Bei einem Gerät stellt sich die Frage, wie bald Reparaturen nötig sind bzw. ob es überhaupt reparierbar ist. Wie gut sind zum Beispiel die Akkulaufzeiten? Bei Lebensmitteln weißt du nicht, wie der Geschmack sein wird – es sei denn, du kennst das Produkt oder darfst vorher probieren. Insbesondere bei Dienstleistungen aber versprichst du einen Nutzen. Die Käufer können sich nicht vorher von dem überzeugen, was sie bekommen. Du verkaufst die Einladung, dir zu vertrauen.

Deine KundInnen wissen erst, nachdem sie deine Dienstleistung in Anspruch genommen haben, ob sie wirklich den versprochenen Nutzen erhalten haben. Sie gehen also ein gewisses Risiko ein, wenn sie deine Leistung in Anspruch nehmen und hoffen schlicht darauf, dass du ihre Erwartungen erfüllen wirst und sie den gewünschten Nutzen daraus ziehen. Deshalb versuchen sie anhand bestimmter Faktoren zu eruieren, ob du wirklich den erhofften Nutzen liefern wirst:

- *Wie sieht deine Webseite aus?*
- *Wie trittst du auf, wie bist du gekleidet?*
- *Wie ist die Einrichtung deines Büros, deiner Praxis?*
- *Wer kennt dich?*

Qualitätssurrogate nennt Scherer all das, was KundInnen bewusst oder unbewusst als Zeichen nehmen, ob sie dir vertrauen können.[48]

KundInnen
- nehmen wahr, wie oft das Telefon klingelt und schließen darauf, wie ausgelastet dein Unternehmen ist („Wenn er beim ersten Mal drangeht, hat er wohl nichts zu tun.")
- registrieren, welche Hintergrund-Geräusche zu hören sind („Kindergeschrei – das wird eine junge Mutter sein, die zu Hause arbeitet.")
- hören aufmerksam hin, wenn eine Gründerin sagt, dass sie vor drei Monaten angefangen hat („Oh Gott, übt die mit mir? Kann die ihren Job überhaupt schon?")
- nehmen Auszeichnungen und Preise zur Kenntnis („Denen hat eine Autorität gute Noten gegeben, die müssen gut sein.")
- registrieren die hochwertige Einrichtung und erhoffen sich ein hochwertiges Angebot.
- schließen von der Professionalität deines Flyers und deiner Webseite auf die Professionalität deines Angebots.

Bei einem Produkt können sich deine KundInnen in puncto Produkteigenschaften in der Regel persönlich überzeugen: Wie sieht das Handy aus? Wie schwer ist es? Wie überzeugend ist das Design? Doch schon beim Versandhandel fällt ein Teil „sinnlicher" Überprüfungsmöglichkeiten weg. Die zweidimensionale Ansicht auf dem Bildschirm vermittelt nur unzureichend die Qualitäten des Produkts selbst. Einen Schuh auf einem Bild zu sehen, ist etwas anderes, als ihn anzuprobieren. Auch hier ist also Vertrauen dem Anbieter gegenüber gefragt.

Konsequenz der alltäglichen Überflutung mit Produkten und Dienstleistungen ist die zunehmende Überforderung der KundInnen mit Entscheidungen. Jeder Kauf erfordert Informationen, und diese einzuholen und zu gewichten, kostet Energie und Zeit.

Verkaufspsychologische Studien zeigen, dass KundInnen weniger kaufen, wenn viele Produkte zur Auswahl stehen, als wenn nur eine begrenzte Auswahlmöglichkeit besteht.[49] Daher boomen Bewertungsportale. KundInnen möchten möglichst vorab umfassende Informationen über die Qualitäten dessen, was sie vorfinden werden. Es schlägt die Stunde des Empfehlungsmarketings: Wer sich auf das Urteil anderer verlassen kann, erspart sich mühselige Such- und Entscheidungsprozesse.

Nebensachen können wesentlich sein

Wie du deine KundInnen behandelst, macht einen großen Unterschied. Neben und zwischen den Trends der Großen – Konzentration, Personaleinsparungen, Globalisierung – blühen neue Bedürfnisse und Trends: Der Bio-Laden verspricht nicht nur das Vertrauen in die Qualität der Lebensmittel wiederherzustellen, sondern kommt der Kommunikationsstruktur von Tante-Emma-Läden näher. Dort einzukaufen, ist zwar teurer, aber auch weniger anonym.

Wer an einen Kunden nur einmal verkaufen möchte, dem mag es egal sein, ob dieser auch NACH dem Kauf zufrieden ist. Doch wer Stammkundschaft aufbauen will, sollte großen Wert auf die Zufriedenheit seiner KundInnen legen.

Als Solo- oder Kleinunternehmen, Handwerksbetrieb oder mittelständisches Unternehmen hast du gegenüber großen Unternehmen einen enormen Vorteil: Du bist meist vor Ort oder in unmittelbarer Umgebung und kannst so direkten Kontakt mit (potenziellen) KundInnen halten. Du kannst sie fragen, was ihnen wichtig ist – und wenn du aufmerksam zuhörst, werden sie dir sagen, was sie geschätzt haben, was verbesserungsfähig ist, was sie fast zum Aussteigen bewogen hätte, was woanders besser ist und was sie sich insgeheim wünschen. Du hast permanent die Chance, zu lernen und dich und deine Idee weiterzuentwickeln – vorausgesetzt, du stellst Fragen und hörst genau hin.

Gerade in Deutschland, das regelmäßig als Service- oder Dienstleistungswüste bezeichnet wird, kannst du mit gutem Service punkten. Zwar merkt man vielen Verkäufern und Verkäuferinnen die Verkaufstrainings an, die sie durchlaufen haben – sie fragen brav nach der Kundenkarte und wünschen dir abschließend einen schönen Tag –, doch geschieht das häufig muffelig und uninspiriert. Da ist viel Luft nach oben.

> HAB KEINE ANGST, ETWAS NEUES ANZUFANGEN.
> DENK IMMER DARAN:
> AMATEURE HABEN DIE ARCHE GEBAUT
> UND PROFIS DIE TITANIC.

6. FINDE DEINEN PLATZ UNTER DEN ANDEREN

Warum ist es sinnvoll, sich damit zu beschäftigen, ob es noch andere auf dem Markt gibt, die etwas Ähnliches tun wollen? Reicht es nicht, dich mit deinen eigenen Plänen zu beschäftigen?

Um deinen Platz unter den anderen zu finden, musst du herausfinden, ob du gerade eine bahnbrechende Idee hast und allen anderen weit voraus bist oder ob du einer von vielen mit einer ähnlichen Idee bist. Wenn du verstehen willst, warum du welche Reaktionen erntest, ist es notwendig, den Markt zu begreifen:

Wie stellt sich das Angebot für deine KundInnen dar? Bist du einzigartig mit deinem Angebot? Gibt es aus der Sicht der KundInnen viele vergleichbare Anbieter, so dass sie Mühe haben, überhaupt Unterschiede auszumachen?

Erst wenn du die Welt mit den Augen deiner KundInnen sehen kannst, weißt du, wie du die Vorzüge deiner Idee herausstellen kannst.

Es ist gut, die Vorzüge deiner MitbewerberInnen angemessen einschätzen zu können – aber auch deine eigenen. Überschätzt du deine KonkurrentInnen, traust du dich nicht mehr vorwärts. Unterschätzt du sie, verstehst du nicht, gegen wen du antrittst.

Schau, wer deine Konkurrenz ist – und glaub an dich

Für viele Menschen hat bereits der Begriff „Konkurrenz" einen bösen Beiklang. Konkurrenz riecht für sie nach Hauen, Stechen und Ellenbogeneinsatz. Insbesondere viele Frauen tun sich schwer zu akzeptieren, dass es andere geben wird, die mit einem ähnlichen Angebot die gleiche Zielgruppe ansprechen.

Das Thema Konkurrenz rührt an frühe Erfahrungen in Familie, Schule und Jugendzeit, als wir damit beschäftigt waren, unseren Platz in einer Gemeinschaft zu finden. Wie wir heute im Erwachsenenalter mit Konkurrenzsituationen umgehen, ist eine Folge der Glaubenssätze, die wir damals ausgebildet haben.

Glaubenssätze sind unsere Überzeugungen über uns selbst und die Welt um uns. Sie haben sich aus unseren Kindheitserfahrungen oder den Überzeugungen wichtiger Vorbilder wie Eltern oder Lehrer entwickelt. Für jeden von uns stellt sich die Welt auf eine bestimmte Weise dar. Meist sind uns unsere Glaubenssätze nicht bewusst, aber sie steuern unser Denken und Verhalten.

Es kann sehr wichtig sein, sich mit diesen Glaubenssätzen zu beschäftigen:

Hast du Überzeugungen ausgebildet, die es dir schwer machen, zu handeln, deinen Platz einzunehmen und für dich einzutreten? Was glaubst du über dich und die Welt: Was musst du tun, um erfolgreich zu sein? Kannst du im Wettbewerb bestehen? Darfst du gewinnen wollen? Heißt gewinnen Beziehungen verlieren? Oder heißt gewinnen für dich, Beziehungen zu verlieren? Welche Konsequenzen erhoffst oder befürchtest du, wenn du erfolgreich bist?

Später, wenn wir uns mit inneren Monstern und Gespenstern beschäftigen, werden auch Glaubenssätze nochmal eine Rolle spielen. An dieser Stelle ist es vor allem wichtig, dich damit auseinanderzusetzen, welche Erfahrungen du über dich in Gruppen gemacht hast – und ob dir diese Erfahrungen im Wege sein könnten. Glaubenssätze haben dann die meiste Macht, wenn sie unbemerkt bleiben.

Geschlechtsspezifische Unterschiede

Für viele Männer ist Konkurrenz ein Motivator, während viele Frauen beim Thema Konkurrenz eher einen Rückzieher machen.[50]

Jungen werden eher damit konfrontiert, dass es in Ordnung ist, sich zu messen. Ihr Platz in der Gruppe hat häufig etwas damit zu tun, wer was am besten kann. Jungenspiele drehen sich viel um Wettkampf und Gewinnen wollen. Die gesellschaftliche Moral gesteht Männern zu, der Beste sein zu wollen. Jungen werden systematischer darauf trainiert, in einem direkten Kräftemessen herauszufinden, „wer es drauf hat". Konkurrenz ist daher auch für erwachsene Männer häufig Ansporn und positive Herausforderung. Und eventuell gibt es sogar eine genetische beziehungsweise hormonelle Basis für das stärkere Konkurrenzverhalten mancher Männer.[51]

Bei Mädchen hingegen wird das Thema Konkurrenz tabuisiert. Kleine Mädchen werden dazu aufgefordert, doch „schön zusammen zu spielen", wenn es denn mal Streit gibt. „Gib ihr doch die Puppe." heißt es, wenn eine etwas hat, auf das die andere neidisch ist; schließlich werden Mädchen zu Kooperation erzogen. Doch natürlich gibt es Konkurrenz: Wer hat die besseren Spielsachen, wer hat das schönste Kleid, wer hat die tollste Freundin? Allerdings wird das Wetteifern nicht offen zur Schau getragen, sondern läuft eher verdeckt ab. Offene Konkurrenz wird von Eltern bei Mädchen nicht gerne gesehen. Allenfalls Sportlerinnen wird zugestanden, jemanden besiegen zu wollen, die Beste sein und gewinnen zu wollen. Aber ist es noch in Ordnung, sich offen mit Vorzügen und Mängeln seiner Gegner auseinanderzusetzen? Selbst hier greift das Gebot der Kooperation: es gilt als „unweiblich", Schwächen ausnutzen zu wollen, um zu gewinnen.

Was auch immer die Ursache ist – in wissenschaftlichen Studien zeigt sich deutlich, dass Frauen ihre Fähigkeiten zurückstellen, um nicht mit Männern zu konkurrieren.[52]

Konkurrenz ganz zu vermeiden, hilft nicht weiter

Für viele GründerInnen und UnternehmerInnen ist es verlockend, sich um das Thema Konkurrenz herumzudrücken. Die Tatsache, dass es noch MitbewerberInnen gibt, leugnen oder verdrängen sie komplett. „Ich habe überhaupt keine Konkurrenz. Das, was ich machen will, ist so besonders – das macht so kein anderer." – Das ist einer der typischen Sätze, die in einem Existenzgründungsseminar für Frauen fallen. Insbesondere Frauen definieren ihr Angebot so speziell, dass sie niemand anderen finden, der die Dinge genau so macht wie sie selbst. Und prompt glauben sie, keine Konkurrenz mehr zu haben. So verständlich der Wunsch ist, dem Thema Konkurrenz zu entgehen, so wenig sinnvoll ist es, ihm unrealistisch zu begegnen.

Genauso wenig hilfreich ist es übrigens, deine KonkurrentInnen größer, schöner und stärker wahrzunehmen als sie sind. Die Kehrseite der Verdrängung ist es, deine KonkurrentInnen als so übermächtig und stark wahrzunehmen, dass es von vorneherein unmöglich scheint, gegen sie anzutreten. Auch dies ist eine Spielart, Konkurrenz ganz zu vermeiden.

Konkurrenz aus Sicht der KundInnen

Um zu verstehen, wer deine Konkurrenz ist und welchen Platz dein Angebot auf dem Markt einnimmt, geht es darum, aus der Perspektive deiner zukünftigen KundInnen zu denken. Es gilt, dich in ihre Situation zu versetzen, um zu erkennen, was sie denken und fühlen. Das hilft dir zu verstehen, welche Handlungsalternativen für sie infrage kommen:

Mit welchen Fragen sind deine zukünftigen KundInnen beschäftigt?
Welche Probleme haben sie? Was wissen sie, wenn sie sich auf die Suche nach einem Angebot machen, was dagegen ist ihnen noch nicht klar?
Welche Suchstrategien wählen potenzielle KundInnen – und was finden sie dann?
Was finden sie schnell und leicht? Was finden nur Eingeweihte?

Vom Problem aus gedacht, verstehst du das Thema Konkurrenz besser, als wenn du von den Lösungen aus denkst. Du bist nur eine mögliche Lösung der Probleme deiner zukünftigen KundInnen.

BEISPIEL:

Birgit ist Physiotherapeutin und hat zusätzlich diverse körpertherapeutische Ausbildungen gemacht. Ihrer Grundüberzeugung nach bilden Körper, Seele und Geist eine Einheit. Themen der Seele hinterlassen ihre Spuren im Körper. Sie hat ein ganzheitliches Bild von Schmerzen und Bewegungsbeeinträchtigungen, das heißt sie möchte Menschen massieren und behandeln, Yoga-Kurse und Feldenkrais anbieten, aber auch Angebote machen, die Menschen die Gelegenheit bieten, ihrem Schmerz nachzuspüren und zu begreifen, mit welchen Themen dieser vielleicht im Zusammenhang steht. Sie möchte ihnen helfen, ihren Stress abzubauen, der zu Verspannungen und langfristig zu Schmerzen führt.

Mit der Idee, dass körperlicher Schmerz auch seelische Ursachen haben kann, ist Birgit längst nicht mehr allein. Zwar gibt es in ihrer Stadt viele Physiotherapeuten, doch sie ist die einzige im Umkreis, die Yoga und Feldenkrais anbietet und mit einem körpertherapeutischen Ansatz arbeitet. Diese Kombination bietet sonst keiner. Hurra! Denkt sie. Sie hat also ihr Alleinstellungsmerkmal gefunden. Doch wie stellt sich die Situation für ihre KundInnen dar?

Aus Sicht von Frau B., die häufig unter Rückenschmerzen leidet, ist eine Alternative zu Birgits Angebot ihr Partner, der ihr manchmal abends den Rücken massiert – kostengünstig, jederzeit verfügbar und erheblich vertrauter. Manchmal gönnt sie sich eine Ayurveda-Massage. Außerdem geht sie jetzt regelmäßig schwimmen, denn sie hat gehört, dass das die Rückenmuskulatur stärkt. Nach einiger Zeit meldet sie sich beim Fitnessstudio in der Nähe an. Aus ihrer Perspektive gibt es also eine Vielzahl von Alternativen zu Birgits Angebot.

Auch Herr C. geht zunächst zum Orthopäden, als er stressbedingt Kopf- und Nackenschmerzen bekommt. Dieser verschreibt ihm Physiotherapie auf Rezept. Erst als diese Behandlungen nicht zu nachhaltigem Erfolg führen, findet Herr C. den Weg zu Birgit.

Was zeigt dir dieses Beispiel? Du konkurrierst nicht nur mit anderen Anbietern deiner Branche, sondern auch mit anderen Branchen und Angeboten. Menschen nehmen die Welt aus ganz anderen Perspektiven wahr als du – und es geht darum, IHREN Blickwinkel nachzuvollziehen. Das macht übrigens den Charme der „Persona" aus dem Design Thinking aus. Denn dort geraten Menschen nicht nur als „KundInnen" in den Blick, sondern als ganze Personen mit Vorlieben, Einstellungen und spezifischen Lebensumständen, die ihr Handeln bestimmen.

FINDE DEINEN PLATZ UNTER DEN ANDEREN

BEISPIEL:

Oliver plant eine Feier und möchte, dass ein Künstler auftritt. Infrage kommen für ihn ein Musiker oder eine Band, ein Zauberer oder ein Jongleur, ein Feuerspucker oder eine Tänzerin. Als er beginnt zu recherchieren, merkt er, dass es auch ein Bauchredner sein könnte. All diese Künstler konkurrieren also miteinander.

Deine KonkurrentInnen sind im engeren Sinne diejenigen, die genau das anbieten, was du auch anbietest. Im weiteren Sinn aber sind es alle, die das Bedürfnis der KundInnen, das du erfüllst, auch erfüllen könnten, wenn auch auf andere Weise. Es ist wichtig, dass du siehst, was KundInnen sehen, die sich auf die Suche nach einem Anbieter machen. Zwischen welchen Anbietern haben sie die Wahl? Was wird ihnen da geboten? Was könnte besonders attraktiv für sie sein? Womit heben sich einzelne Anbieter hervor? Das Wissen um diese Fragen erleichtert dir, dich selbst zu positionieren.

Die richtige Einstellung macht´s

Viele, die versuchen, das Thema Konkurrenz ein für alle Mal loszuwerden, tun das, weil sie es nur schwer aushalten, gegen die anderen auf dem Markt anzutreten. Die Alternative zu einer kompletten Leugnung des Themas ist es, den Markt als so voll und dicht wahrzunehmen, dass einem selbst gar keine Chance bleibt, sich einen Platz zu verschaffen.

Auch diese Perspektive ist nicht realistisch. Sie übertreibt die Konkurrenzdichte derart, dass man den Eindruck gewinnt, der Markt käme einer Sardinendose gleich, in der die Konkurrenten dicht an dicht nebeneinanderliegen, ohne die geringste Chance auf einen kleinen Spalt. Oder die Vorzüge und Qualitäten dieser Konkurrenz werden so in den Himmel gehoben, dass das eigene Können daneben nicht mehr ins Gewicht fällt.

Eigentlich bedeutet Konkurrenz nichts Schlimmes. Seinem Ursprung nach bedeutet das lateinische Wort „concurrere" lediglich „zusammen laufen". Deine Konkurrenten sind also vom eigentlichen Wortsinn her diejenigen, mit denen du gemeinsam einen Lauf antrittst, um ein bestimmtes Ziel zu erreichen. Das Wort selbst sagt noch nichts darüber aus, mit welcher Haltung du auf deine Mitlaufenden blickst. Mir scheint, dies könnte Ausgangspunkt für einen undramatischen Blick auf das Thema Konkurrenz sein.

WELCHES POTENZIAL HAT DEINE IDEE?

Mach dich nicht kleiner als du bist

Was es schwermacht ist, dass viele KonkurrentInnen dir wichtige Schritte voraus sind. Die, an denen du dich innerlich abarbeitest, sind etabliert und gesettelt. Sie sind schon länger am Markt. Sie haben Internetseiten. Sie treten bei Events souverän und unternehmerisch auf. Ihr Unternehmen ist aufgebaut und sie haben bereits KundInnen. Sie können und haben scheinbar alles, was du nicht hast, aber gerne hättest. Sie wirken fertig und perfekt. Natürlich. Denn du blickst von außen auf sie. Ihre Sorgen und Zweifel kennst du nicht. Schließlich ist das nichts, was UnternehmerInnen öffentlich kommunizieren. Du bist nicht an dem Punkt, an dem sie stehen – noch nicht. Sie sind einfach weiter als du. Sie haben auch früher angefangen.

Auch deine Mitbewerber standen nicht immer an diesem Punkt. Auch sie haben mal „klein" angefangen. Das Thema Konkurrenz lädt dich ein, Selbstbewusstsein zu entwickeln und in deine Stärke zu wachsen – generell und bezogen auf deine Idee. Deine Fähigkeit ist gefragt, dir selbst Zeit zu geben und zu wachsen.

Statt dich innerlich „erschlagen" zu lassen, hilft es dir mehr, wenn du die anderen studierst und genauer hinschaust:

Wer macht was wie? Wer macht was gut? Was würdest und wirst du anders machen? Was kommt bei KundInnen gut an?

Ein guter Umgang mit dem Thema Konkurrenz heißt, weder zu leugnen, dass es sie gibt, noch aus den Mitbewerbern böse Gesellen zu machen, sie weder als übermächtig darzustellen noch ihre Vorzüge zu ignorieren. Das Beste ist es, du stärkst dich und dein Selbstbewusstsein, so dass du die anderen gut sehen kannst – so wie sie sind. Je stärker du dich selbst fühlst und je stärker deine eigene Position am Markt ist, desto besser wirst du es aushalten, dass es noch andere gibt.

Lerne von den anderen, aber bleib du selbst. Denn niemandem ist gedient, wenn du das verlierst, was dich originär ausmacht. Genau das wird dir den Erfolg am Markt bescheren.

Was du von deiner Konkurrenz lernen kannst

Auch deine KonkurrentInnen haben sich mit dem Markt auseinandergesetzt. Die Lösungen, die sie gefunden haben, können dir also wichtige Hinweise geben, wie dieser Markt funktioniert. Der Blick auf deine Konkurrenz kann dich sogar ermutigen und inspirieren. Warum?

- Wenn du KonkurrentInnen hast, denen es offensichtlich wirtschaftlich gut geht, heißt das, dass es überhaupt möglich ist, mit einem ähnlichen Angebot wie deinem unternehmerisch erfolgreich zu sein.
- Deine KonkurrentInnen hatten gute Ideen. Schließlich verkaufen sie an die Zielgruppe, die du im Blick hast. Was könntest du von ihnen lernen? Dabei geht es darum, dir Anregungen zu holen, nicht ihr Angebot zu klonen. Denn wenn alle das Gleiche bieten, haben KundInnen keinen Grund, einen bestimmten Anbieter vorzuziehen oder sich an ihn zu binden. Bist du nur wie alle anderen, bist du für niemanden besonders einladend. Trau dich also, du selbst zu bleiben!
- Vielleicht merkst du: Du kannst super mithalten! Deine KonkurrentInnen sind, bei Licht betrachtet, gar nicht so beeindruckend. Es kann sehr stärkend für dich sein, zu sehen, dass da noch viel Luft für DEIN Angebot ist.
- Konkurrenz belebt das Geschäft. Früher gab es die Bäcker-, Weber- oder Schreinergasse – die Zünfte sorgten für den Zusammenschluss der einzelnen Handwerker. Die Betriebe lagen also auch räumlich dicht aneinander. Und auch heute kann es Sinn machen, sich in die Nähe der Konkurrenz zu begeben. Der Stoffladen in der Nähe eines anderen bereits etablierten Ladens etwa zieht KundInnen an, die es gewohnt sind, sich in dieser Straße, in diesem Viertel mit Nähutensilien zu versorgen. Aus Kundenperspektive ist es hoch attraktiv, eine gewisse Auswahl zu haben, ohne Extrawege in Kauf zu nehmen. Unter Umständen vergrößert sich am Ende der Kuchen für beide Geschäfte – auch wenn die Alteingesessenen dich als Neuankömmling vermutlich nicht mit offenen Armen empfangen.
- Es kann für dich von großem Vorteil sein, wenn andere vor dir den Markt bereitet haben, denn der Erste auf dem Markt hat es schwer. Als noch niemand ein Elektroauto hatte, wurden die Pioniere in ihren kleinen Vehikeln belächelt. Erst nachdem die großen Autofirmen sich des Themas angenommen hatten, veränderte sich das Image des Elektroautos.
- Du wirst angespornt, wirklich alles zu geben und dein Angebot zu optimieren.

Hab keine Angst, zu spät zu kommen

Häufig löst der Blick auf die Konkurrenz das Gefühl aus: „Ich komme zu spät! Ich habe viel zu lange gebraucht, um mich innerlich zu sortieren. Hätte ich doch gleich losgelegt. Die Idee war ja gut. Aber vor lauter Zweifel und Zögern hat sie mir jetzt jemand anderes weggeschnappt!" Entweder streichst du jetzt die Segel, oder du verfällst in hektische Betriebsamkeit. Auf einmal muss sofort das richtige Ladenlokal gefunden werden. Du läufst Gefahr, das erstbeste anzumieten – Hauptsache, es geht endlich los.

Weder das eine noch das andere bringt dich weiter. Stattdessen solltest du kurz innehalten und einmal kräftig durchatmen. Was du gerade erlebst, ist ein gutes Zeichen – es zeigt, dass deine Idee so konkret geworden ist, dass du zum Handeln bereit bist. Es beweist, dass du dich als UnternehmerIn sehen kannst, denn mit so starken Eifersuchts- und Konkurrenzgefühlen reagieren wir nur dann, wenn ein Teil unseres Selbst sagt: „Das könnte mein Platz sein!" Du hast Angst, dass dir jemand das erhoffte Gut vor der Nase wegschnappt – und das zeigt, dass du es längst als deins wahrnimmst.

Der Entrepreneurship-Pionier und Unternehmensgründer Professor Günter Faltin sagt dazu: „Woran erkennt man, dass ein Entrepreneurial Design ausgereift ist? Meine Antwort: Sie spüren es! In Ihrem Hintern! Wenn Sie ein gutes Design entwickelt haben (…), dann werden Sie nicht mehr still sitzen können. Dann wird die Aufregung über die möglicherweise verpasste Chance, wenn Sie jetzt nicht sofort loslegen, Sie nicht mehr loslassen. Sie werden losrennen wollen."[53]

 WERDE ALSO JETZT NICHT KOPFLOS, SONDERN BETRACHTE STATTDESSEN DEINE INNERE UNRUHE ALS GUTES ZEICHEN UND GEHE IN RUHE DEINEN WEG WEITER.

Gemeinsam zum Ziel

Manchmal ist es gar nicht nötig, miteinander zu konkurrieren. Es kann unter Umständen fruchtbar sein, dich mit anderen zusammenzutun und euch so gegenseitig zu stärken.

Sei dabei ehrlich zu dir selbst: Zusammenarbeit gelingt nur dort, wo Interessen nicht direkt gegeneinanderstehen. Das heißt die Kooperation mit jemandem aus deiner Branche, der in einem anderen Stadtteil tätig ist (bei regional sehr begrenzten Märkten), der sich an gänzlich andere Zielgruppen wendet oder ein ganz anderes Angebot macht als du, kann gut gelingen. Eine Kooperation kann auch dann gut funktionieren, wenn du bereits so fest im Sattel sitzt, dass du eigentlich kaum weitere Aufträge brauchst – du kannst dann ganz gelassen mit ansehen, was die anderen so tun, denn das gefährdet dich nicht. Dort aber, wo du um denselben Kuchen ringst, werden auch Konkurrenzgefühle auftauchen. Wo alle noch nicht genug haben, steht die Frage im Raum, wer das zu verteilende Stück bekommt. Es ist besser für dein Geschäftsgebaren und deine Psyche, dir kein X für ein U vorzumachen und realistisch einzuschätzen, wer welche Interessen verfolgt.

Nur wenn ihr euch zutraut, gemeinsam schneller zu wachsen als alleine, kann ein gemeinsames Vorgehen auch dann sinnvoll sein, wenn ihr beide noch nicht genügend Aufträge habt.

Überlege gut, welche Größe am Anfang passt

Was ist wirklich nötig, um zu starten? Aus Unsicherheit ist so mancher zu Beginn verführt, in mehr Statussymbole zu investieren als realistisch finanzierbar ist. Es ist schwer abzuschätzen, was notwendig ist, damit KundInnen die Professionalität und Qualität deines Angebots auf den ersten Blick erkennen, und was für den Start unnötige finanzielle Belastungen sind.

DIE HOHE KUNST DES STARTENS IST ES, EINE GROSSE VISION IN KLEINE SCHRITTE ZU ZERLEGEN UND ZU WISSEN, WANN WELCHER SCHRITT DRAN IST.

Viele BeraterInnen, Coaches und TherapeutInnen etwa brauchen längere Zeit, um auf eine nennenswerte Anzahl an BeratungskundInnen zu kommen. Der enthusiastisch angemietete Praxisraum erweist sich als finanzieller Klotz am Bein, da er größtenteils leer steht. Die Alternative:

- tage- oder stundenweise Anmietung von Räumen, bis genügend KundInnen da sind, so dass ein eigener Praxisraum Sinn macht
- sich mit mehreren zusammentun
- zu Hause einen Praxisraum einrichten

BEISPIEL:

Das junge Unternehmen, gemeinsam geführt von einem Mann und einer Frau, bezieht neue Räume. Diese werden renoviert und eingerichtet. Schnell gibt es Diskussionen, wie chic die Einrichtung ausfallen soll. Er möchte den zukünftigen Erfolg angemessen repräsentieren und drängt auf teurere Anschaffungen und hochwertiges Mobiliar. Außerdem möchte er sich mit schönem Equipment auf dem besten technischen Stand auch eigene Träume verwirklichen. Sie mahnt mit Blick auf das dahinschwindende Darlehen und die noch ausbleibenden Kunden zu Sparsamkeit.

Beide Seiten haben gute Argumente. „Kleider machen Leute" – das gilt unter Umständen auch für die repräsentative Ausstattung des Unternehmens. Doch geht dir im wertigen Ambiente finanziell die Luft aus, ist deiner Idee auf keinen Fall gedient. Gut beraten bist du sicherlich, wenn du beide Aspekte bedenkst und einen Mittelweg findest.

SEI EINFACH DU SELBST – ALLE ANDEREN GIBT ES SCHON.

7. UNTERSCHEIDE DICH – DAS ALLEINSTELLUNGSMERKMAL

In der Gründungsberatung wird häufig nach der „Unique selling proposition" (USP), dem Alleinstellungsmerkmal gefragt. Gemeint ist damit das, was dich und dein Angebot deutlich vom Wettbewerb abhebt, für KundInnen also das wesentliche Argument, sich für dich zu entscheiden.

Die Frage danach, warum KundInnen gerade zu dir kommen sollen und ob du dich hinreichend von anderen Anbietern unterscheidest, ist wichtig für deinen Erfolg. Denn wenn es für potenzielle KundInnen keinen guten Grund gibt, zu dir zu kommen, ist die Chance, dass sie dich auswählen, gering(er).

Was kannst du also tun, um dich aus der Masse hervorzuheben? Heißt das, dass deine Idee einzigartig sein muss? Musst du etwas so Bahnbrechendes entwickeln, dass kein anderer bisher auf die Idee gekommen ist?

Die Antwort lautet: Nein.

Hast du ein neues Verfahren entwickelt oder ein komplett neues, sehr interessantes Produkt auf den Markt gebracht, dann unterscheidest du dich von allen anderen Anbietern. Doch das gelingt nur den wenigsten. Es gibt (fast) alles schon irgendwie und irgendwo.

Viele verwirrt die Suche nach dem Alleinstellungsmerkmal. Sie beginnen nach etwas zu suchen, was sie alleine ausmacht und finden Abseitiges: Sie sind die einzigen, die dieses und jenes Verfahren anbieten, sie sind die einzigen, die genau diese bestimmte Ausbildung gemacht haben usw.

Aber ist das für eine genügend große Gruppe von KundInnen ein RELEVANTES Unterscheidungsmerkmal? Ist das, was du da hervorheben möchtest, für deine KundInnen ein wirklicher Grund, sich für dich und dein Angebot zu entscheiden? Kurz: Was hast du zu bieten, das für KundInnen einen WESENTLICHEN Unterschied macht?

Positionierung: Von wem musst du dich unterscheiden?

Wie kannst du dich auf dem Markt zwischen deinen MitbewerberInnen behaupten? Deine Positionierung ist ein Wechselspiel zwischen dem, was die anderen – deine MitbewerberInnen – tun und deinem eigenen Angebot. Wer sind die anderen, gegenüber denen du dich hervorheben willst?

Von wem du dich signifikant unterscheiden willst, hängt davon ab, wie groß die Reichweite deines Angebots ist. Sprichst du einen lokalen Markt an, das heißt die Stadt, in der du wohnst bzw. die fahrbare Umgebung? Handelst du im Internet und sind deine KundInnen im Inland, im europäischen Ausland oder über die ganze Welt verstreut? Es ist wichtig, dass du dich fragst, welcher Markt für dich und dein Angebot infrage kommt. Je nachdem, wie groß deine Konkurrenz ist und wen deine KundInnen als solche wahrnehmen, musst du dich aus einer anderen Gruppe hervorheben.

Dabei ist die Frage interessant, welchen Marktüberblick deine KundInnen haben, das heißt aus welcher Gesamtheit sie wählen:

Unter wem musst du hervorstechen, um wahrgenommen zu werden? Und wie viele KundInnen brauchst du bzw. möchtest du haben?

Wenn du nur eine relativ kleine Anzahl an KundInnen brauchst, um ausgelastet zu sein, musst du auch nur für eine überschaubare Anzahl von Menschen die „Richtige" sein.

Zeige Gesicht – du kannst sowieso nicht allen gefallen!

Was dich unterscheidet, kann entweder nur EIN bestimmtes Merkmal deines Angebots sein, oder es ist die besondere MISCHUNG, die du mit deinem Angebot repräsentierst.

Jetzt zahlt sich aus, was du an Vorarbeit geleistet hast. Wenn du dir dein Unternehmen auf den Leib geschneidert hast und DEINE Ideen verwirklichst, ist die Chance, dass du etwas Ureigenes erschaffst, groß. Dann musst du nicht künstlich nach Unterschieden suchen, sondern nur vorhandene Unterschiede sichtbar machen – und dich TRAUEN, dich zu unterscheiden. Orientierst du dich, aus dem Bedürfnis heraus, alles richtig machen zu wollen, an den anderen und versuchst, wie sie zu sein, wissen deine KundInnen nicht, warum sie dich wählen sollen.

WELCHES POTENZIAL HAT DEINE IDEE?

Worauf achten KundInnen? Welche Aspekte können relevante Teile dieser Mischung sein?

- *Was bist du für ein Mensch? Oder wenn du Personal hast: Welchen Menschen begegnen deine KundInnen bei dir? Welche Kommunikation und Teamkultur nehmen sie wahr?*
- *Wie professionell wirkst du und ggf. deine MitarbeiterInnen?*
- *Welche Fach- und Feldkompetenz bringst du mit?*
- *Hast du Preise und Auszeichnungen bekommen, die deinen KundInnen das Gefühl geben, dass du gut bist?*
- *Wie beschreibst du dich? Worauf legst du Wert?*
- *Welche Zielgruppen sprichst du an? KundInnen fragen sich: Bin ich hier richtig? Bin ich gemeint und gut aufgehoben?*
- *Was genau bietest du an?*
- *Mit welchen Methoden arbeitest du?*
- *Welchen Nutzen versprichst du?*
- *Welchen Ort bietest du? Wie hast du deine Räume gestaltet?*
- *Bist du in der Nähe? Welche Anfahrtswege müssen KundInnen in Kauf nehmen, um zu dir zu kommen?*

Die relevanten Unterschiede kannst du am besten herausfinden, wenn du dich mit deinen zukünftigen KundInnen unterhältst. Sie werden dir mitteilen, worauf sie Wert legen. Möglicherweise ist ihnen auf Anhieb nicht bewusst, was ihre Kaufentscheidungen steuert, aber auf Nachfrage werden sie zumindest die Aspekte, die sie bewusst reflektieren, nennen können oder deine Frage zum Anlass nehmen, über ihre Kriterien nachzudenken.

KundInnen suchen den für sie besten oder günstigsten Anbieter oder den, der ihnen den Kauf leicht macht. Sie versuchen im Vorhinein – bewusst oder unbewusst – herauszufinden, ob sie die erhofften Qualitäten bei dir bekommen werden.

KundInnen, die den günstigsten Anbieter suchen, achten auf Preise, auf Schnäppchen und Angebote. Sie reagieren auf Rabattaktionen und finden dich über Preisvergleichportale.

KundInnen, die Service suchen, ist es wichtig, wie nutzerfreundlich deine Webseite ist, wie gut du telefonisch oder per Mail erreichbar ist, wie schnell etwaige Anfragen beantwortet werden, ob du in der Nähe bist und Parkmöglichkeiten zur Verfügung stehen. Wenn sie auf deiner Webseite unterwegs sind, interessiert sie unter anderem,

- ob sie schnell wichtige Informationen finden,
- wie die Versandkonditionen sind (das interessiert auch die preisbewussten!),
- wie unkompliziert die Kommunikation mit dir ist und
- wie du auf Reklamationen und Nachfragen reagierst.

KundInnen, die Qualität suchen, möchten sich sicher sein, dass sie einen guten oder vielleicht sogar den besten Anbieter wählen:

- Sie interessieren sich für deinen fachlichen Hintergrund, für Ausbildungen und Zertifikate, denn sie wollen sichergehen, dass du fachlich versiert bist.
- Sie stellen detaillierte Fragen, die dir zeigen, dass sie sich mit dem Markt auseinandergesetzt haben und jetzt etwas Bestimmtes suchen.
- Sie gewinnen Sicherheit durch Auszeichnungen, Qualitätssiegel, Referenzen und Testimonials.
- Je nachdem, was sie mit Qualität konnotieren, je nach Branche KANN das bedeuten, dass sie auf Insignien deines materiellen Erfolges, auf ein wertiges Ambiente, auf wertige Kleidung oder ein smartes Auto beeindruckt reagieren. Diese Kopplung ist aber nicht fest: Es gibt auch Marktsegmente, in denen zu viel Luxus abschreckend wirkt.
- Sie gewinnen Sicherheit durch ein professionelles, wertiges Auftreten und Marketing.
- Sie werden misstrauisch, wenn du zu günstig bist. Ein höherer Preis signalisiert ihnen Qualität.

BEISPIEL:

Mein Zahnarzt ist Künstler. Er malt Bilder und gestaltet Skulpturen, die er in seiner Praxis ausstellt. Die Liebe, mit der er diese Kunstwerke macht, gibt mir Vertrauen in seine Arbeit. Was mir noch gefällt: Er ist sehr menschlich und humorvoll. Der Kontakt ist immer nett. Ich fühle mich gehört und abgeholt. Seine Mitarbeiterinnen arbeiten zum größten Teil schon sehr lange dort. Offensichtlich ist das Klima in der Praxis gut. Es herrscht insgesamt eine angenehme Atmosphäre.

Mir wird immer geholfen – auch wenn ich keinen Termin habe. Dafür nehme ich in Kauf, dass ich oft lange warten muss. Die Tatsache, dass er sich als Arzt Zeit nimmt, führt oft zu Wartezeiten. Das nehme ich billigend in Kauf, schließlich profitiere ich selbst im Zweifelsfall davon.

All das sagt rein gar nichts über seine fachlichen Qualitäten aus. Für mich als Patientin erschließt sich die fachliche Qualifikation eines Zahnarztes erst mit der

WELCHES POTENZIAL HAT DEINE IDEE?

Zeit und indirekt. Offensichtlich aber sind für mich eine Vielzahl anderer Faktoren ausschlaggebend, ihn zu wählen.

Vermutlich finden verschiedene KundInnen unterschiedliche Dinge wichtig an dem, was du nach außen kommunizierst. Hauptsache, es gibt genügend, die etwas finden, was für sie ein Grund ist, zu dir zu kommen.

BEISPIEL:

David hat ein gut laufendes Café. Das Lokal ist schön eingerichtet und die KundInnen fühlen sich sichtbar wohl bei ihm. Es handelt sich nicht um eine System-Gastronomie – alles trägt seine persönliche Handschrift. Das Personal ist nett. Es ist „in" bei ihm zu sein. Der Standort ist gut, für viele ist sein Café gut erreichbar. Doch all dies gilt auch für andere Cafés und es gibt jede Menge Konkurrenz. Die Gesamtmischung und viele Kleinigkeiten sind es, die für seine Gäste ausschlaggebend sind, öfter sein Café als andere zu wählen: Er hat die bessere Sojamilch – ein entscheidender Aspekt für Menschen mit Unverträglichkeiten und VeganerInnen. Er hat tollen Kuchen. Der Kaffee ist ganz besonders lecker bei ihm – er legt Wert auf gute Sorten. Auf Extra-Wünsche reagiert das Personal besonders zuvorkommend. Bei ihm gibt es ab und zu spannende Veranstaltungen. Im besten Fall wird es für seine KundInnen irgendwann schlicht Gewohnheit, sich bei ihm zu treffen. Sie treffen nicht immer wieder eine neue Kaufentscheidung, sondern werden StammkundInnen.

> IN JEDEM MENSCHEN IST SONNE —
> MAN MUSS SIE NUR ZUM LEUCHTEN BRINGEN.
> SOKRATES

8. DU SELBST BIST DIE STÄRKSTE MARKE

Schaffe nicht künstlich etwas, wovon du selbst nicht überzeugt bist, sondern mache VORHANDENE Unterschiede sichtbar. Beschäftige dich mit dir selbst und sei wirklich du selbst! Je mehr du dich traust, dein ureigenes Angebot zu erschaffen, desto mehr wirst du dich automatisch unterscheiden. Du selbst bist die stärkste Marke.

Du bist unsicher, was deine Selbsteinschätzung anbelangt? Du weißt gar nicht, was deine Schokoladenseiten sind und was für andere spannend an deinem Angebot ist? Dann sprich mit anderen – mit Freunden, mit potenziellen KundInnen, mit anderen GründerInnen, mit BeraterInnen. Hol dir Rückmeldungen darüber, was du beibehalten solltest und wo du nachbessern musst.

Dreierlei zeichnet eine gute Idee aus:
– Sie ist authentisch, denn sie passt zu dir.
– Sie befriedigt besonders gut die Bedürfnisse einer bestimmten Kundengruppe.
– Das Zusammenspiel der einzelnen Komponenten passt gut zusammen.

Was bedeutet das konkret?
Der Anfangsfunke alleine reicht nicht aus, um KäuferInnen zu finden. Erst wenn die einzelnen Zutaten gut aufeinander abgestimmt sind und die Idee zu glimmen beginnt, ist sie attraktiv genug, damit Menschen sich angezogen fühlen.

Deine Aufgabe ist es daher, deine Idee zum Leuchten zu bringen – und die einzelnen Komponenten so zusammenzustellen, dass das Ganze stimmig wird. Eine Idee ist wie ein Mobile, bei dem alle Teile zusammenhängen. Verändert sich ein Teil, kommt ein neues Teil dazu oder hängt man eines ab, verändert sich das Gesamtbild und damit die Balance.

Wie kannst du deine Idee zum Strahlen bringen? Stell dir folgende Fragen:

- *Was hat dich ursprünglich selbst an deiner Idee fasziniert? Was war deine Vision? Die Antwort darauf dient dir als deine Leitschnur, zu der du bei aller Veränderung immer wieder zurückkehren solltest, denn hier entbrennt dein Feuer.*
- *Mit welchen Worten sollen Menschen dich demnächst empfehlen? Welche Vorzüge und Merkmale sollen sie hervorheben? Was wird Menschen so wichtig an dem sein, was du tust, und ihre Bedürfnisse in solcher Weise erfüllen, dass es für sie erwähnenswert aus den vielen anderen verfügbaren Angeboten heraussticht?*

Vergegenwärtige dir, mit welchen Worten du deinen Coach, deine Apothekerin, deinen Heilpraktiker oder deinen Bio-Laden empfehlen würdest oder warum du einen bestimmten Laden bevorzugst, um Geschenke zu kaufen. Daran merkst du, dass ganz bestimmte Dinge für deine Wahl ausschlaggebend sind.

> **BEISPIEL:**
> – *Deine Physiotherapeutin wohnt um die Ecke und wenn du akut Beschwerden hast, bekommst du schnell einen Termin. Außerdem findest du die Mitarbeiterinnen nett und zuvorkommend. Es ist der Service und die Menschlichkeit, die für dich das Wichtigste dort sind.*
> – *Die Einrichtung deines Lieblingsladens ist warm und heimelig, zugleich aber geschmackvoll. Du fühlst dich dort wohl und kannst dort in Ruhe nach Geschenken stöbern. Du hast nicht das Gefühl, dich beeilen zu müssen.*

Wir leben heute in einer „Zuvielisation"[54] – das von Speaker und Autor Hermann Scherer geprägte Wort bedeutet praktisch: Es gibt von allem zu viel. In einem durchschnittlichen Supermarkt kann man 12.000 Waren kaufen[55]; 2017 kamen in Deutschland 72.499 Buch-Neuerscheinungen auf den Markt[56]; das Verzeichnis lieferbarer Bücher umfasst 2,5 Mio. Titel. Es reicht nicht, gute Produkte und Dienstleistungen anzubieten, denn KundInnen sind so überreizt von Angeboten, dass sie dich überhaupt erstmal bemerken müssen. Und nur, wenn du dich und dein Angebot von der strahlendsten Seite zeigen kannst, werden sie dich wahrnehmen.

Deine Idee zum Leuchten zu bringen bedeutet, energetische Bremsen zu lösen.

Darf deine Idee in der Welt strahlen und sichtbar sein? Darfst DU sichtbar sein mit deinen Kompetenzen und Vorzügen?

> **GELUNGENE KRITIK IST IMMER AUCH DAS BEMÜHEN UM EINEN DIALOG.**
> **AUF DEN KRITIKER ALS SCHARFRICHTER KÖNNEN WIR VERZICHTEN.**
> HENDRIK SCHMIDT, MEDIENPUBLIZIST

9. DIE BALANCE ZWISCHEN KRITIKFÄHIGKEIT UND EIGENSINN

Was machst du, wenn sich das Leuchten in den Augen der anderen nicht einstellen will? Stimmt etwas Wesentliches noch nicht an deiner Idee? Hol dir Rückmeldungen von Experten von Leuten aus deiner Branche oder von BeraterInnen. Es kann sein, dass du erst durch den Blick von außen die entscheidenden Hinweise bekommst, warum deine Idee noch nicht funktioniert, was du übersehen und nicht genügend be-

DIE BALANCE ZWISCHEN KRITIKFÄHIGKEIT UND EIGENSINN

achtet hast. Sie haben dir Erfahrung voraus, haben Dinge häufig gemacht, die für dich noch Neuland sind und können dir wertvolles Feedback geben.

Wenn du auch hier auf Skepsis stößt,
- kann das der Punkt sein, wo du deine Idee nochmal komplett überdenkst.
- musst du an der Darstellung deiner Idee arbeiten. Es kann sein, dass deine Idee wie ein nicht aufgeschlagener Amethyst ist: Sein Funkeln verbirgt sich noch im Inneren. Nur der raue Stein ist sichtbar.
- bist du vielleicht auf Menschen getroffen, die dich (noch) nicht sehen können.
- ist die Welt eventuell (noch) nicht reif genug, um zu sehen, wie großartig das ist, was du vorhast. Viele Ideen haben es am Anfang schwer, Anerkennung zu finden.

Es kann sein, dass du auch den Rat der ExpertInnen über Bord werfen musst, um weitergehen zu können. So schön es ist, Unterstützung zu bekommen und sich dem Urteil Erfahrenerer anzuvertrauen – auch sie können sich irren. Die Geschichte ist voll von historischen Irrtümern über die brillanten Einfälle herausragender Entdecker und Unternehmer:

„Computer der Zukunft werden nicht mehr als 1,5 Tonnen wiegen." –
US-Zeitschrift, Popular Mechanics, 1949

„Ich denke, dass es einen Weltmarkt für vielleicht fünf Computer gibt." –
Thomas Watson, CEO von IBM, 1943

„Louis Pasteurs Theorie der Keime ist einfach lächerlich."–
Pierre Pachet, Professor für Physiologie in Toulouse, 1872

„Die weltweite Nachfrage nach Kraftfahrzeugen wird eine Million nicht überschreiten. Allein schon aus Mangel an Chauffeuren." –
Gottlieb Daimler, 1901

„Die Erfindung hat so viele Mängel, dass es nicht ernsthaft als Kommunikationsmittel taugt. Das Ding hat für uns an sich keinen Wert." –
Memo der Western Union Financial Services zur Erfindung des Telefons, 1876

„Wir mögen den Sound nicht, so etwas lässt sich nicht verkaufen und außerdem ist Gitarrenmusik sowieso am Aussterben." –
Decca Recording Co. begründete so die Zurückweisung der Beatles, 1962[57]

WELCHES POTENZIAL HAT DEINE IDEE?

Diese Urteile wurden nicht von irgendwem gefällt, sondern von Experten. Auch diese sind nicht vor Fehlurteilen gefeit. Im Gegenteil: Das Etablierte kann geradezu der Feind des Neuen sein und blind machen dafür, dass Lösungen auch ganz anders und ungewohnt daherkommen können.

Das Potenzial einer Idee zu sehen, ist umso schwieriger, wenn sie noch nicht in ein glänzendes Gewand gehüllt ist, also noch nicht fertig ist. Je mehr du mit deinen eigenen Zweifeln beschäftigt bist, desto mehr sorgst du unter Umständen unbewusst dafür, den Glanz deiner Idee zu verdecken:

– Du kannst noch gar nicht formulieren, was alles möglich ist. Deine Vision ist noch nicht „spruchreif" – dir fehlen die Worte, ihr ganzes Potenzial zu beschreiben.
– Du bist hin- und hergerissen zwischen euphorischen inneren Stimmen und inneren Skeptikern und Kritikern. Ungewollt sendest du beide Seiten gleich nach außen, im schlimmsten Fall sogar nur die skeptischen.
– Du bist so euphorisch, dass die anderen dich für einen Idealisten und Spinner halten.
– Du triffst auf kleingeistige, eng denkende „Das haben wir so noch nie gemacht"-Menschen, auf Leute, die in eingefahrenen Spuren denken, auf wohlmeinend-besorgte Freunde, die dich von einem Irrtum abhalten wollen und dich in bester Absicht bremsen, auf ewige Skeptiker, die Angst vor großen Schritten haben – jedenfalls auf Menschen, die deine eigenen Zweifel verstärken, indem sie schwierige Aspekte deiner Idee in den Vordergrund rücken.

 WENN DICH KRITIK TRIFFT, DANN DESHALB, WEIL SIE WUNDE PUNKTE TRIFFT. AN KRITIK WIRST UND KANNST DU WACHSEN. ES LOHNT SICH, DICH INHALTLICH MIT IHR AUSEINANDERZUSETZEN. ENTWEDER DU WÄCHST, INDEM DU LERNST, DEINE IDEE GEGEN EINWÄNDE ZU VERTEIDIGEN UND AN IHR FESTZUHALTEN. ODER DU WÄCHST, INDEM DU ASPEKTE ÜBERARBEITEST UND BESSER MACHST.

> **ONE OF THE HARDEST DECISIONS YOU'LL EVER FACE IN LIFE
> IS CHOOSING WHETHER TO WALK AWAY OR TRY HARDER**
>
> ZIAD K. ABDELNOUR

10. TRIFF EINE ENTSCHEIDUNG: MACHST DU WEITER?

Du hast dich jetzt intensiv mit deiner Idee beschäftigt. Wie geht es dir jetzt? Kribbelt es in dir? Willst du weitermachen? Hat dir das intensive Auseinandersetzen mit deinen Plänen Spaß gemacht? Oder bist du innerlich immer skeptischer geworden?

Die Tatsache, dass du Angst hast, ist KEIN Grund, NICHT weiterzumachen. Das geht allen so. Angst ist ein natürlicher Reflex im Umgang mit dem Unbekannten. Wenn dich nur die Angst abhält, beschäftige dich weiter mit dem, was Selbstständigkeit bedeutet. Stell dich deiner Angst. Die nächsten Kapitel werden dich dabei begleiten.

Es kann sein, dass du merkst, dass du selbst nicht so recht an das glaubst, was da entstanden ist. Du bist nicht überzeugt, dass du mit DIESER Idee wirklich Geld verdienen kannst. Du merkst, dass die Einzelteile des Puzzles nicht zusammenpassen – sie wollen sich nicht aneinanderfügen. Du hast festgestellt, dass die Leute eher verhalten auf deine Ideen reagieren, der Funke will einfach nicht überspringen.

Wenn du merkst, dass deine Idee nicht das Potenzial hat, die Ziele zu erreichen, die du erreichen möchtest, hast du verschiedene Möglichkeiten:

– Du gibst auf und lässt das Ganze bleiben. Du suchst dir einen netten Job und verwirklichst dort deine Ideen.
– Du machst weiter, aber als Hobby oder als Nebenerwerb. So, dass du Spaß an dem Ganzen hast, aber ohne dass deine Idee deine Existenz sichern muss.

BEISPIEL:

Maja strickt gerne und ihre Idee ist es, Pullis und Jacken für andere zu stricken. Alle sind immer völlig begeistert, wenn sie sehen, was sie trägt. Sie hat überlegt, was sie stricken könnte und berechnet, wie lange sie für ein einzelnes Teil braucht. Ihre Kalkulationen aber haben ergeben, dass sie ihre Pullis zu einem derart hohen Preis verkaufen müsste, dass sie kein Mensch mehr bezahlen würde. Sie beschließt, dass DAS nicht ihre zukünftige Geschäftsidee sein kann. Natürlich wird sie weiter stricken, privat, als Hobby. Vielleicht ist dem einen oder anderen ein besonderes Einzel-

teil etwas wert. Aber sie wird sich definitiv nicht mit einem „Strickservice" selbstständig machen. Doch vielleicht könnte sie einen Wollladen aufmachen und so ihr Wissen weitergeben?

Manchmal genügt Leidenschaft nicht. Es gibt Leidenschaften, für die es leider keinen Markt gibt, die ihre Berechtigung als privates Hobby haben, aber nicht dafür geeignet sind, um seinen Lebensunterhalt zu verdienen.

Oder du musst nochmal neu starten und von vorne denken. Welche Aspekte und Details kannst du ändern? Stellst du fest, dass deine Idee Potenzial hat – mach weiter! Finde heraus, wie du sie geschäftlich umsetzen kannst!

4

DER WEG IN DIE SELBSTSTÄNDIGKEIT: WIE KANNST DU MIT DEINER IDEE GELD VERDIENEN?

―

YOU NEVER KNOW HOW STRONG YOU ARE,
UNTIL BEING STRONG IS YOUR ONLY CHOICE.

BOB MARLEY

> ZWEI DINGE VERLEIHEN DER SEELE AM MEISTEN KRAFT:
> VERTRAUEN AUF DIE WAHRHEIT
> UND VERTRAUEN AUF SICH SELBST.
>
> SENECA

1. WILLST DU FREI SEIN, GRÜNDE ALLEIN

Klein anfangen

Die Zahl der Gründungen insgesamt hat in den letzten Jahren mit dem sich stetig verbessernden Arbeitsmarkt immer weiter abgenommen. Dabei sinkt auch die Zahl der Nebenerwerbsgründungen.

Dabei liegt die Zahl der sogenannten Wachstumsgründer, das heißt derjenigen, die möchten, dass ihr Unternehmen so groß wie möglich wird, nur bei 17 Prozent.[58] Die überwiegende Mehrheit der GründerInnen bevorzugt eine Größe, „die sie allein oder mit wenigen leitenden Angestellten managen können".[59]

Für einen kleinen Start kann es viele gute Gründe geben:
- Deine Kinder sind noch klein und die Gründung ist als flexible Möglichkeit des Wiedereinstiegs gedacht.
- Du willst deinen Job nicht aufgeben, weil du nicht weißt, ob die Selbstständigkeit laufen wird.
- Du weißt, dass deine Idee nicht das Potenzial hat, dich zu ernähren, doch willst du dein Projekt trotzdem realisieren.
- Du betrachtest dein Projekt eher als Hobby oder Selbstverwirklichung.
- Du möchtest mehrere Dinge nebeneinander tun.
- Dir wurde neben einer festen Stelle oder statt einer Festanstellung ein Job auf Honorarbasis angeboten.
- Du willst erstmal ausprobieren, ob es klappt, bevor du größere Schritte gehst.

WIE KANNST DU MIT DEINER IDEE GELD VERDIENEN?

Solo-Gründung

Wie ist das, als Einzelperson selbstständig zu sein?

Als Einzelunternehmer bist du alles in einer Person:
— Ausführender und Fachexperte deines Unternehmens: Du kennst dich fachlich mit dem aus, was deine Firma verkauft.
— Strategische Leiterin und Geschäftsführerin: Du brauchst Zeit und Energie, um den Aufbau und die Entwicklung deines Unternehmens zu planen und voranzutreiben.
— Rechnungs- und Finanzabteilung: Du musst Rechnungen schreiben, Zahlungseingänge kontrollieren, eventuell Mahnungen aussenden und dich um die Steuererklärungen kümmern.
— Schreib- und Verwaltungsbüro: Du bist für die Kontakte mit KundInnen und Partnern zuständig, kaufst Bürobedarf ein und musst Unterlagen so ablegen, dass du sie wiederfindest.
— Werbe- und Marketingabteilung: Du musst dir überlegen, wie du an KundInnen kommst, dir Gedanken über Flyer, Internetauftritt und Visitenkarten machen und dich mit GrafikerInnen und Programmierern abstimmen.
— EDV-Abteilung: Du entscheidest, welche Software du einsetzt, und musst lernen, sie so gut zu bedienen, dass du alles Wesentliche schaffst.

Klingt das in deinen Ohren erschlagend? Die gute Nachricht: Du musst die notwendigen Kompetenzen im Regelfall erst sukzessive entwickeln. Du lernst im Tun. Du hast Zeit, mit deinem Unternehmen gemeinsam zu wachsen. Am Anfang besteht Deine Buchführung wahrscheinlich nur aus wenigen Belegen und erst mit der Zeit ist es notwendig, ein Buchhaltungsprogramm anzuschaffen oder einen Steuerberater mit der Buchführung zu beauftragen.

Was bleibt, ist die Herausforderung sich gut zu organisieren, alles Wesentliche im Blick zu behalten und sich ständig auf Verschiedenes einzustellen und einzulassen. Das ist gleichzeitig auch das, was deine Arbeit spannend und abwechslungsreich macht und sicherstellt, dass alles in deiner Hand liegt und genau so passiert, wie du es haben willst. Du musst zwar erst einmal alles alleine machen, aber du darfst auch alles alleine entscheiden. Die Dinge werden so gemacht, wie du das möchtest – in Deinem Stil. Du hast damit die Chance, deine Idee oder deine Selbstständigkeit wirklich zu deinem Projekt zu machen, einen eigenen unverwechselbaren Stil zu prägen und dich auf deine Kunden und Geschäftspartner genau einzustellen.

Kleine Unternehmen haben gegenüber großen Unternehmen enorme Startvorteile, denn sie haben stets direkten Kontakt mit ihren KundInnen, erfahren sofort, ob alles gut läuft oder ob es Probleme gibt, können sofort reagieren, wenn ihre KundInnen neue Wünsche haben oder unzufrieden sind. Sie sind ganz nah dran. Große Unternehmen verwenden häufig sehr viel Mühe und Zeit, um in Erfahrung zu bringen, was ihre KundInnen wirklich denken, müssen teure Schulungen und Personalentwicklungsprogramme finanzieren, um sicherzustellen, dass das, was die Geschäftsleitung will, auch wirklich beim Kunden ankommt. Was oben erdacht wird, ist noch lange nicht das, was der Kunde erlebt. Umgekehrt haben große Unternehmen allerdings das Kleingeld, in Neues zu investieren. Sie können sich eine Anlaufzeit leisten, während du vermutlich stärker unter Druck bist, dass deine Bemühungen auch Erfolge mit sich bringen.

Ein großer Vorteil deiner Solo-Selbstständigkeit ist es, dass du ganz alleine bestimmen kannst. Du kannst schalten und walten, wie du es dir wünscht und wie es deiner Idee entspricht, ohne dich mühsam mit anderen abstimmen zu müssen. Ähnlich, als würdest du alleine in Urlaub fahren. Du kannst dich – vielleicht zum ersten Mal in deinem Leben – fragen, was DU wirklich willst: Willst du ans Meer oder in die Berge? Willst du in den Norden oder in den Süden? Lieber Sightseeing oder Strandurlaub? Statt endlose Diskussionen zu führen, die am Ende in einer für alle irgendwie akzeptablen Kompromisslösung enden – Korsika, denn da gibt es Meer und Berge, der eine kann Fahrradfahren, der andere schwimmen, usw. – geht es um dich und darum, was du willst.

Mit deiner Idee verwirklichst du eine Herzensangelegenheit. Es ist schön, wenn du die Zügel dabei selbst in der Hand hältst.

Herausforderungen einer Solo-Gründung

Was sind die schwierigen Seiten des Solo-Unternehmer-Daseins? Alle Last ruht auf deinen Schultern. Nur du bist verantwortlich. Nur deine Kompetenzen sind im Unternehmen. Sowohl Wohl als auch Wehe der Unternehmung landen bei dir. Sind deine KundInnen unzufrieden, kannst du das niemand anderem als dir selbst anlasten. Du musst dich an die eigene Nase fassen. Wirst du ungerecht behandelt, gibt es keine „natürlichen" Partner, mit denen du dich verbrüdern könntest. Es sei denn, du schaffst dir ein entsprechendes Umfeld. Doch zunächst hast du niemanden, mit dem du deine Gedanken besprechen und teilen könntest – beruflich gesehen.

Es geht dir ähnlich wie einer Führungskraft – du bist alleine in deiner Position.

Es wird Tätigkeiten geben, auf die du Lust hast, die dir liegen und leichtfallen. Und es wird ungeliebte Tätigkeiten geben, die dich schrecken oder dir schwerfallen. Es wird Dinge geben, von denen du jetzt sagst: Das kann ich nicht. Als Solo-Selbstständiger musst du die entsprechenden Kompetenzen erwerben oder Menschen finden, an die du die entsprechenden Aufgaben delegieren kannst. Betreibst du keine Akquise, hast du keine KundInnen. Kümmerst du dich nicht um die Abrechnungen, handelst du dir Ärger mit dem Finanzamt ein. Hast du keinen Finanzüberblick, kennst du deine finanzielle Situation nicht und es fehlt dir Steuerungswissen.

Entweder entwickelst du mit der Zeit die notwendigen Kompetenzen oder du wirst feststellen, dass du das eine oder andere doch besser an MitarbeiterInnen oder Dienstleister abgeben solltest (sofern die Umsätze das hergeben).

Viele haben die Befürchtung, in ihrer Selbstständigkeit einsam zu sein. Und diese Angst kann durchaus realistisch sein, wenn deine Idee langes Arbeiten alleine im Büro mit sich bringt. Kein Team, keine KollegInnen – niemand, mit dem man sich austauschen kann. Es liegt allerdings an dir, wie du mit der Situation umgehst:

– Du kannst dir außerhalb Kontakte und Partner suchen, mit denen du dich besprechen und Gedanken teilen kannst.
– Es ist hilfreich, dir ein Netz von Menschen zu schaffen, auf die du zurückgreifen kannst: Menschen, die dich trösten, wenn etwas schiefgeht oder dir Mut machen, wenn du etwas Schwieriges wagst; HelferInnen, die dir bei Aufgaben zur Hand gehen; BeraterInnen, die dich begleiten, und Freunde, die dir den Rücken stärken.
– Wenn du merkst, immer alleine zu arbeiten tut dir nicht gut, kannst du dich mit anderen zusammenschließen und eine Bürogemeinschaft gründen oder dir ganz oder zeitweise einen Platz bei anderen suchen.

Als Solo-Selbstständiger ist es an dir, Lösungen zu finden. Es gibt sie, aber du bist und bleibst selbst verantwortlich, sie zu erschaffen.

Lieber ohne MitarbeiterInnen?

Mit deinem Unternehmen wachsen auch deine Aufgaben. Ab einer gewissen Unternehmensgröße stehst du vor der Frage, ob du nun MitarbeiterInnen einstellen solltest, um den wachsenden Arbeitsberg zu bewältigen. Oder du entscheidest dich bewusst weiter für die Solo-Selbstständigkeit.

Viele Selbstständige wollen keine MitarbeiterInnen einstellen – auch dann, wenn sie wachsen könnten. Sie wollen mit ihrem Unternehmen ihren eigenen Lebensunterhalt verdienen, doch größer soll das Ganze nicht werden. Dafür gibt es viele Gründe:

- Sie scheuen die Verantwortung, die die Einstellung von MitarbeiterInnen mit sich bringen würde.
- Sie haben nicht genügend Aufträge, um MitarbeiterInnen bezahlen zu können.
- Sie wissen nicht, ob sie auf Dauer genug Aufträge haben werden. Steigt die Zahl der Aufträge, entscheiden sie sich eher, Freelancer zu beauftragen oder Aufträge ganz abzugeben.
- Sie fühlen sich überfordert, anderen eine Stabilität zu garantieren, die sie für sich selbst nicht empfinden.
- Sie fühlen sich überfordert mit der neuen Rolle als Chef oder Chefin.
- Sie zweifeln daran, ob es Menschen gibt, die in ihr Unternehmen und die jetzigen Strukturen passen.
- Sie haben keine Räume, in denen sie MitarbeiterInnen beschäftigen könnten.

Für sie ist es wichtig, dass ihr Unternehmen überschaubar bleibt. Wachsen ihnen Aufgaben über den Kopf, geben sie diese an andere Dienstleister ab. Oder sie entscheiden sich bewusst dafür, eine bestimmte Unternehmensgröße nicht zu überschreiten und lehnen Aufträge ab, die ihre Arbeitskapazitäten übersteigen.

Finde die richtige Größe

Manche Ideen brauchen jedoch eine bestimmte Größe, um zu funktionieren. Zumindest erfordern Größenverschiebungen ein Umdenken. Bist du es beispielsweise als TrainerIn gewöhnt, deine eigene Fachkompetenz und dein Charisma zu verkaufen, musst du überlegen, wie du die gleiche Qualität sicherstellen kannst, wenn du andere Leute ins Rennen schickst. Denn dann kannst du nicht persönlich überzeugen. Du stehst vor der Frage, wie du gewährleisten kannst, dass dein Stil auch das ganze Unternehmen prägt.

Ähnliche Überlegungen wirst du anstellen, wenn du ein Café oder einen Laden planst. Ist die Fläche klein, sparst du Miete. Aber kannst du auf wenigen Quadratmetern genügend Umsatz produzieren, um auch genug zu verdienen? Braucht es eine gewisse Mindestfläche, damit genügend Menschen bedient werden können? Kleinst-Läden und -Restaurants zeigen, dass es auch anders geht. Aber was funktioniert wo und warum? Wenn die Fläche steigt, braucht es Personal, um diese zu bewirtschaften.

Wo ist die magische Größe, bei der es stimmt – für dich als Person und für deine Idee? Was kannst und willst du tragen? Was ist möglich? Welche Größe braucht es, damit du inspiriert, nicht erschlagen bist? Welche Größe ist nötig, damit die Zahlen stimmen?

Größe kann ein wichtiges Erfolgskriterium sein. Das Unternehmen kann in den Augen der KundInnen zu groß oder zu klein angelegt sein. Es kann sich aufgrund seiner Größe rechnen oder auch nicht.

BEISPIEL:

Immer wieder gibt es DesignerInnen oder Menschen anderer Professionen, die über eigene Mode-Kollektionen nachdenken, mit unterschiedlichen inhaltlichen Konzepten. Mir geht es an dieser Stelle nicht um ihre Ideen und Inhalte, sondern um die Frage, wie groß sie ihre Gründung denken müssen, damit ihr Konzept funktionieren kann.

Manche von ihnen fangen an, indem sie selbst fertigen. Sie schneidern und nähen, stellen aber dann schnell fest, dass sie sich preislich in der Größenordnung von Maßkleidung bewegen müssen, wenn sich ihr Unternehmen rechnen soll. Damit stellt sich für sie die Frage, ob ihre Produkte so hochwertig sind, dass sie sich an eine Zielgruppe richten, die bereit ist, hohe Preise zu zahlen.

Ist das nicht der Fall, bleibt ihnen nichts übrig, als über andere Produktionsmöglichkeiten nachzudenken. Viele von ihnen möchten in Deutschland produzieren. Erfreulicherweise ist die Nachfrage nach biologisch produzierten Stoffen und unter vernünftigen Arbeitsbedingungen gefertigter Kleidung groß. Die Frage ist: Stellen sie selbst NäherInnen ein oder suchen sie sich Firmen, die auf die Fertigung spezialisiert sind? Beides macht nur bei größeren Stückzahlen Sinn – und schon nimmt die Idee größere Formen an.

Nächstes Problem: Nicht alle KundInnen tragen dieselbe Größe, egal ob Kinder-, Herren- oder Damenmode. Eine Kollektion muss in verschiedenen Größen gefertigt werden. Und von jedem Design und jeder Größe muss es mehrere Stücke geben.

Soll die Gründung wirtschaftlich funktionieren, müssen die GründerInnen automatisch in größeren Dimensionen denken.

Wie groß deine Gründung sein soll oder sein darf, will also gut überlegt sein. Auch subjektive Größenvorstellungen spielen eine Rolle. Was der eine noch gut bewältigen kann, ist dem anderen schon längst zu groß.

Das, was jetzt stimmt, muss dabei nicht auf Dauer die Antwort sein. Vielleicht geht es JETZT darum, klein anzufangen, um den Überblick zu behalten. Vorausgesetzt, das geht bei deiner Idee. Auf Dauer, wenn du das Geschäft kennst, darf deine Idee vielleicht auch wachsen.

Meiner Erfahrung nach korrespondiert die Größe der Gründungsidee häufig mit der Größe der vorher gemachten Erfahrungen. Menschen wachsen in Größe hinein. Was du dir zutraust, hat damit zu tun, was du bisher bewältigt hast. Wer schon vorher große Abteilungen geleitet, Führungs- und Budgetverantwortung getragen und vielleicht noch privat ein Haus finanziert hat, denkt auch in Sachen Gründung größer. Wer bisher gut verdient hat, erwartet sich auch von der Gründung ein gutes Einkommen. Wer bisher beruflich eher kleine Brötchen gebacken hat, ist froh, auch nun eher klein anzufangen.[60]

Männer und Frauen gründen unterschiedlich

Lange haben die Frauen aufgeholt in puncto Gründung. Erstmalig verzeichnet der Gründungsmonitor 2017 nun wieder einen Rückgang von 43 auf 40 Prozent.[61]

Eine KFW-Studie (2011) zeigt, dass Frauen kleiner gründen. Stärker als Männer bevorzugen sie eine nebenberufliche Gründung. Gründe dafür sind vermutlich, dass sie die Gründung mit ihrer Rolle in der Familie vereinbaren wollen oder weil ihnen Sicherheit wichtiger ist. Frauen und Männer gründen tendenziell in den Bereichen oder Branchen, in denen sie auch als Arbeitnehmer und Arbeitnehmerinnen häufiger vertreten sind. Frauen gründen häufiger im Dienstleistungsbereich, während Männer eher die technischen Felder besetzen.

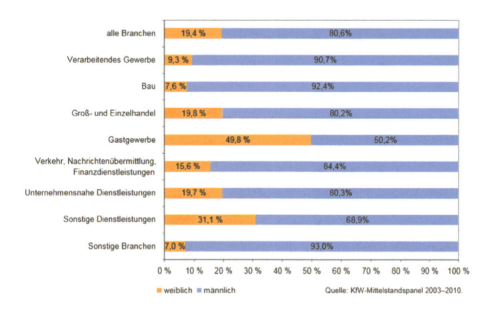

WIE KANNST DU MIT DEINER IDEE GELD VERDIENEN?

75 Prozent der Frauen gründen ohne Mitarbeiter, während es bei den Männern nur 64 Prozent sind. Männer nehmen eher Kredite in Anspruch, jedoch unterscheiden sich Männer und Frauen in der Höhe der Kredite nicht.

Frauen und Männer gründen gleich erfolgreich, sofern man das Überleben des Unternehmens als Maßstab von Erfolg nimmt: „Ein zentraler Indikator für den Erfolg von Gründungsprojekten ist ihre Bestandsfestigkeit. Hier zeigt sich, dass Gründungen von Männern und Frauen mit vergleichbaren Projekteigenschaften – wie Größe, Finanzausstattung oder Branche – und ähnlichem persönlichen Hintergrund – beispielsweise Ausbildung oder Gründungsmotiv – gleich lang am Markt bleiben."[62]

Eine weitere KFW-Studie aus dem Jahr 2011 zeigt, dass Frauen weniger wachsen wollen als männliche Unternehmer, denn es ist ihnen häufig ein wichtiges Anliegen, flexibel zu bleiben und die Balance zwischen beruflichem und privatem Leben zu bewahren. Die Umsatzwachstumsraten bleiben bei ihnen kleiner und sie investieren weniger als ihre männlichen Kollegen.

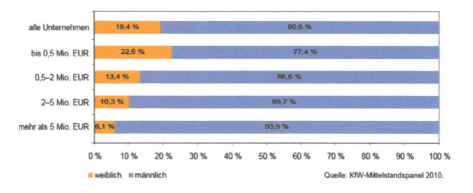

Frauen scheinen insgesamt vorsichtiger zu agieren, reagieren schneller auf Krisen-Indikatoren und investieren in Boomzeiten zurückhaltender.[63] Im Krisenjahr 2009 etwa hatten Frauenunternehmen einen durchschnittlich deutlich niedrigeren Umsatzeinbruch als von Männern geführte Unternehmen.

Zudem handeln Frauen tendenziell stetiger als Männer, während diese eher Chancen wahrnehmen und Risiken in Kauf nehmen.[64]

Diese wissenschaftlichen Ergebnisse passen zu dem, was ich in Beratungen erlebe. Häufig denken Männer eher größer, Frauen eher kleiner – Ausnahmen bestätigen aber natürlich die Regel. Konkret ist es für viele Männer selbstverständlich, das Büro „vernünftig" einzurichten, den hochwertigen Laptop einzukaufen und Mitarbeiter einzustellen, denn Büroarbeit zu leisten kommt ihnen abwegig vor. Frauen hingegen machen für gewöhnlich lange alles selbst, nutzen das, was da ist bzw. investieren eher geringere Summen.

Interessante Auseinandersetzungen gibt es häufig, wenn Frauen und Männer gemeinsam gründen, denn jede Seite hält ihr Vorgehen für das richtige. Gespräche könnten zu guten Mittelwegen führen: Frauen eignen sich dabei besonders als Finanzministerinnen und Warnerinnen, die dafür sorgen, dass das Unternehmen nicht über seine Verhältnisse lebt; Männer hingegen sind gute Investoren und Visionäre, die dafür sorgen, dass nicht zu klein gedacht wird und Chancen mutig genutzt werden.

> WENN DU SCHNELL GEHEN WILLST, GEH ALLEIN.
> ABER WENN DU WEIT GEHEN WILLST, GEH MIT ANDEREN ZUSAMMEN.
> AFRIKANISCHES SPRICHWORT

2. WILLST DU GROSS WERDEN, BRAUCHST DU MITSTREITER

Finde MitarbeiterInnen

Manche Gründungen funktionieren von Anfang an nur in einer bestimmten Größe und setzen die Einstellung von Personal voraus. Lange Ladenöffnungszeiten etwa verlangen nach Personal. Wenn du nicht von morgens bis abends im Laden stehen willst, um dann am Wochenende, nebenbei oder nachts den Einkauf zu erledigen, brauchst du Menschen, die dir zuarbeiten. Kannst du nicht alles, was du anbieten möchtest, fachlich abdecken, brauchst du zusätzliche Kompetenzen im Unternehmen. Übernimmst du ein Unternehmen oder eine Praxis, übernimmst du unter Umständen auch bestehende Strukturen und MitarbeiterInnen.

Wenn du größer planst, stellen sich naturgemäß auch größere Herausforderungen – denn du trägst nicht nur Sorge für dich, sondern auch für andere. Von Anfang an musst du die Interessen anderer berücksichtigen und sie in deine Pläne integrieren.

Umgekehrt musst du nicht alles alleine können, sondern kannst von Anfang an – oder später – mit Unterstützung und Zuarbeit rechnen. Auf diese Weise kannst du dich auf deine Kernkompetenzen konzentrieren und das, was du nicht so gut kannst, an andere delegieren.

WIE KANNST DU MIT DEINER IDEE GELD VERDIENEN?

Die Entscheidung für oder gegen die Gründung wird natürlich schwieriger, je größer das finanzielle und menschliche Risiko ist, das du eingehst. Je mehr Geld du riskierst und je mehr Menschen mitberücksichtigt werden müssen, desto gründlicher wirst du überlegen müssen, ob du das alles tragen kannst bzw. worauf du dich da einlässt.

Stellst du MitarbeiterInnen ein, kommen neue Themen auf dich zu, unter anderem:

- *Was sind deine Pflichten als ArbeitgeberIn?*
- *Wie kannst du andere dazu bewegen, dich für dein Unternehmen einzusetzen? Was heißt „gut führen"? Wann sind Menschen motiviert, sich für die Ziele deines Unternehmens einzusetzen?*
- *Wie gehst du mit Konflikten mit oder zwischen deinen MitarbeiterInnen um?*
- *Wie viel willst du deinen MitarbeiterInnen zahlen? Welche Verteilung zwischen dir und deinen MitarbeiterInnen empfindest du als angebracht und gerecht?*

Finde die richtigen PartnerInnen

Möchtest du gerne mit einem Partner oder einer Partnerin an deiner Seite gründen? Findest du den richtigen Menschen, hast du automatisch jemanden neben dir, der mitzieht und mit dir gemeinsam plant. Ihr gründet gemeinsam und teilt euch die Verantwortung. Im besten Fall hast du jemanden, der dir Mut zuspricht und zusätzliche Kompetenzen in die Gründung einbringt. Du musst dich all dem, was auf dich zukommt, nicht alleine stellen.

Für viele ist diese Vorstellung sehr verführerisch, wenn sie über eine Gründung nachdenken. Typisch sind „Verbrüderungen" während des Gründungsseminars: Irgendwann kommt unweigerlich die Idee auf, ob nicht die und der oder vielleicht auch alle in irgendeiner Form gemeinsam gründen könnten.

Und in der Tat: Für viele funktioniert das gemeinsame Gründen. Es gibt gute und stabile Gründungen, bei denen sich Kreative und Kaufmännische zusammengetan haben, bei denen mehrere mit gleicher Leidenschaft zusammen losgehen, bei denen sich also unterschiedliche oder auch gleiche Interessen als gute, gemeinsame Ausgangsbasis erweisen.

Der Vorteil: Es gibt eine oder mehrere andere Personen, die den Prozess vorantreiben. Eine zweite Person kann für einen enormen Energieschub sorgen. Viele Menschen fühlen sich gestärkt, wenn sie ein Abenteuer nicht alleine antreten müssen. Verschiedene Kompetenzen treffen aufeinander und befruchten sich gegenseitig.

Der eine hat Angst vor Akquise – macht nichts, wenn es dem anderen leichtfällt, auf andere zuzugehen. Hat einer Respekt vor Zahlen, ist das nicht schlimm, wenn der andere sich gerne mit Kalkulation und Buchhaltung beschäftigt. Selbst Themen, die beiden Sorgen bereiten, tragen sich leichter, wenn man sich vor dem Banktermin gegenseitig den Rücken stärken und sich versichern kann, wie gut das Konzept geraten ist – und sich nach einem vielleicht misslungenen Termin gegenseitig trösten und bestärken kann, es noch einmal zu versuchen.

Miteinander Ideen zu spinnen und zu verwirklichen, setzt oft ungeahnte Energien frei. Mit anderen über dein Projekt zu sinnieren oder zu diskutieren, kann neue Ideen und Einfälle hervorbringen. Triffst du auf einen Partner, der sich für dein Projekt ebenso begeistern kann und engagieren will, sind der Kreativität zunächst keine Grenzen gesetzt. Ideen werden im Fegefeuer gemeinsamer Gespräche oft besser. Der zusätzliche Blickwinkel bringt Dinge weiter voran.

Wer alleine gründet, ist auf sich allein gestellt und schlägt sich alleine, mit den eigenen, inneren Gespenstern und Selbstzweifeln herum. Wer gemeinsam gründet, spricht mit einem oder mehreren realen Menschen, die Bedenken oder auch Zuspruch äußern.

Studien zeigen, dass gemeinsame Gründungen wirtschaftlich erfolgreicher sind. Wer zusammenbleibt, gründet größere Unternehmungen. Die gebündelte Kompetenz macht sich bezahlt. Mehr Energie, mehr Kapazitäten, Fachwissen aus verschiedenen Bereichen – in der Gründung stecken mehr Ressourcen, als wenn man alleine gründet.

Diesen unbestreitbaren Vorteilen stehen aber auch Nachteile gegenüber, die sich oft erst nach dem ersten Überschwang zeigen: Zuallererst – die Gründungsideen müssen wirklich zusammenpassen. Was beim Entwickeln von Visionen am Kneipentisch sehr ähnlich klang, kann sich in der Praxis als ausgesprochen unterschiedlich erweisen. Wem es darauf ankommt, seine ureigenen Ideen mit einer Gründung zu verwirklichen, spürt vermutlich sehr viel Unbehagen, wenn deutlich wird, dass der oder die andere in eine ganz andere Richtung gehen möchte.

Unterschiede können sich dabei in vielen Aspekten zeigen: Sollen Flyer und der Webauftritt eher farblich weich und in der Aussage einladend und warm gehalten sein oder sollen KundInnen sachlich/nüchtern angesprochen werden? Wie soll der Praxisraum eingerichtet werden – mit Ledersofa und Chrom oder Korbstühlen und Pflanzen? Ist es richtig, Anzeigen zu schalten oder geht es darum, auf Netzwerkveranstaltungen präsent zu sein, um KundInnen zu gewinnen? Sollen wir groß einsteigen oder lieber klein und vorsichtig? Mögliche Diskussions- und Konfliktfelder gibt es viele – und sie zeigen, ob die Vorstellungen wirklich beieinander oder meilenweit auseinander liegen.

WIE KANNST DU MIT DEINER IDEE GELD VERDIENEN?

Gerade GründerInnen, die als Resultat eines lebenslangen Suchprozesses endlich „das Eigene" gefunden haben und nun verwirklichen möchten, vertragen sich mitunter nicht mit anderen, die ihrerseits eigene Ziele realisieren wollen. Denn dann prallt der jeweilige Wunsch nach Selbstverwirklichung von beiden Seiten mit großer Heftigkeit aufeinander.

Entweder findet so ein Selbstverwirklichungsgründer also jemanden, der bereitwillig in der zweiten Reihe Platz nimmt und seine Kompetenzen eher im kaufmännischen Bereich sieht – oder ein Konstrukt, das beiden sehr viel Freiheit erlaubt, im gemeinsamen Rahmen Ideen zu entwickeln.

Bei näherem Hinsehen gibt es bei gemeinsamen Gründungen ähnliche Herausforderungen zu bewältigen wie bei einer Partnerschaft mit Kindern oder bei einem Hausbau. Es gibt ein gemeinsames Projekt (hier die Gründung, dort der Familienzusammenhalt oder der Hausbau) und es gilt, die Partnerschaft und die Kommunikation so lebendig und fruchtbar zu gestalten, dass ein Gelingen des Projekts und das Fortbestehen der Gemeinschaft möglich sind. Und ähnlich wie bei einer Partnerschaft kommt es auf einen Gleichklang von Interessen und Ideen, ein Austarieren von Verbindlichkeit und Freiheit, das Aushandeln von Kompromissen und eine gute Kommunikations- und Konfliktkultur an.

Viele Ideen von gemeinsamer Gründung enden relativ schnell wieder, sobald sich die Beteiligten zusammensetzen und anfangen, sich wirklich auszutauschen und festzulegen, was sie wollen. Wenn das Gespräch konkreter wird, zeigt sich, ob die Basis reicht oder ob die Ideen eigentlich viel zu weit auseinander liegen. Wer in dieser Phase nicht auf sein Bauchgefühl hört und sich über das eigene Unbehagen hinwegtäuscht, aus Angst, wieder alleine vor dem Gründungsberg zu stehen, wird sich im Laufe der Zeit mit viel größeren Problemen und Unvereinbarkeiten konfrontiert sehen. Entweder ist das Band von Anfang an gut gestrickt und strapazierfähig und Irritationen können ausgeräumt werden, oder das Ganze ist vermutlich zum Scheitern verurteilt.

PROBLEME WERDEN SO ODER SO AUFTAUCHEN – DAS IST AUCH IN DER BESTEN PARTNERSCHAFT UNVERMEIDLICH. DOCH WENN DIE BASIS STIMMT UND SICH BEIDE SEITEN IHRER ENTSCHEIDUNG SICHER SIND, MEISTERT DAS GEMEINSAME UNTERNEHMEN AUCH GELEGENTLICHE STÜRME UND DIE WOGEN GLÄTTEN SICH.

BEISPIEL:

Ursprünglich wurde das Projekt mit viel Enthusiasmus von vier Leuten gegründet. Ihr gemeinsamer Ausgangspunkt war ihre Begeisterung für die Sache, doch tauchten schon kurz nach dem Start die ersten Konflikte auf. Zwei der Gründer wollten möglichst schnell von der Selbstständigkeit leben und legten daher großes Engagement an den Tag. Die anderen beiden waren jeweils noch in andere Arbeitskontexte eingebunden, so dass sie viel weniger Zeit in das gemeinsame Unternehmen investieren konnten. Sie wollten langsam starten, hatten häufig weniger Zeit, wenn es darum ging, konkrete Aufgaben zu erledigen und wollten inhaltlich auch eher in eine andere Richtung. Diese Ungleichheit in der Ausgangs- und Interessenlage bedeutete in der Praxis erhebliches Konfliktpotenzial. Die Folge war Streit über Punkte wie:

- *Wie verteilen wir die bestehenden Aufträge?*
- *Wer beteiligt sich wie stark an den – unbezahlten – Aufgaben, die nötig sind, um das Unternehmen aufzubauen?*
- *Wie werden Entscheidungen gefällt? Haben die, die mehr machen, auch mehr zu sagen? Wird das von den anderen akzeptiert? Wie können diejenigen in Entscheidungen eingebunden werden, die weniger präsent sind?*
- *Wollen wirklich alle in die gleiche Richtung oder gibt es ganz unterschiedliche Visionen, wohin sich das Unternehmen entwickeln soll?*
- *Wie wichtig ist es, dass schnell ein umsatzträchtiges Unternehmen entsteht, das den Gründern eine berufliche Lebensperspektive bietet? Welche Priorität hat es, dass schnell Geld erwirtschaftet wird?*

Am Ende des durch Beratung begleiteten Auseinandersetzungsprozesses stand die Trennung von zwei Mitgesellschaftern. Übrig blieben die, die das meiste Commitment in Sachen Berufsperspektive und Gründung mitbrachten. Daraus entstand ein tragfähiges Unternehmen. Menschlich war die Klärungsphase allerdings für alle eine schwierige Zeit.

Das Beispiel zeigt deutlich, dass die gemeinsame Unternehmensführung „heiße Eisen" berührt. Im Spiel sind Dinge, die einem zutiefst innerlich am Herzen liegen, wie die eigenen Werte, die Frage „Ist das hier meins? Kann ich mich mit dem, was wir hier auf die Beine stellen, identifizieren?" oder die Frage nach dem eigenen Platz in einer Gemeinschaft. Gleichzeitig geht es um handfeste Interessen: Bei Dingen, die die eigene Existenz betreffen, hört die Toleranz schnell auf, Partner in andere, in den eigenen Augen „falsche" Richtungen laufen zu lassen.

Geh konstruktiv mit eurer Unterschiedlichkeit um

Es ist wie in einer Partnerschaft oder Ehe – wer zusammenbleibt, muss notgedrungen den konstruktiven Umgang mit Unterschiedlichkeit lernen, erst dann ist die Zusammenarbeit mehrerer nutzbringend.

Gemeinsame Vision und Commitment

Haben wir gemeinsame Ziele? Können wir uns darüber verständigen, was wir erreichen wollen?

Wichtig ist es, im Vorfeld gut zu klären, wohin die Reise gehen soll – am besten schriftlich. Ein Unternehmenskonzept leistet hier gute Dienste, denn es zwingt alle Beteiligten, Punkt für Punkt Klarheit zu schaffen. Vorsicht vor voreiligen Kompromissen um des lieben Friedens willen! Jeder sollte gut für sich prüfen, ob er wirklich mit den Planungen einverstanden ist, denn nur dann können sie als gemeinsame Leitlinie für die Zukunft dienen.

Vertrauen ist gut – schriftliche Klärungen sind besser

Wie werden Entscheidungen gefällt? Wer darf wie viel Geld wann entnehmen? Wer vertritt das Unternehmen nach außen?

Erst wenn diese Fragen geklärt sind, besteht für alle Klarheit über Rechte, Pflichten und finanzielle Ansprüche. Vertrauen ist die Basis jeden Miteinanders. Gleichzeitig ist es unbedingt nötig, Absprachen schriftlich in Form von Verträgen festzuhalten. So kann künftigen Konflikten vorgebeugt werden, denn jeder und jede wissen klar, woran er oder sie ist.

Faire und gerechte Regelungen schaffen

Sind die getroffenen Absprachen fair und angemessen? Finden die realen Interessen aller Beteiligten Berücksichtigung?

Wichtig: Regelungen müssen fair sein! Unfaire Absprachen, die eine Partei übervorteilen, schaffen Zündstoff für die Zukunft. Nur wenn alle Seiten ihre Interessen einbringen können, entsteht eine tragfähige Basis.

Strukturen regeln, Absprachen treffen

Wie sind Arbeitszeiten geregelt? Wie oft finden Teamsitzungen statt? Wie geht man mit Ad-hoc-Entscheidungsbedarf um?

Wer alleine gründet, kann es sich leisten, seinen ganz persönlichen Arbeitsstil zu pflegen. Dann ist es kein Problem, erst mittags anzufangen und bis in die Nacht hinein zu arbeiten. Doch bei einer gemeinsamen Gründung ist es wichtig, Absprachen zu treffen und das Miteinander zu organisieren.

Aus Unterschiedlichkeit Mehrwert schaffen

Wer bringt welche Ressourcen in die Gründung mit ein? Wie viel Commitment bringen die einzelnen mit? Wer träumt von welchem Ziel? Was ist, wenn sich die Lebenssituation ändert, inklusive der Familienplanung?

Am besten ist es, Unterschiede wahrzunehmen und von vorneherein in die Planungen miteinzubeziehen, das heißt über mögliche Konfliktpunkte zu sprechen und auch für eine potenzielle Trennung Regelungen treffen. Ein zu großer Wunsch nach Harmonie kann die real vorhandenen Unterschiede verdecken. Das rächt sich auf lange Sicht, denn niemand wird auf Dauer die eigenen Wünsche schlucken können. Irgendwann treten sie zutage und führen dann erst recht zu Konflikten.

Schaffe dir Kooperationen und Netzwerke

Möchtest du dich nicht fest mit anderen zusammenschließen, hast du die Möglichkeit punktuell und projektbezogen mit anderen zusammenzuarbeiten. Dies gibt dir ebenfalls die Möglichkeit zu wachsen, indem du dich an Kooperationen und Netzwerken beteiligst oder diese initiierst. Du kannst punktuell, auftragsbezogen mit anderen Selbstständigen zusammenarbeiten, um größere Aufträge abzuwickeln, die du alleine nicht bewältigen würdest. Unter Umständen entstehen daraus dann auch auf Dauer feste Kooperationen, da die Vorteile für beide Seiten groß sein können.

Du kannst dich auch einer Gemeinschaft anschließen oder eine solche gründen. Üblich sind zum Beispiel Praxisgemeinschaften von ÄrztInnen und TherapeutInnen, die sich Räume und Logistik teilen und auf diese Weise eine größere Marktpräsenz gewinnen. Sehr viel größere Einheiten sind jedoch ebenfalls möglich, wie das

WIE KANNST DU MIT DEINER IDEE GELD VERDIENEN?

Beispiel der Dark Horse Innovationsagentur in Berlin zeigt, die von 30 Menschen gemeinsam gegründet wurde.[65]

Du kannst Satellit größerer Firmen und Institutionen werden, die dich regelmäßig als Dienstleister oder Lieferant beauftragen. Jedoch besteht abgesehen vom Thema Scheinselbstständigkeit immer die Gefahr, dass du zu abhängig von ihrer wirtschaftlichen Entwicklung bist – daher tust du gut daran, weiterhin andere Auftraggeber zu suchen.

Dich mit anderen zusammenzuschließen, hat den Vorteil größerer Präsenz. Für größere KundInnen bist du als EinzelunternehmerIn unter Umständen nicht vertrauenerweckend genug, da angezweifelt wird, ob du in der Lage bist, stets zuverlässig alle Aufträge zu erfüllen. Größe suggeriert Erfolg und Kompetenz. Gleichzeitig behältst du durch eine Kooperation ein größeres Maß an Freiheit als durch eine gemeinsame Gründung.

Ebenso nützlich ist die Beteiligung an Netzwerken, sei es Unternehmer-, Berufs- oder Fachverbände. Überall, wo du Austausch und Input mit Menschen erlebst, die für dich relevante Themen bearbeiten, gewinnst du Fach- und Branchenwissen, bekommst Impulse und kannst eventuell Kunden akquirieren.

Creative Circle und Unternehmensberatung

So mancher, der sich selbstständig macht, hat Angst vor Einsamkeit oder findet es schwierig, sich alleine durch den Tag zu bewegen. Gerade in der ersten auftragsarmen Zeit, in der du vielleicht noch nicht viele KundInnen hast, gibt es nur wenig Außenimpulse. Zweifel über den richtigen unternehmerischen Weg paaren sich mit dem Gefühl von Leere – kein angenehmer Zustand, wie viele GründerInnen beklagen.

In dieser Zeit ist es enorm hilfreich, sich Austausch und Unterstützung durch feste Gruppen oder Beratung zu schaffen. Regelmäßige Termine mit Menschen, mit denen du deinen unternehmerischen Weg besprechen kannst, helfen dir inhaltlich und sorgen gleichzeitig dafür, dass du dich nicht alleine fühlst.

Finde Gründer- bzw. Unternehmerstammtische bzw. andere Unterstützungsgruppen. Manchmal kannst du AustauschpartnerInnen finden, wenn du in deinem fachlichen Umfeld suchst – in Berater- oder Trainernetzwerken, bei einem Designer-Stammtisch oder dem Logopäden-Treff in deiner Stadt. Mitunter sind diese Zirkel informell zustande gekommen, so dass du Menschen deiner Profession ansprechen musst, um zu erfahren, ob es solche Treffen gibt. Oder du gründest selbst einen Creative Circle.

Creative Circle

Ein Creative Circle besteht am besten aus vier bis sechs TeilnehmerInnen, möglich sind aber auch weniger oder mehr. Vereinbart werden regelmäßige Treffen mit einer klaren Zeitstruktur, mit oder ohne Leitung.

Ablauf
1. Kurze Runde/Ankommen zum Thema: Was beschäftigt mich gerade? Gibt es Reste vom letzten Mal/Berichte in between/Habe ich ein Anliegen?
2. Wenn vorher vereinbart: Gemeinsame Arbeit an Themen – das kann alles sein, was Thema dieses Buches ist – kreative Methoden, Ideenentwicklung oder unternehmerische Themen und Erfahrungen usw. Eventuell ist es nötig, dass ein Teilnehmer diesen Termin vorbereitet und moderiert.
3. Alternativ: Arbeit an Themen der Einzelnen – dann wird die zur Verfügung stehende Zeit auf die Anwesenden, die ein Anliegen haben, aufgeteilt. Der, der gerade „circlet", das heißt mit seinem Anliegen dran ist, stellt kurz vor, worum es geht. Einer aus der Runde stellt ggf. Rückfragen und dann stellen alle ihre Ideen, Überlegungen und Assoziationen (so kurz wie möglich und so lang wie nötig!) zur Verfügung. Der Circler hat anschließend die Möglichkeit zu kommentieren, Rückfragen zu stellen und ggf. erneut die Möglichkeit, nach Feedback zu fragen.[66]

Regeln
1. Be creative
   Die Absichten des jeweiligen Circlers werden nicht infrage gestellt, ebenso wenig wie seine Lösungen. Ziel des Creative Circle ist es, ihn bei der Verwirklichung seiner Ideen zu unterstützen.

2. All things grow with love
   Wenn du Feedback gibst, kommuniziere wertschätzend, respektvoll und auf Augenhöhe. Sprich von dir selbst und nicht von „man". Sei bereit, deine Ideen für den anderen wieder loszulassen. Er ist der Einzige, der beurteilen kann, was für ihn hilfreich ist. Übe Kritik nur, wenn du dazu ausdrücklich eingeladen wirst bzw. erfrage, ob du eingeladen bist.

3. Emotions are allowed
Thema darf alles sein, was dich in deiner beruflichen Entwicklung und deinen unternehmerischen Ideen unterstützt. Das Äußern von Gefühlen, Persönlichem, Wünschen und Visionen ist ausdrücklich erwünscht.

4. Be patient
Prozesse brauchen Zeit. Irrungen und Wirrungen sind erlaubt. Mit der Zeit zeigen sich Muster. Richte den Blick stets auf die Ressourcen.

Gründerstammtische

Meist gibt es bestehende Gründerstammtische, an denen du teilnehmen kannst – organisiert von der örtlichen Wirtschaftsförderung, von Business-Netzwerken, Start-up-Zentren oder bei Coworking-Spaces. Die Gründerszenen sind in der Regel regional organisiert, so dass du selbst initiativ werden musst, um herauszufinden, was es bei dir vor Ort gibt. Wenn du nicht findest, was du brauchst, kann es eine gute Idee sein, selbst Leute anzusprechen und eine eigene Gruppe zu gründen. Ich habe es in den letzten Jahren immer wieder erlebt, dass aus Gründungsseminaren Begleitgruppen und Creative Circle erwachsen sind. In der Regel gab es am Ende des Seminars einige, die es schade fanden, wenn der entstandene Zusammenhalt wieder verloren geht und sie haben dafür gesorgt, dass es kontinuierliche Treffen gibt. Die so entstandenen Gruppen haben oft über Jahre Bestand.

 HAUPTSACHE, DU HAST EINEN ORT, WO DU OFFEN SPRECHEN KANNST UND UNSICHERHEITEN UND RATLOSIGKEIT EBENSO WILLKOMMEN SIND WIE DIE FREUDE ÜBER EINEN GELUNGENEN AUFTRAG.

Beratung oder Coaching können für dich feste Bestandteile vor der Gründung, in der ersten Zeit nach der Gründung oder auch in späteren Umbruchzeiten hilfreich sein – immer dann, wenn du dir einen Partner an deiner Seite wünschst, mit dem du deine nächsten Schritte besprechen kannst. Sich coachen zu lassen ist heute Zeichen davon, dass du weißt, dass ein Mensch nicht alles gleich gut kann. Manchmal braucht es Anstöße von außen, um klarer zu sehen.
Es gibt Förderprogramme, die diese Beratung begleiten – in einigen Ländern wird Gründungsberatung finanziell unterstützt, bundesweit gibt es Programme, die Unternehmensberatung nach der Gründung fördern.[67]

> TRADITION IST NICHT DAS HALTEN DER ASCHE,
> SONDERN DAS WEITERGEBEN DER FLAMME.
> THOMAS MORUS

3. EIGNE DIR KAUFMÄNNISCHES WISSEN AN

BWL-Studium oder Buchführungskurs: Welche kaufmännischen Kenntnisse sind nötig?

Welche kaufmännischen Kompetenzen brauchst du, um deine Ideen erfolgreich umzusetzen? Müsstest du eigentlich BWL studiert haben? Wie erwirbst du die notwendigen Fähigkeiten, um die neuen Anforderungen zu bewältigen?

Um dich erfolgreich selbstständig zu machen, brauchst du Basiswissen über unser Wirtschaftssystem. Du benötigst wenigstens so viel Wissen in einzelnen Themenfeldern, dass du kompetent mit Dienstleistern und Experten zusammenarbeiten kannst – und nicht einfach dein Unternehmen in fremde Hände legen musst. Sprich: Es gibt SteuerberaterInnen, die dir den Umgang mit dem Finanzamt ausgesprochen erleichtern können, die deine Buchführung für dich erstellen und deine Steuererklärungen machen. Doch trotz allem solltest du wissen, welche Pflichten du hast und was der Steuerberater für dich macht. Du solltest in der Lage sein, Auswertungen, die du von deinem Berater bekommst, richtig lesen und interpretieren zu können, um jederzeit über deine Finanzen und deinen wirtschaftlichen Status quo auf dem Laufenden zu sein.

Sollten dir diese Basiskenntnisse fehlen, stellt sich die Frage, ob du dazu bereit bist, das Notwendige zu lernen, etwa durch entsprechende Kurse, Literatur oder Gespräche mit deinem Steuerberater (vorausgesetzt, du hast einen Steuerberater gefunden, der bereit ist, dir Dinge zu erklären, was beileibe nicht jeder gerne tut).

Es gibt erstaunlich viele langjährige UnternehmerInnen, die ihre betriebswirtschaftlichen Auswertungen nicht lesen können und das kostbare Wissen, warum sie wie Geld verdient haben – oder auch nicht – nicht für sich nutzen können.

In den Zahlen der Buchführung liegt das Geheimnis verborgen, wie du gewirtschaftet hast, wie hoch deine Kosten sind, wie groß die Gewinnspanne ist und mit welchen Angebotsbereichen du wie viel Geld verdient hast. Dieses Wissen nicht zu nutzen, ist kritisch, auch wenn der Laden läuft. Katastrophal jedoch ist es, wenn er nicht läuft. Die Zahlen können dir sich anbahnende Krisen zeigen, bevor sie

WIE KANNST DU MIT DEINER IDEE GELD VERDIENEN?

eintreten. Hast du sie im Blick, bist du gewappnet und kannst rechtzeitig gegensteuern.

Die Zahlen sind wie das Skelett deines Unternehmens: von außen nicht sichtbar, doch unverzichtbar, um dem Unternehmenskörper innerlich Halt und Struktur zu geben. Sie erzählen dir, wo du eventuell zu viel Geld ausgibst, welche Investitionen Sinn gemacht haben, in welchen Bereichen du Geld verdienst und in welchen du draufzahlst. Du gewinnst durch sie wichtiges Steuerungswissen. Es lohnt sich, Energie zu investieren, um Zahlen zu haben und sie interpretieren zu können, denn das Wissen um die Zahlen macht dich frei und unabhängig von den Interpretationen anderer. Du kannst selbst feststellen, wo du mit deinen Aktivitäten stehst, was funktioniert und was nicht. Und warum die Dinge funktionieren oder nicht laufen.

Du musst beileibe nicht alles alleine machen, aber du solltest verstehen, was andere für dich tun – nicht zuletzt um beurteilen zu können, ob sie gut für dich arbeiten und dich richtig beraten.

In vielen Bereichen kannst du Unterstützung finden:
- UnternehmensberaterInnen und Gründercoaches stehen dir zur Seite, um dich auf deinem Weg in die Selbstständigkeit zu unterstützen.
- Grafik- oder Werbeagenturen greifen dir bei der Gestaltung deiner Werbung oder deines Online-Auftritts unter die Arme. Die wenigsten GründerInnen sind in der Lage, selbst professionell zu designen. Alles selbst machen zu wollen, heißt am falschen Ende zu sparen und deine guten Ideen der Welt unprofessionell zu präsentieren.
- Wer über das nötige Kleingeld verfügt, kann Menschen finden, die Vertrieb und Akquise übernehmen.
- MitarbeiterInnen können dir helfen, den Einkauf zu organisieren und das Büro in Ordnung zu halten.

Fast jede Aufgabe lässt sich auslagern – wichtig ist nur, du behältst die Fäden in der Hand. Deine unternehmerische Aufgabe kannst du teilen, aber du solltest sie nicht delegieren. Es ist an dir, strategisch für dein Unternehmen zu denken, Ziele zu bestimmen, die Richtung des Ganzen im Blick zu haben und die einzelnen Aufgaben im Unternehmen zu koordinieren.

Wer gründet, hat oft zunächst schlicht nicht das nötige Geld, um Externe, Profis oder MitarbeiterInnen zu beschäftigen und macht notgedrungen daher vieles selbst. Manche belassen es auch dabei, denn sie wollen sich nicht in die Hände Dritter begeben, sondern möglichst viel selbst verstehen und kontrollieren können.

Wie viele oder wie wenige Menschen du auch rund um deine Selbstständigkeit beschäftigst, deine Kernaufgabe ist es, den Überblick zu behalten und die Dinge zu lenken. Dein Job ist es, die Weichen zu stellen und festzulegen, wohin die Reise geht. Andere können dich beraten und dir Vorschläge machen, doch am Ende entscheidest alleine du selbst, was passiert. Schließlich ist es deine Idee, die hier gerade umgesetzt wird. Lass dir also nicht die Geschäfte aus der Hand nehmen.

Das bedeutet: Du musst dich zumindest so weit in das, was die anderen für dich tun, hineindenken und einarbeiten, dass du kompetent mitreden und entscheiden kannst. Wenn du deine Verantwortung delegierst und deinem Grafiker alles überlässt, hast du hinterher eine teuer bezahlte Homepage, die dir vielleicht gar nicht gefällt, nicht transportiert, was dein Unternehmen ausmacht oder gar notwendige Funktionalitäten vermissen lässt. Am Ende wird ein solches Malheur erst so richtig teuer, wenn du noch einmal ganz von vorne anfangen musst und ein zweites Mal jemanden bezahlen musst, der sie so macht, wie du sie wirklich haben willst.

Wo kannst du das nötige Basiswissen lernen? Solltest du einen Buchführungskurs und ein Seminar „Kaufmännische Grundkenntnisse" besuchen? Oder reicht ein Gründungsseminar, um sich gut auszukennen?

Gründungsseminare liefern in der Regel einen Teil des notwendigen Wissens. Hilfreich sind die Broschüren des Bundesministeriums für Wirtschaft und Energie, zum Beispiel „Starthilfe"[68], oder Existenzgründungsratgeber, die es mittlerweile reichlich im Buchhandel gibt – gut und verständlich geschrieben werden hier Grundlagen vermittelt. Auch Kammern, Wirtschaftsförderungen und Berufsverbände beraten und liefern wertvolles Know-how.

Einmal im Jahr findet bundesweit eine Gründungswoche statt – in der Regel in der zweiten November-Woche – mit einem in manchen Städten sehr umfangreichen Angebot an informativen Veranstaltungen. [69]

Steuerberater oder interne Buchhaltung?

Brauchst du sofort einen Steuerberater? Solltest du die Buchhaltung abgeben oder besser selbst machen? Das ist pauschal nicht zu beantworten, sondern hängt von deinem Vorwissen und deiner Bereitschaft ab, dich mit Steuern und Finanzen zu beschäftigen.

Der enorme Vorteil, wenn du deine Buchführung selbst erledigst, ist, dass du jederzeit aktuelle Zahlen vor Ort hast und auch genau weißt, wie sie zustande gekommen sind. Wenn ein Steuerberater für dich arbeitet, bekommst du Zahlen und Auswertungen erst zeitversetzt. Unter Umständen brauchst du aber viel schneller Antworten darüber, wie dein Unternehmen gerade läuft – gerade, wenn es mal finanziell ein bisschen enger ist oder neue Investitionen im Raum stehen.

Deine Buchhaltung selbst zu erledigen und unter Umständen Umsatzsteuer-Voranmeldungen selbst zu erstellen, zwingt dich, dich mit der Materie intensiv auseinanderzusetzen und sie gründlich zu verstehen. Selbst wenn du diese Aufgaben irgendwann delegierst, hast du verstanden, was mit deinen Belegen passiert, was das Finanzamt will und wie die Buchhaltungszahlen zustande kommen.

Am Anfang haben GründerInnen oft wenig Geld, dafür aber noch etwas mehr Zeit. Hinterher ist es vielleicht umgekehrt – Geld, um Dienstleister zu bezahlen ist da, aber die Zeit wird knapp. Wenn du dann Externe damit beauftragst, Buchhaltung und Steuererklärungen sowie -meldungen für dich zu erledigen, gewinnst du kostbare Zeit für deine Kernaufgaben, das heißt Zeit, in der du vielleicht mehr verdienen kannst, als dich die Tätigkeiten des Profis kosten.

Je nach Art deiner Gründung variiert die Komplexität der Buchhaltungs- und Steuerfragen. Wenn du dich generell mit Zahlen schwer tust oder das ganze umfangreicher wird, solltest du die Finger davon lassen und dir stattdessen Unterstützung suchen, spätestens wenn du Bilanzen erstellen musst oder eine Lohnbuchhaltung hinzukommt. Das, was in einem kleinen Unternehmen anfällt, ist hingegen gut von dir selbst – oder deinen MitarbeiterInnen zu bewältigen.

Zum Umgang mit dem Finanzamt, Krankenkassen und anderen Institutionen

Als zukünftige Unternehmerin bist du in einer Bringschuld. Du kannst dich nicht darauf berufen, etwas nicht gewusst zu haben, wenn du Pflichten nicht befolgst:

— Du bist dafür verantwortlich, Steuererklärungen rechtzeitig und richtig abzugeben. Wenn dein Steuerberater schlecht arbeitet, ist das ärgerlich, denn du hast den Schaden, wenn du am Ende Steuern nachzahlen musst.
— Wenn du MitarbeiterInnen beschäftigst, musst du für sie fristgerecht Steuern und Sozialabgaben entrichten.
— Du bist dafür verantwortlich, dich um das Einhalten von Rechtsvorschriften zu kümmern – in der Gastronomie im Bereich Lebensmittelhygiene, beim Umgang mit sensiblen persönlichen Daten von Kunden usw.

Vor allem in der Anfangsphase einer Gründung gibt es daher einiges zu lernen und zu klären, um die Weichen richtig zu stellen. Später sind es in erster Linie Routinetä-

EIGNE DIR KAUFMÄNNISCHES WISSEN AN

tigkeiten, um die du dich dann regelmäßig kümmern musst, zum Beispiel Steuervoranmeldungen oder deine Steuererklärung am Jahresende.

Viele Menschen – durchaus auch erfolgreiche UnternehmerInnen – begegnen dem Finanzamt leider mit einer latenten Angst. Diese prinzipielle Angst vor Institutionen hat ihre Wurzeln in der Regel in familiären Erfahrungen. Was in der Familie früher über Institutionen, Ämter und Autoritäten gedacht wurde, kann zu einem tief sitzenden Respekt gegenüber „Obrigkeiten" führen, der sich nur schwer abschütteln lässt. Wenn das Finanzamt in der Familie als drohende Instanz galt und Papa sich fluchend zurückzog, um die Steuererklärung zu machen, dann steckt dir diese Erfahrung in den Knochen.

Die gute Nachricht ist, dass du das alles nicht alleine bewältigen musst. Es gibt SteuerberaterInnen und Buchführungshelfer, die dir erklären, was du tun musst und die dich bei Bedarf unterstützen können. Kurzum: Du kannst dir helfen lassen. Wichtig ist es, dich soweit schlau zu machen, dass du die Angst vor diesen Aufgaben und Institutionen verlierst und die Regeln und Interessenlagen kennst, nach denen Krankenkassen, Rentenversicherungsträger, Berufsgenossenschaften, das Finanzamt und andere Institutionen, mit denen du es zu tun hast, operieren. Wenn du begreifst, wer was wann und warum von dir will, fällt es dir leichter zu entscheiden, wie du dich verhalten willst. Rückfragen werfen dich nicht aus der Bahn und bringen dich nicht in ungeplante Situationen, in denen du dich um Kopf und Kragen reden musst. Du kannst mitreden, wenn du die „Sprache" von Finanzamt und Krankenkassen kennst. Zu wissen, welche Pflichten du erfüllen musst, gibt dir Sicherheit. Wenn das alles für dich undurchschaubar und diffus bleibt und du nur auf andere vertraust nach dem Motto: „Mein Steuerberater macht das alles. Ich weiß auch nicht, was der genau macht. Das wird schon seine Ordnung haben" – bringt dich jede Nachfrage oder Abweichung vom bisher Üblichen aus dem Konzept.

Du hast das Gefühl, du kannst dir das alles einfach nicht merken? Alles geht zum einen Ohr rein und zum anderen wieder raus? Vielleicht haben dich diese Themen bisher nicht interessiert. Du hast keinerlei Vorwissen. So hast du dir wahrscheinlich angewöhnt, mit innerer Abwehr und dem Gefühl von Inkompetenz zu reagieren. Lass dir Zeit, die Dinge zu lernen, aber kümmere dich. Meist ist es so, dass du Erfolgserlebnisse brauchst, um deine innere Abwehr zu überwinden. Merkst du erst einmal, dass es richtig nützlich ist, dich auszukennen, schwindet auch der Widerstand und du kannst dir plötzlich merken, was du hörst.

Es geht darum, Basiswissen zu erwerben, um einschätzen zu können, was für dich relevant ist und was du getrost ignorieren kannst, weil es dich nicht betrifft:

WIE KANNST DU MIT DEINER IDEE GELD VERDIENEN?

- *Welche Buchführungspflichten hast du?*
- *Wer muss wann welche Steuern zahlen?*
- *Was ist der Unterschied zwischen Einkommen-, Gewerbe- und Umsatzsteuer?*
- *Welche Angaben möchte die Krankenkasse wann von dir haben und welche Konsequenzen hat das dann? Was bedeutet „Einkommen" bei der Krankenkasse?*
- *Was verwaltet die Berufsgenossenschaft und wann hast du Kontakt zu dieser Institution?*
- *Was ist dein Umsatz, was der Gewinn?*

Es ist wichtig, diese Begrifflichkeiten zu lernen, weil du nur so kompetent mitreden kannst. Krankenkassen beispielsweise bemessen deine Beiträge am „Einkommen", das heißt an dem, was nach Abzug der Betriebsausgaben übrig bleibt. Meldest du der Krankenkasse als „Einkommen" deine Einnahmen, zahlst du erheblich mehr Beiträge als du müsstest.

Gründungsratgeber und Seminare liefern hier wertvolles Basiswissen. Mein Credo: Wenn das alles neu für dich ist, dann erwarte nicht, dass du das alles gleich beim ersten Mal richtig abspeicherst und einsortierst. Beschäftige dich so lange mit diesen Themen, bis du anfängst, dich dabei zu langweilen. Erst dann bewegst du dich souverän in diesem Wissen.

 Auch wenn die Orwell'sche Idee des gläsernen Bürgers bei vielen herumgeistert – noch ist es nicht so, dass alle Institutionen, mit denen du es zu tun hast, Daten austauschen. Was du an das Finanzamt meldest, weiß die Krankenkasse noch lange nicht. Auch Arbeitsagentur und Finanzamt liefern einander keine Daten. Das heißt, dass du durchaus steuern kannst, welche Zahlen du wem mitteilst, sofern du verstehst, wer mit deinen Angaben was tut. Es kann sehr nützlich sein, zu wissen, der Arbeitsagentur anhand positiver Prognosen deutlich zu machen, dass deine Gründung förderwürdig und aussichtsreich ist. Beim Finanzamt ist es dagegen weniger ratsam, zukünftige Einkünfte allzu optimistisch zu schätzen. Dabei geht es nicht darum zu lügen, sondern vorhandene legale Spielräume zu nutzen.

Marketing

Nehmen wir an, du hast alles Formale im Griff. Du weißt, worum du dich kümmern musst und wer dir ggf. dabei helfen kann. Um jedoch mit deiner Idee Geld zu verdienen, brauchst du KundInnen. Dazu muss die Welt von dir, deinen Produkten oder Dienstleistungen erfahren, das heißt du musst deine Idee vermarkten.

Marketing heißt, dass du dir Gedanken darüber machst, wie du deine Idee so präsentierst, dass Menschen haben wollen, was du anzubieten hast. Das beinhaltet, dir klar zu werden, wen du überhaupt ansprechen willst und wie du diese Menschen erreichen kannst. Marketing bedeutet, das „Gesicht" deines Unternehmens bewusst zu formen. Marketing ist ein wichtiger Teil davon, deine Idee zum Leuchten zu bringen.

Dich mit Fragen des Marketings zu beschäftigen, heißt ein Bild deines Unternehmens und deines Angebots zu entwerfen und dir Gedanken über die Kommunikationskanäle zu machen, über die du Menschen erreichen willst:

- *Wie soll dein Logo aussehen? Welche Farben hat dein Unternehmen?*
- *Wie soll deine Webseite aussehen, deine Visitenkarte, deine Flyer oder Postkarten?*
- *Wie präsentierst du dich in sozialen Netzwerken?*
- *Wie werden Menschen auf dich aufmerksam: durch Vorträge/Veranstaltungen, Anzeigen, Auto-Werbung, Litfaßsäulen, Fernsehen/Radio, Plakate usw.?*

Es empfiehlt sich, für die professionelle Gestaltung deines Außenauftritts Profis heranzuziehen – sofern du nicht selbst WebdesignerIn oder GrafikerIn bist. Gerade in Sachen Marketing solltest du auf keinen Fall am falschen Ende sparen und alles selbst machen. Dein Marketing prägt das Bild, das andere von deiner Idee und deinem Unternehmen gewinnen: Du kannst die tollsten Produkte anbieten, doch wenn das für Außenstehende nicht erkennbar ist, weil du dich unprofessionell und selbstgemacht präsentierst, wirst du darauf sitzen bleiben.

Gönne dir professionelle Unterstützung! Alles, was du nicht selbst wirklich gut kannst, solltest du von anderen machen lassen oder dir wenigstens unter die Arme greifen lassen. Was du dabei allerdings nicht aus der Hand geben solltest, ist die Frage, wie du dich und dein Unternehmen am Markt präsentieren willst.

Die meisten GrafikerInnen und Marketing-Dienstleister sind froh, wenn du klar definieren und beschreiben kannst, WEN du ansprechen und WIE du dich präsentieren willst. Je konkreter du sagen kannst, was dir gefällt, und je klarer du dein Konzept erklären kannst, desto leichter ist es für Designer, einen visuellen Ausdruck für deine Ideen zu finden.

RESPEKTIERE DAS FACHWISSEN DER PROFIS. LASS DICH BERATEN UND DICH ÜBERZEUGEN. LASS DIR ERKLÄREN, WARUM SIE WELCHEN WEG VORSCHLAGEN. ABER ÜBERLASSE IHNEN NIEMALS DIE ENTSCHEIDUNG! WENN DU NICHT ÜBERZEUGT BIST UND DIR DEIN GEFÜHL SAGT, DASS DU EIGENTLICH ETWAS ANDERES WILLST, DANN VERTRAUE AUF DICH UND DEINEN BAUCH. ES IST DEIN UNTERNEHMEN. DU SOLLST DAS, WAS ENTSTEHT, MIT VOLLER ÜBERZEUGUNG GUT FINDEN UND VERTRETEN KÖNNEN.

WIE KANNST DU MIT DEINER IDEE GELD VERDIENEN?

Geld verwalten

Wenn du es nicht schon bereits getan hast, ist nun ein guter Zeitpunkt gekommen, dir einen Überblick über deine Finanzen zu verschaffen.

Wenn du selbstständig bist, landet nicht einfach mit schöner Regelmäßigkeit ein Gehalt auf deinem Konto. Einnahmen und Ausgaben fließen nicht unbedingt zum gleichen Zeitpunkt. Es ist wichtig, dass du weißt, wann du was zahlen musst und wann du voraussichtlich welches Geld einnimmst, damit du

– weißt, dass Einnahmen und Ausgaben zusammenpassen oder
– dir rechtzeitig Gedanken machen kannst, was du unternehmen musst, um genügend flüssig zu sein, anstehende Ausgaben zu bezahlen
– und ggf. Gas geben kannst, um zu schauen, woher das Geld kommen könnte, das du brauchst.

Am besten schaust du, mit welchem System du am besten zurechtkommst. Denn nur, wenn dieses System zu dir passt, wirst du es pflegen und beibehalten. Welche Möglichkeiten hast du?

– Du kannst eine Excel-Datei nutzen, um über deinen Kontostand Buch zu führen und alle zu erwartenden Einnahmen und Ausgaben aufzulisten.
– Du kannst eine App nutzen, um dir einen Überblick über Einnahmen und Ausgaben zu schaffen.
– Einige Buchführungsprogramme für KleinunternehmerInnen ermöglichen dir ebenfalls, deine Rechnungen und Verbindlichkeiten zu verwalten.

 DER ZENTRALE PUNKT IST, MÖGLICHST ZEITNAH ZU WISSEN, WEM DU NOCH EINE RECHNUNG SCHREIBEN MUSST, WEM DU NOCH GELD SCHULDEST, WELCHE ANSCHAFFUNGEN UND VERPFLICHTUNGEN NOCH ANSTEHEN – KURZUM: ZU WISSEN, WO DU FINANZIELL STEHST, JETZT UND IN NAHER ZUKUNFT.

Ein Großteil dieser Angaben ist Ergebnis deiner Buchhaltung. Indem du für das Finanzamt Zahlen bereithalten musst, um deine Steuererklärungen fristgerecht abzugeben, musst du diese Zahlen ohnehin aufbereiten. All das lässt sich lernen. Hast du für dich das richtige System gefunden, verschafft dir das als angenehmen Begleiteffekt ein Gefühl von Kontrolle. Du weißt genau, wo du mit deinem Unternehmen stehst. Schwierigkeiten siehst du so rechtzeitig auf dich zukommen, dass du noch handlungsfähig bist.

Viele Pleiten entstehen erst dadurch, dass UnternehmerInnen Anzeichen kommenden „Unheils" ignorieren und den Kopf in den Sand stecken, nicht mehr hinschauen und hoffen, dass sich die Dinge von alleine richten. Jedoch haben Probleme die schlechte Eigenart, sich selten von alleine in Wohlgefallen aufzulösen. Häufig verschlimmern sie sich durch Wegschauen eher. Deshalb empfiehlt sich die umgekehrte Strategie: rechtzeitig hinzuschauen, um frühzeitig reagieren zu können.

Branchenwissen

Sicherlich benötigst du Wissen, das nur deine Branche betrifft. PsychotherapeutInnen und Ärzte müssen sich mit den Abrechnungssystemen der Krankenversicherungen auskennen, Handwerker mit den Regularien der Handwerkskammer und Grafiker sollten sich in Sachen Urheberrecht sicher sein. Hier leisten Berufsverbände häufig unschätzbare Dienste, denn sie verstehen sich als Plattform für ihre Mitglieder. Heilpraktikerverbände etwa beraten ihre Mitglieder hinsichtlich der rechtlichen Regelungen, die für diese Berufsgruppe gelten. Sie vertreten ihre Interessen, schließen mitunter Extra-Versicherungsverträge ab und beraten. Gleiches gilt teilweise für die Berufsverbände von Architekten, PhysiotherapeutInnen, Coaches, SystemikerInnen und viele andere. Am besten erkundigst du dich, welche Berufsverbände für dich relevant sein könnten.

Manchmal bieten Kammern Seminare und Vorträge zu branchenrelevanten Themen. Zu fast jeder Branche gibt es mittlerweile branchenspezifische Gründungsratgeber im Buchhandel. Die oben bereits erwähnten Branchenbriefe der Volksbanken können erste interessante Anhaltspunkte liefern.[70] Viele Tipps fließen im Austausch mit FachkollegInnen. Auch in diesem Punkt ist ein gutes Netzwerk von unschätzbarem Wert, denn deine versierten KollegInnen erklären dir vermutlich gerne, was du machen und beachten musst. Falls nicht, ist es empfehlenswert, andere Selbstständige deiner Branche dort anzusprechen, wo du nicht unmittelbare Konkurrenz bist – in Verbänden oder in anderen Städten, die weit genug weg sind.

EDV-Basiskenntnisse

Rechnungen stellen, Angebote schreiben, Mails beantworten, im Internet nach Informationen suchen – das alles braucht den lockeren Umgang mit dem Computer. Du musst nicht zum Computer-Experten werden, aber es hilft sehr, wenn du in der Lage bist, mit Word Geschäftsbriefe zu schreiben und Unterlagen so auf dem Computer ablegen kannst, dass du sie auch wiederfindest. Viele haben Probleme im Umgang mit Excel, doch insbesondere Finanzaufstellungen sind in diesem Programm sehr viel leichter zu erstellen und zu verwalten, als mühsam mit dem Taschenrechner zu hantieren. Auch Powerpoint kann hilfreich sein, vor allem wenn du im Vortragsgeschäft unterwegs bist oder zukünftig Präsentationen vorführen willst. Eine Adressverwaltungssoftware kann nützlich sein, wenn die Zahl deiner KundInnen zunimmt. Buchhaltungs- und Steuersoftware brauchst du, wenn du diese Dinge selbst erledigen willst.

Es lohnt sich, dich schlau zu machen, welche Tools für dich und die Größe deines Unternehmens angemessen und nützlich sind. Es gibt mittlerweile ein reiches Angebot an Freeware, aber auch gute kostenpflichtige Programme und es kommen ständig neue dazu. Lass dich von anderen UnternehmerInnen oder Profis beraten, was sich in der Praxis bewährt hat. Im Internet findest du Testberichte. Zudem gibt es Kurse und Vorträge zur Einführung in Standard-Software.

Du musst also nicht über Nacht zum EDV-Profi oder zur Chefsekretärin avancieren. Es reicht, wenn du dir mit der Zeit das notwendige Wissen aneignest, Dinge, die du tun willst oder auch musst, auf praktische Weise zu erledigen. Dazu ist manchmal nur ein Vormittagskurs notwendig oder ein netter Mensch, der dir etwas zeigt oder schlicht autodidaktisches Rumprobieren.

Auch hier gilt: Such dir Unterstützung, bis du dich sicher fühlst. Verliere den Respekt und die Scheu vor den Dingen. Und solltest du tatsächlich feststellen, dass das alles überhaupt nicht dein Ding ist – gib es ab.

Social Media- und Internet-Marketing

Kaum eine Idee kann heute noch auf eine Vermarktung im Internet verzichten. Natürlich gibt es nach wie vor Betriebe und Unternehmen, die nicht im Internet zu finden sind und die sich mit einem bloßen Eintrag in den „Gelben Seiten" begnügen. Doch vermutlich sind sie entweder irgendwann weg vom Fenster oder sie sind derart etabliert, dass sie es sich leisten können, auf eine Webpräsenz zu verzichten.

Das Internet nimmt als Informationsplattform und als Unterhaltungsmedium stetig größeren Raum ein. Daher brauchst du Kompetenzen im Umgang mit Webseiten und Social Media, mit Internet-Marketing und Online-Handel. Je nachdem, was du machst, sind das sogar deine zentral notwendigen Fähigkeiten überhaupt, etwa wenn du Produkte oder Dienstleistungen über das Internet verkaufen willst.

Doch auch wenn dein eigentliches Business offline stattfindet, brauchst du eine Homepage und musst das dazu notwendige Know-how erwerben. Wenn ein Dienstleister für dich deinen – hoffentlich – professionellen Online-Auftritt erstellt, solltest du dir Unterstützung im Umgang mit der dahinterstehenden Software, zum Beispiel Wordpress, sowie Text- und Suchmaschinen-Optimierung verschaffen. Nicht zu unterschätzen sind dabei rechtliche Aspekte wie Datenschutzbestimmungen und Allgemeine Geschäftsbedingungen. Und sofern du nicht auf die Möglichkeit des kostenlosen Marketings durch Social Media verzichten willst, wirst du dich mit Plattformen wie Facebook, Twitter oder Instagram auseinandersetzen müssen.

Nichts ist schnelllebiger als das Internet. Vermutlich werden schon in Kürze neue Plattformen hinzukommen oder die oben Genannten ablösen. Deine Kompetenz in diesem Bereich muss daher ständig mitwachsen, um mit der rasanten Veränderungsgeschwindigkeit im Internet Schritt zu halten.

Lerne zu verkaufen

Unter GründerInnen finden sich wahre Verkaufstalente – Menschen, die von sich sagen, dass ihnen Verkaufen liegt und Spaß macht, die gerne handeln und verhandeln, die in ihrem früheren Berufsleben Vertriebserfahrungen gesammelt haben und den Reiz eines guten Geschäftsabschlusses schätzen. Ein bisschen leuchten ihre Augen, als sprächen sie vom Pokern oder einem Lottogewinn, wenn sie vom Verkaufen und einem gelungenen „Deal" schwärmen.

Doch es ist nur ein kleiner Teil der GründerInnen, die sich als enthusiastische VerkäuferInnen begreifen. Die überwiegende Mehrheit von ihnen ist inhaltlich motiviert. Ihnen ist der fachliche Aspekt ihres Tuns wichtig. Sie wollen beraten, herstellen, kochen, bedienen, betreuen, pflegen, verwalten. Das Verkaufen haben sie weder gelernt noch trainiert.

Gerade Dienstleister assoziieren, wenn es um Verkaufen geht, schnell, sie müssten „sich selbst produzieren" und fürchten, sie müssten zukünftig „ihr eigenes Fell zu Markte tragen". Ihre Angst ist, ihr gesamtes Tun stromlinienförmig ausrichten zu müssen, um ihren zukünftigen KundInnen zu gefallen. Ihre Sorge ist es, sich zu verlieren. Prompt regt sich Widerstand. Die Reaktionen reichen von „Ich kann nicht verkaufen" bis „Ich will mich nicht verkaufen (müssen)" – von Lust am Handeln keine Spur.

Kann man sich mit einer solchen Haltung selbstständig machen? Besser nicht.

WIE KANNST DU MIT DEINER IDEE GELD VERDIENEN?

Wer sich selbstständig macht, kommt ums Verkaufen nicht herum. Meiner Erfahrung nach muss das Verkaufen jedoch nicht im Vordergrund stehen.

Hast du Scheu vor dem Verkaufen, frage dich: Welches Bild hast du vom Verkaufen bzw. von VerkäuferInnen?

Verkaufen hat in unserer Gesellschaft kein gutes Image. Studiert man Zitate zum Thema Verkaufen, vertieft sich dieses Bild. VerkäuferInnen gelten als Schlitzohren, die es mit der Wahrheit und dem Interesse des Kunden nicht so genau nehmen:

- „Der würde für einen guten Deal sogar seine eigene Großmutter verkaufen."
- „Wo verkauft wird, da wird gelogen."
- „Ein Kaufmann kann sich schwer hüten vor Unrecht und ein Händler frei bleiben von Sünden." (Altes Testament)
- „Von einem, der etwas verkaufen will, darf man keine Wahrheitsliebe erwarten."
- „Es ist kein Kaufmann, der nicht Mäusedreck für Pfeffer verkaufen kann."

Diese grundlegenden Negativbilder über das Verkaufen werden bestätigt durch Erfahrungen mit VerkäuferInnen, die das Wohl ihrer Firma im Blick haben, nicht aber das ihrer KundInnen. Wir alle haben bereits Erfahrungen gemacht wie diese:

- der Finanz- und Versicherungsberater versucht uns Versicherungen aufzuschwätzen, die wir nicht brauchen und nicht haben wollen
- die Verkäuferin sagt uns: „Das steht Ihnen ganz ausgezeichnet!" – obwohl offensichtlich ist, dass das nicht wahr ist

Diese Liste ließe sich problemlos fortsetzen. Wir sind – und das wissen wir – permanent Objekt der Verkaufsbemühungen anderer. Wir spüren oft, dass es nicht um unser wirkliches Interesse als KundInnen geht, sondern dass wir Gegenstand einer Verkaufsstrategie sind, dass unser Gegenüber gelernte Sätze anwendet, um uns zum Kauf von etwas zu verführen, von dem wir bis gerade noch dachten, wir bräuchten es nicht. Und allzu oft merken wir, dass wir – obwohl wir um all das wissen – auf eine Verkaufsmasche hereingefallen sind.

Willst du dich also wirklich nun auf diese Seite stellen – zu den VerkäuferInnen? Quasi von der „guten" auf die „schlechte" Seite überwechseln? Kein Wunder, dass sich bei vielen Menschen Abwehr regt, wenn sie denken, sich selbstständig zu machen würde automatisch bedeuten, man müsste ein entsprechendes Verkäuferverhalten lernen, um geschäftlich erfolgreich zu sein.

Geht es nur so oder auch anders?

Du hast die Wahl. Du selbst hast es in der Hand, auf welche Weise du zukünftig

EIGNE DIR KAUFMÄNNISCHES WISSEN AN

verkaufst. Du hast die Freiheit, das Verkaufen zu einem notwendigen und ehrlichen Teil deines Tuns zu machen. Du kannst deinen Kontext über das, was du tust und das Verkaufen verändern: Verkaufen kann bedeuten, dass du Menschen wertvolle Dinge oder Dienstleistungen, die sie benötigen und haben wollen, zu einem angemessenen Preis anbietest. Daran ist nichts Ehrenrühriges.

Für die meisten Menschen macht es einen großen Unterschied, ob sie irgendetwas verkaufen sollen oder etwas, das ihnen am Herzen liegt. Wenn du überzeugt bist von dem, was du in die Welt bringst, gibt es keinen Grund, warum du es nicht anderen verkaufen solltest. Und wenn das, was du tust und anbietest, seinen Preis wert ist, gibt es keinen Grund, diesen Preis nicht zu fordern.

„Irgendetwas" können die Menschen verkaufen, denen das Handeln und Verkaufen selbst Spaß macht. Die anderen aber brauchen die Hingabe an die Sache, an ihre Idee, die sie in die Welt tragen wollen.

Willst du das, was du tust oder anbieten willst, tun und anbieten, musst du wohl oder übel lernen, es auch zu verkaufen – ansonsten sitzt du in deiner wunderbaren Praxis, deinem Laden, deiner Werkstatt alleine. Die Welt muss erfahren, dass es dich gibt, um deine Dienstleistungen und Produkte in Anspruch nehmen zu können.

Wenn dir nicht das eigentliche Verkaufen am Herzen liegt, sondern das Beraten, das Töpfern oder das Massieren oder was immer du auch tun möchtest und du über kurz oder lang von deiner Arbeit auch leben willst, musst du lernen, deine gute Arbeit zu verkaufen. Verkaufen heißt, dein Tun oder deine Produkte so zu präsentieren, dass sie Begehrlichkeiten wecken, dass Menschen sehen können, was gut und attraktiv daran ist. Verkaufen ist kein Widerspruch dazu, gute, ehrliche Arbeit abzuliefern, die wirklich im Interesse deiner KundInnen ist. Geld ist die angemessene Gegenleistung für deine Tätigkeit. Deine KundInnen sind damit nicht Gegenstand von Verkaufsstrategien, sondern es findet lediglich ein Austausch von Dienstleistung oder Ware und Geld statt.

Welche Kontexte und Beschreibungen Menschen über ihr Handeln haben, ist auch für andere erfahrbar. Wenn du im Einklang mit deinen Werten handeln kannst, handelst du kraftvoll. Hast du hingegen das Gefühl, andere zu betrügen oder dir unrechtmäßig Vorteile zu verschaffen, ist deine Kraft gebremst. Es ist ein himmelweiter Unterschied für dich und andere, ob du denkst, wenn du UnternehmerIn wirst, gesellst du dich zu einem Club skrupelloser Verkäufer, oder ob du dich als Teil einer Community von Menschen siehst, die tolle Dinge in die Welt bringen und dafür angemessen bezahlt werden möchten.

Aber ist das nun nur Augenwischerei, die für den Kunden am Ende keinen Unterschied macht, sondern nur dem (verkappten) Verkäufer ein besseres Gewissen beschert? Ich behaupte, der ethische Unterschied ist handfest – und auch für KundInnen spürbar. Er entspricht dem, was früher das Ideal des „ehrlichen Kaufmanns" ausmachte, wo ein Geschäft noch mit Handschlag besiegelt werden konnte, weil der Kaufmann dafür mit seiner Ehre und Persönlichkeit bürgte. Leider ist diese Art des Vertrauens an vielen Stellen aus dem Geschäftsleben geschwunden. Wenn es gelingt, es wiederherzustellen, profitieren beide Seiten. KundInnen wollen Dinge kaufen, doch sie wollen nicht übers Ohr gehauen werden. Haben sie den Eindruck, dass ein fairer Interessenausgleich besteht, dass sowohl sie als auch der Verkäufer auf ihre Kosten gekommen sind, sind in der Regel beide Seiten zufrieden.

Über Moral und Ethos im Geschäftsleben: Alte und neue Formen des Wirtschaftens

Dass große Konzerne uns glücklich machen wollen, glauben wir längst nicht mehr. Die Idee des „ehrlichen Kaufmanns", die jahrhundertelang den Handel geprägt hat, ist längst einer neuen Philosophie gewichen: „Geiz ist geil." Wir wissen, dass die großen Firmen uns möglichst viel verkaufen wollen – Dinge, die wir nicht brauchen und die vielfach sogar extra so konstruiert wurden, dass sie schneller kaputtgehen. Man nennt das geplante Obsoleszenz. Adapter und Zubehör werden so hergestellt, dass sie nicht kompatibel sind mit dem, was die Konkurrenz herstellt. Wir wundern uns nicht und sind nicht moralisch entrüstet, wenn ein Gegenstand, den wir gerade gekauft haben, in kürzester Zeit die ersten Schwächen und Mängel offenbart – es sei denn, wir haben besonders viel Geld bezahlt, um ein Qualitätsprodukt zu kaufen. Wir reklamieren und wir beschweren uns, wir tauschen um oder handeln selbst, um vielleicht etwas ein bisschen billiger zu bekommen. Aber wir glauben beileibe nicht, dass große Konzerne unser Wohl im Sinn haben. Wir haben gelernt, nicht „naiv" zu vertrauen, sondern sind realistisch und desillusioniert.

Jedoch gibt es immer noch Berufsgruppen, von denen wir moralisches statt profit orientiertes Verhalten erwarten. Beredtes Beispiel ist dafür die Debatte um von der Bundesregierung geförderte Marketing-Seminare für die sogenannten Individuellen Gesundheitsleistungen (IGel-Leistungen). Sie machte deutlich, dass wir bei Ärzten immer noch möchten, dass sie unser Wohl im Sinn haben und nicht vorrangig ihr Profitinteresse, wenn sie uns beraten und behandeln.[71] In den letzten Jahren stieg das Bewusstsein, dass auch MedizinerInnen UnternehmerInnen sind, die ihre Praxis nach betriebswirtschaftlichen Gesichtspunkten führen und möglichst viel für möglichst viel Geld verkaufen möchten. Doch eigentlich wünschen wir uns ein Gegenüber, das nicht sein eigenes Portemonnaie, sondern unsere Gesundheit im Fokus hat.

EIGNE DIR KAUFMÄNNISCHES WISSEN AN

Wir haben uns noch nicht ganz verabschiedet von dem Wunsch, dass die Menschen, die uns unmittelbar als Dienstleister umgeben, denen wir unsere Bedürfnisse nach einem gutem Aussehen (Friseur, Kosmetikerin), unsere Gesundheit (Arzt, PhysiotherapeutIn, ErgotherapeutIn etc.) oder unsere Kinder (TanzlehrerIn, Musikschule) anvertrauen, wirklich gut für uns sorgen wollen und uns nicht nur als Objekt ihres Gewinnstrebens betrachten.

Doch unser Vertrauen bröckelt, denn wir kommen nicht umhin zu bemerken, dass auch der Banker – ehemals Sinnbild von Vertrauenswürdigkeit und Seriosität – anscheinend ein Zocker ist, der uns um unser Vermögen bringt, indem er uns anpreist, was doch nur im Interesse der Bank ist. Wir haben längst gelernt, dass der Versicherungsvertreter uns unter Umständen viel zu viele Versicherungen aufschwatzt, um hohe Provisionen einzustreichen – und nicht, weil ihm unser Rundum-Versicherungsschutz am Herzen liegt.

Ich gehe davon aus, dass es zu allen Zeiten unehrliche Menschen gegeben hat, sowohl auf Kunden- als auch auf Unternehmerseite. Die Frage ist, ob die Unehrlichkeit als bedauerliche Abweichung zu sehen ist, als kaufmännische Schlauheit oder Gerissenheit von KundInnen positiv bewertet wird oder ob sie integraler Bestandteil unseres Wirtschaftssystems geworden ist.

Welches Ethos prägt unsere Vorstellung vom Geschäftsleben?

Bereits im 14. Jahrhundert ist in Italien vom ehrbaren Kaufmann die Rede, der seine Versprechen einhält. Die Hanse hat dieses Leitbild ausdrücklich formuliert: 1517 gründete sich in Hamburg die „Versammlung eines ehrbaren Kaufmanns". Diesen Verein gibt es heute noch und er definiert in seinen Statuten, was einen ehrbaren Kaufmann auszeichnet: „Der ehrbare Kaufmann ist danach weltoffen und freiheitlich orientiert. Er verhandelt fair, sein Wort gilt, wofür der Handschlag als Symbol steht. (…) Er lässt sich von seinen Werten leiten, übernimmt Verantwortung und ist Vorbild für Mitarbeiter, Geschäftspartner und Kunden. Er verteidigt die Gesellschaftsordnung, hält Umweltstandards ein, achtet auf die Einhaltung von Gesetzen und tritt der Korruption entgegen."[72] Die IHK formuliert auch heute noch als Leitbild „die Wahrung von Anstand und Sitte des ehrbaren Kaufmanns".

Faktisch existieren also verschiedene Vorstellungen über das Geschäftsleben parallel: Da, wo Kunde und Unternehmer persönlich aufeinandertreffen, gibt es auf beiden Seiten den Wunsch nach einem fairen Miteinander und der Einhaltung gegenseitiger Versprechen. Wo sich die Abläufe anonymisieren – etwa im großen Kaufhaus, im Versandhandel oder mitunter im Internet –, greifen andere moralische Stereotype: Wer Waren und Dienstleistungen so anbietet, dass er KundInnen systematisch täuscht, wie beispielsweise bei der Auszeichnung von Flugpreisen auf Internetportalen, wo mit Lockpreisen geworben wird, will einen Kauf realisieren – egal, ob der Kunde anschließend zufrieden ist. Wer täglich Waren bestellt und sie auf Kosten des Unternehmens zurückschickt, denkt nicht in moralischen, sondern egoistischen Kategorien. Es gibt kein konkretes Gegenüber, dem man subjektiv mit solchem Handeln Schaden zufügt.

Auf Verkäuferseite gibt es reichlich Verkaufstrainings, die ihre manipulativen Verkaufsstrategien damit rechtfertigen, dass der Kunde ja am Ende ein wertiges Produkt bekommt – ob er es gewollt hat oder nicht, spielt dabei keine Rolle. Auf Kundenseite gibt es die Optimierer und „Übers-Ohr-Hauer", das heißt Menschen, die um den letzten Cent feilschen.

Das Bemerkenswerte ist nicht, dass es solche Handlungen auf beiden Seiten gibt, sondern dass beide Seiten ihr Verhalten als normal und moralisch gerechtfertigt ansehen. Beide Seiten bringen sich gegenseitig hervor. Eine Verkaufskultur, die versucht, Menschen durch verwirrende Angebote und Geschäftsbedingungen Geld zu entlocken für Dinge, die sie nicht brauchen, erzieht KundInnen geradewegs dazu, stets den besten Preis und das beste Schnäppchen erzielen zu wollen.

Sei authentisch und glaubwürdig

Welche KundInnen du einlädst, bestimmst du durch dein Geschäftsverhalten mit. Was KundInnen wirklich schätzen, ist Glaubwürdigkeit und Vertrauenswürdigkeit. Wenn du wertige Arbeit machst und authentisch vermitteln kannst, dass du deine KundInnen wichtig nimmst, ihnen weiterhelfen willst und sie für dich nicht nur Geldbringer sind, hast du einen wichtigen Schritt gemacht, um erfolgreich zu sein. Das bedeutet beileibe nicht, auf Gewinn zu verzichten und als barmherziger Samariter unterwegs zu sein. Es heißt, zwischen den Interessen deiner KundInnen und deinen eigenen einen ehrlichen Ausgleich herzustellen, nicht mehr zu versprechen, als du halten kannst, und deine KundInnen nicht zu betrügen. Wenn es dir wirklich wichtig ist, deinen KundInnen bei ihren Bedürfnissen und Anliegen zu unterstützen, werden sie dich weiterempfehlen.

GELINGT ES DIR, DEIN UNTERNEHMEN AUTHENTISCH ZU VERKÖRPERN UND GLAUBWÜRDIG ZU SEIN, FÜHLEN SICH MENSCHEN BEI DIR GUT AUFGEHOBEN UND KOMMEN GERNE ZU DIR.

> TU ZUERST DAS NOTWENDIGE,
> DANN DAS MÖGLICHE
> UND PLÖTZLICH SCHAFFST DU DAS UNMÖGLICHE.
>
> FRANZ VON ASSISI

4. MACH DIR DIE ZAHLEN ZU FREUNDEN

Wenn du dich selbstständig machst, musst du voraussichtlich die eine oder andere Anschaffung tätigen. Du musst eine Praxis oder einen Laden mit Möbeln und anderem Equipment ausstatten. Du brauchst Werbematerialien, eine Webseite, Flyer und Visitenkarten. Du brauchst Maschinen und Geräte, um Produkte herzustellen, die du verkaufen willst. Und selbst, wenn es sich um eine kleine Dienstleistungsgründung handelt, ist es notwendig, dich zu fragen, was du vorab brauchst: Ist dein Computer noch einsetzbar oder brauchst du einen neuen? Reichen die Büromöbel in deinem Arbeitszimmer aus oder brauchst du andere? Die Liste der Investitionen muss nicht, kann aber lang sein.

Eine der für dich bedeutsamsten Fragen ist vermutlich die, ob sich deine Gründung wirtschaftlich lohnen wird. Wirst du mehr oder weniger schnell in der Lage sein, über deine Einnahmen deinen Lebensunterhalt zu decken? Insofern solltest du ein essentielles Interesse daran haben, dich mit dem Thema Geld und Zahlen in irgendeiner Weise zu beschäftigen, denn nur so kannst du diese Frage beantworten.

Natürlich kannst du nicht in die Zukunft blicken und weißt nicht, wie viele KundInnen dein Produkt oder deine Dienstleistung kaufen werden. Wie also kannst du Aussagen darüber treffen, ob du Gewinne erwirtschaften wirst? Welchen Sinn macht es, sich damit auseinanderzusetzen, wie deine Zukunft in Zahlen aussehen wird?

Wie viele KundInnen dein Produkt oder deine Dienstleistung haben wollen, werden bleibt in der Tat zum jetzigen Zeitpunkt eine offene Frage. Was sich aber beantworten lässt, sind folgende Fragen:

- *Wie viele KundInnen brauchst du, damit du wirtschaftlich überleben kannst?*
- *Kannst du deine Gründung mit eigenem Geld finanzieren oder musst du einen Kredit aufnehmen?*
- *Welche Räumlichkeiten kannst du dir leisten?*
- *Welche Preise kannst du für dein Produkt oder deine Dienstleistung verlangen?*

Diese Fragen lassen sich durch einen Blick auf die Zahlen beantworten. Doch wie genau? Macht es Sinn, vor einer Gründung einen „Kapitalbedarfsplan" und eine

„Rentabilitätsrechnung" zu machen – liefern diese Pläne dir die Antworten, die du benötigst? Und kannst du das überhaupt? Solltest du das Rechnen nicht lieber ExpertInnen überlassen?

Mathekenntnisse auf Grundschulniveau reichen in der Regel

In Gründungsseminaren erlebe ich es häufig, dass sich eine seltsame Stille über den Raum legt, sobald das Thema Zahlen auf dem Programm steht. Ein Teil ist lieber gleich zu Hause geblieben und hat plötzlich dringende andere Verpflichtungen. Nur einige wenige sind hochmotiviert und wollen ihre Idee endlich rechnen. Der Rest nimmt deren Engagement dankend zur Kenntnis und hat es nicht nötig, irgendetwas zu rechnen. Hausaufgaben werden nicht gemacht. Man ist noch nicht so weit und braucht das gerade auch alles gar nicht.

Dabei geht es wirklich nicht um höhere Mathematik. Das Argument „Mathe kann ich nicht", verfängt nicht. Wer anfängt, die eigene Idee zu rechnen, benötigt hierfür zunächst zwei Grundrechenarten: Addieren und Subtrahieren, also Plus und Minus. Und ich habe noch keinen Gründer getroffen, der dazu nicht in der Lage war.

Für viele Menschen war ihr Mathematik-Unterricht ein Alptraum, den sie irgendwie durchgestanden haben und der ihnen vor allen Dingen eines vermittelt hat: das Gefühl, in puncto Mathematik völlig inkompetent zu sein. Seit Jahrzehnten wird in den Schulen zwar Algebra und Geometrie vermittelt, doch im Laufe des Schullebens bleiben viele SchülerInnen auf der Strecke – sei es, weil ihnen Mathe nicht liegt, ihre LehrerInnen nicht gut erklären konnten, weil Lehrpläne praxisfremd sind oder es keine Zeit gab, den Stoff gut genug zu erklären, bis der Groschen fällt. Und so haben viele verzweifelt in der Schule gesessen, sich durch Klausuren gequält, für die sie sich schlecht vorbereitet fühlten und letztendlich für sich beschlossen: „Für Mathe bin ich zu blöd." Oder: „Mathe kann ich einfach nicht."

Was daran so schade und bedenklich ist? Mathematik umfasst eine Menge Stoff. Mit Sicherheit haben diese SchülerInnen die Grundrechenarten in der Grundschule noch gut bewältigt. Vermutlich haben sie das Einmaleins so sehr verinnerlicht, dass sie selbst im Schlaf noch 7 x 8 rechnen können. Und auch Bruch- und Prozentrechnung hat vermutlich einmal gut funktioniert – nur wurde es seit Jahren nicht mehr angewendet und ist eingerostet. Darüber – und das ist dramatisch – liegt der alles entscheidende Satz: „Mathe kann ich nicht." Diese globale Inkompetenzerklärung führt dazu, dass viele keinen Zugang mehr zu vorhandenen Fähigkeiten haben und das Rechnen meiden, obwohl es einfach und gerade jetzt nötig ist.

MACH DIR DIE ZAHLEN ZU FREUNDEN

Auch wenn du schlecht in Mathe warst, benötigst du für deine Selbstständigkeit nicht mehr als gesunden Menschenverstand und Grundschulmathematik.

Was macht es schwer, sich mit den Zahlen zu beschäftigen?
– Viele haben Angst vor der „Stunde der Wahrheit". Jetzt wird es ernst. Jetzt wird sich zeigen, ob die Idee überhaupt tragfähig ist. Es geht nicht mehr um Ideen und Luftiges, Schönes und Vages, sondern es wird konkret. Beschäftigst du dich mit den Zahlen, bewältigst du einen wichtigen Schritt, der alles konkreter macht. Es könnte sich auch zeigen, dass es so gar nicht geht. Unter Umständen bist du noch nicht bereit für die Erkenntnis, dass du deine Pläne nochmal überdenken musst. Deshalb lässt du alles lieber noch eine Weile im Ungefähren.
– Es geht nicht um irgendwelche Zahlen – es geht um Geld. Alles, was du innerlich mit Geld verbindest – Gutes wie Schlechtes –, steht insgeheim mit auf der Tagesordnung. Unser Umgang mit Geld ist weniger von Vernunft als von Gefühlen geleitet, und mit denen bekommst du es nun zu tun.
– Zahlen kommen meist in der Form von Excel-Tabellen daher. Wer sich mit diesem Programm nicht auskennt oder sich generell schwer im Umgang mit Computern tut, muss sich einer zusätzlichen Hürde stellen.
– Fremde Tabellen haben für viele generell erst einmal einen abschreckenden Effekt. Es ist gar nicht so leicht, die Verbindung zu den eigenen Überlegungen herzustellen.
– Vielen fällt es schwer, genau zu planen oder sich festzulegen. Sie machen Dinge lieber ungefähr. Auch im privaten Alltag ist es für sie unerheblich, warum in manchen Monaten das Geld schneller knapp wird, in anderen das Budget locker ausreicht. Jetzt aber fordern ExpertInnen ein systematisches Planen von etwas, was sich unsicher und vage anfühlt.

Wahrscheinlich geht es also nicht wirklich um deine Mathefähigkeiten, die dich abhalten. Hand aufs Herz: Wie regelst du im Alltag deine Finanzen? Wie gehst du mit deinem Geld um?

- *Überschlägst du beim Einkaufen, ob du genügend Geld dabeihast? Schaust du manchmal in deinen Einkaufswagen und überlegst, wie viel das in etwa kosten wird?*
- *Hast du Einnahmen und Ausgaben im Blick und vergewisserst dich zwischendurch, wie viel Geld dir am Ende des Monats übrigbleiben wird?*
- *Rechnest du vor dem Urlaub aus, wie viel Geld du benötigen wirst?*

WIE KANNST DU MIT DEINER IDEE GELD VERDIENEN?

 VORSICHT: HIER GEHT ES NICHT UM DIE FRAGE, OB DU GUT MIT GELD UMGEHEN KANNST (DAMIT WERDEN WIR UNS IM ANSCHLUSS BESCHÄFTIGEN), SONDERN OB DU IN DER LAGE BIST, DURCH EINFACHE RECHNUNGEN HERAUSZUFINDEN, OB DEIN GELD NOCH REICHT. ICH BIN DAVON ÜBERZEUGT, DASS DU AUF DIESE WEISE RECHNEN KANNST – UND MEHR BRAUCHT ES ZUNÄCHST NICHT.

Wie man genau rechnet, lässt sich lernen – entscheidend ist der Wille, es zu tun. Dafür musst du dir nur bewusst machen, dass du alle notwendigen Fähigkeiten hast, um es zu lernen – egal, welche Note du in Mathe hattest. Das ist vor allem deshalb wichtig, weil die Ausrede „Das kann ich nicht" häufig dazu führt, dass dein Gehirn einen „Aufnahme-Stopp" verhängt und etwas, was eigentlich einfach ist, gar nicht zu dir durchdringt.

Der Zauber von Zahlen: Es wird konkret

Manche können sich sofort für den Umgang mit den Zahlen begeistern, bei anderen wird es nur zum notwendigen Übel. So oder so lohnt es sich, sich mit deinen Zahlen auseinanderzusetzen, um deine Idee konkreter werden zu lassen.

EXKURS: DER INVESTITIONS- BZW. KAPITALBEDARFSPLAN

Nehmen wir an, du willst auf eine Weltreise gehen. Würdest du starten, ohne dir vorher Gedanken darüber zu machen, wie viel Geld du auf deiner Reise benötigen wirst? Um herauszufinden, was du an Ausstattung für die Reise brauchst, musst du erstmal klären, welche Art Reise du machen willst. Welche Länder steuerst du an? Willst du in Hotels übernachten, im Zelt oder in Ferienwohnungen? Wie lange wirst du unterwegs sein? Planst du einen Outdoor-Trip oder einen Luxus-Urlaub? Nur wenn du klärst, was du genau machen willst, bist du in der Lage zu entscheiden, welche Ausrüstung du unterwegs brauchen wirst. Du wirst über geeignete Rucksäcke oder Koffer nachdenken und wenn du diese nicht im Keller hast, musst du sie besorgen. Das heißt, es gibt eine Reihe von Anschaffungen, die nötig sind, bevor es losgehen kann.

Du machst also eine Liste mit Ausstattungsgegenständen, die du mitnehmen willst. Einen Teil hast du, einen Teil musst du noch kaufen. Du recherchierst, was die Dinge kosten und findest so raus, wie viel Geld du investieren musst, bis die Reise losgehen kann.

Auch wenn du in diesem Kontext nicht auf die Idee kämst, das so zu nennen: Du machst einen Investitions- bzw. einen Kapitalbedarfsplan:

Investitionen = Anschaffungen, die du tätigen willst
Kapital = Geld, das du benötigst
Bedarf = das, was du brauchst
Planen = systematisches Überlegen

Ein Investitionsplan ist eine Liste der Anschaffungen, die du VOR dem Start tätigen musst. Bei einem Kapitalbedarfsplan ergänzt du diese Planung um die Frage, wie du diese nötigen Investitionen finanzierst. Hast du Erspartes und reicht es für das, was du vorhast? Oder brauchst du Geld von außen – von einer Bank oder aus Crowdfunding oder durch ein privates Darlehen?

Machst du einen Kapitalbedarfsplan, heißt das also, dass du VOR dem Start ermittelst, was du benötigst, schaust, was du davon bereits hast und was du besorgen musst bzw. was dich das kosten wird. Du eruierst, was du brauchst, um dein Unternehmen einzurichten, was du an finanziellen Reserven für die Startphase benötigst und was du für die Gründung selbst brauchst.

Von Handwerks-, Industrie- und Handelskammern sowie anderen Institutionen, Gründungsplattformen oder -ratgebern werden GründerInnen dankenswerterweise Excel-Tabellen zur Verfügung gestellt, um Zahlen zu planen. Du musst dir also nicht alles selbst ausdenken, sondern kannst auf fertige Zahlenwerke zurückgreifen, die zum größten Teil selbst rechnend sind. Das ist eine enorme Arbeits- und Planungserleichterung.[73]

Die eigentliche Kunst besteht darin, die passenden Tabellen für dich zu finden. Viele Tabellen berücksichtigen alle möglichen Eventualitäten. Das bedeutet in der Praxis aber, dass sehr viele Möglichkeiten aufgelistet sind, die für einen Solo-Gründer, einen Verein oder eine freiberufliche Praxisgründung unzutreffend sind und die Arbeit mit der Liste erschweren, da sie mit für dich irrelevanten Informationen überfrachtet ist. Schnell entsteht der Eindruck: „Ich kann das nicht. Mein betriebswirtschaftliches Wissen reicht nicht aus, um mich selbstständig zu machen. Ich scheitere schon an den ersten Zahlen."

Es wäre bedauerlich, wenn du in diesen Zahlenwerken nur eine lästige Verpflichtung siehst, weil du sie für die Arbeitsagentur oder die Bank erstellen musst, und

WIE KANNST DU MIT DEINER IDEE GELD VERDIENEN?

nicht als etwas, was dir wirklich helfen kann. Denn sie sind eine gute Planungshilfe, um sich Gedanken über die Verwirklichung der eigenen Idee zu machen. Es lohnt sich, sich diese Instrumentarien anzueignen und den Respekt oder die Scheu vor betriebswirtschaftlichen Begriffen abzulegen.

Und wenn du in der glücklichen Lage bist und kein Darlehen brauchst? Kannst du dann nicht einfach darauf verzichten, dich mit diesen Excel-Tabellen abzuquälen?

Die Zahlen helfen dir – das zeigt das Beispiel Weltreise – konkret zu werden. Dein Kapitalbedarfsplan unterstützt dich dabei, Gründungsszenarien zu entwerfen: Wie willst du Räume – Büro, Laden, Praxis – einrichten? Was brauchst du für den Start? Wie willst du die Anfangsphase finanziell überstehen? Mit welchem Marketing startest du? Um dein erforderliches Startbudget auszurechnen, musst du dich zwangsläufig mit diesen Fragen auseinandersetzen.

Am Ende weißt du zudem genau,
– was dich dein Vorhaben kosten wird – nicht an Zeit, Energie und Nerven, aber an Geld,
– was du in dein Projekt investieren müsstest, wenn du es großzügig oder eher sparsam angehst,
– ob du deine Gründung aus Ersparnissen finanzieren kannst oder was du zusätzlich an Geld benötigst,
– dass es an der Zeit ist zu überlegen, woher dieses Geld kommen oder wer es dir zu welchen Konditionen leihen könnte, und wann und wie du dieses Darlehen vielleicht zurückzahlen müsstest und
– wie hoch oder niedrig das Risiko ist, das du mit deiner Gründung eingehst.

Aus einem vagen Gefühl werden so Gewissheit und eine Zahl, die du schultern willst und kannst – oder eben nicht. Entweder bist du erleichtert, weil alles viel einfacher ist, als du dachtest und du kannst an den Start gehen. Oder du landest in Dimensionen, die dir zu groß erscheinen. In diesem Fall musst du dein Projekt entweder beerdigen, weil es zu groß und zu teuer wird, oder du fängst neu an zu planen, kleiner, anders. Du fängst an, deine Idee neu zu denken.

Denk an die Osborne-Liste:
Vielleicht kannst du Dinge anders angehen? Vielleicht solltest du überdenken, ob du wirklich alles notwendigerweise schon zu Beginn brauchst, was auf deiner Liste steht? Oder du denkst über alternative Finanzierungsstrategien nach?!

MACH DIR DIE ZAHLEN ZU FREUNDEN

BEISPIEL:

Anne denkt schon lange darüber nach, sich mit einem Laden selbstständig zu machen. Im Laufe ihrer Überlegungen hat sie schon mehrfach Investitionslisten und Finanzpläne erstellt. Erstmal hat sie mit ihrer Traum-Ausstattung angefangen. Aber die Zahl, die am Ende stand, hat sie erschreckt. So viel Geld will sie nicht investieren. Vielleicht sollte sie es doch bleiben lassen?

Trotzdem lässt sie das Ganze nicht los. Nach drei Tagen setzt sie sich erneut hin und plant von vorne. Geht nicht alles auch eine Spur kleiner, zumindest am Anfang? Weniger chic, weniger aufwendig? Siehe da, nun steht am Ende eine erheblich kleinere Zahl. Aber nun kommen ihr neue Zweifel. Ist ihre Idee so noch attraktiv genug umgesetzt? Hat sie sie vielleicht kaputtgespart?

Während sie noch überlegt, sieht sie eine Anzeige: Da will doch tatsächlich jemand eine komplette Laden-Ausstattung loswerden? Daran hat sie noch gar nicht gedacht: Sie könnte hochwertiges Mobiliar gebraucht bekommen! So könnte sie so hochwertig planen, wie sie es ursprünglich wollte – und muss dennoch nicht so viel Geld ausgeben. Vorausgesetzt, der Stil passt. Aber eigentlich sah das Foto in der Anzeige gut aus ...

Es gibt nicht die eine, ultimative Art, etwas zu tun, sondern viele Möglichkeiten. Welche du am Ende wählst, ist das Ergebnis eines Abwägungsprozesses und für diesen Prozess spielen die Zahlen eine wichtige Rolle.

Rechne dein Projekt: die Rentabilitätsrechnung[74]

Schauen wir uns noch einmal deine Weltreise an. Du hast alles beisammen, um zu starten und weißt, wohin die Reise gehen soll. Bisher hast du dich jedoch noch nicht mit der Frage beschäftigt, wie viel Geld du unterwegs brauchen wirst. Es reicht ja nicht, eine hochwertige Ausrüstung dabeizuhaben, sondern du musst unterwegs von etwas leben, Unterkünfte und Transport, Sightseeing und Versicherungen finanzieren können.

Ähnlich sieht es bei deinem Projekt aus. Du willst wissen, wie es nach dem Start weitergehen wird, ob das Ganze finanziell funktioniert – sprich, ob du über kurz oder lang wenigstens die Ausgaben oder im besten Fall sogar einen Überschuss erwirtschaftest:

WIE KANNST DU MIT DEINER IDEE GELD VERDIENEN?

- *Welche laufenden Kosten kommen durch die Gründung auf dich zu und kannst du sie stemmen?*
- *Wie viele Einnahmen lassen sich erwirtschaften?*
- *Was musst du an Versicherungen und Steuern einplanen?*
- *Und wirst du eventuell von dem, was du einnimmst, leben können – und zwar ab wann?*

Diese Fragen kannst du nur beantworten, wenn du deine Idee rechnest und zwar mithilfe einer sogenannten Rentabilitätsrechnung. Rentabel heißt lukrativ, sich lohnend, Gewinn bringend. Es geht also um die Wirtschaftlichkeit deiner Geschäftsidee.

Die Rentabilitätsrechnung betrachtet die voraussichtlichen Einnahmen und Ausgaben deiner Gründung und stellt diese systematisch gegenüber. Natürlich weißt du nicht, wie viele KundInnen kommen werden und bei dir kaufen wollen. Das ist der unsicherste Teil deiner Planungen. Zu prognostizieren, wie viele Einnahmen du in ein, zwei oder drei Jahren erwirtschaften wirst, ist schwierig. Aber du kannst Annahmen treffen – und zwar möglichst plausible. Du weißt, welche Aufträge du bereits akquiriert hast und welche du eventuell bekommen wirst. Du kannst überlegen, wie hoch deine Kapazitäten sind und wie viel du dadurch überhaupt anbieten könntest. Wenn du bereits einige Erfahrungen gesammelt hast, weißt du, wie sich deine Einnahmen in den letzten Monaten entwickelt haben und kannst davon ausgehend Prognosen für die Zukunft ableiten. Aber natürlich: Je weiter weg du dich vom Heute entfernst, desto spekulativer werden deine Annahmen.

Das ist nicht tragisch, denn der weitaus interessantere Teil ist die Ausgabenseite. Indem du deinen Kosten auf den Grund gehst, findest du heraus, wie viel du einnehmen müsstest, um deine Betriebskosten, das heißt die Kosten des Projekts selbst, decken zu können. Rechnest du deine Lebenshaltungskosten, Steuern und Versicherungen hinzu, kannst du feststellen, was du einnehmen müsstest, um von deiner Idee leben zu können. Das bedeutet, dass du zwar nicht weißt, was in der Zukunft passieren wird, doch der Zusammenhang zwischen deinem Handeln und deiner zukünftigen finanziellen Situation wird für dich deutlich.

Deine Ausgaben lassen sich relativ präzise ermitteln, indem du dich auf vier Positionen konzentrierst:

1. Was kostet dich dein Projekt selbst, das heißt welche Betriebsausgaben wird es verursachen?

Diese Frage kannst du nur beantworten, indem du anfängst, dir die Umsetzung deiner Idee konkret vorzustellen. Ob und in welcher Höhe du Mietausgaben hast, lässt sich nur beantworten, wenn du für dich klärst, an welchem Standort du tätig wirst. Die Höhe deiner Personalkosten ergibt sich daraus, ob du überhaupt MitarbeiterInnen brauchst, wenn ja, wie viele und welche. Du musst deine Idee konkret planen, um Aussagen über deine zukünftigen Betriebsausgaben zu treffen und so hilft jede Ausgabenposition, deine Überlegungen zu konkretisieren.

2. Was brauchst du privat zum Leben?

Es gibt verschiedene Möglichkeiten, diese Frage zu beantworten. Einen genauen Überblick verschaffst du dir, wenn du eine Weile Buch über deine regelmäßigen Ausgaben führst. Eine andere Möglichkeit ist, das anzusetzen, was du bisher gebraucht hast. Oder du stellst Schätzungen an. Wichtig ist, dass du eine möglichst realistische Zahl ermittelst, um vor unangenehmen Überraschungen gefeit zu sein.

Natürlich wird diese Zahl sehr unterschiedlich ausfallen, je nachdem, in welcher Lebenssituation du dich befindest, ob du in einer Partnerschaft lebst, Kinder hast bzw. welchen Lebensstandard du gewohnt bist.

3. Welche Sozialversicherungskosten musst du einrechnen?

Es gilt zu klären, was du an Kranken-, Renten- und Arbeitslosenversicherungsbeiträgen zahlen wirst. Die Höhe der Beiträge bemisst sich jeweils an deinem Einkommen. Möglicherweise gibt es zudem Verträge, die du weiter aufrechterhalten willst? All das muss mitfinanziert werden.

4. Wie hoch ist die Einkommensteuer?

Auch der Staat will an deinen Einnahmen beteiligt werden – ob du willst oder nicht.

Auch wenn du im ersten Moment zurückschrecken solltest, weil die Zusammenstellung dieser Zahlen einiges an Arbeit bedeutet, gewinnst du eine Menge, wenn du dich mit deinen Zahlen beschäftigst:

Die Zahlen lassen dich den Zusammenhang zwischen deinem Handeln und dem, wie es dir zukünftig wirtschaftlich gehen wird, erkennen. Sie vermitteln dir wertvolles Steuerungswissen: Kennst du deine Zahlen, weißt du genau, wie du deine Preise kalkulieren musst. Du kannst sagen, welche Laden- oder Praxismiete du dir leisten kannst und wie viel du an Steuern und Versicherungskosten ansetzen musst.

Dank deiner Berechnungen weißt du, wie viele KundInnen du mindestens haben musst, um wenigstens deine Kosten zu decken, und wie viele KundInnen, um ein für dich interessantes Einkommen zu erwirtschaften. Du kannst mit unterschiedlichen

Honorarsätzen rechnen und damit herausfinden, wie viele Stunden du bei welchem Honorar arbeiten musst.

Tabellenkalkulationsprogramme wie Excel ermöglichen es dir, in Varianten zu denken: Du könntest eine Rentabilitätsrechnung erstellen für den besten aller Fälle, also eine optimistische Variante mit guten Einnahmen, aber auch eine sehr pessimistische Variante, wenn alles nicht so läuft, wie du es gerne hättest. Wahrscheinlich wird die Wahrheit irgendwo in der Mitte liegen, so dass du auf diese Weise auf realistische Zahlen kommen wirst.

Du kannst eine Variante rechnen, in der du die Lebenshaltungskosten so niedrig wie möglich ansetzt, nach dem Motto: Mit wie wenig komme ich in der Anfangszeit aus – Hauptsache, ich schaffe es, mein Projekt ins Leben zu rufen? Auf lange Sicht willst du dabei bestimmt nicht bleiben. Üblicherweise erstellt man eine Rentabilitätsrechnung für drei Jahre, das heißt du kannst dir im zweiten oder dritten Jahr mehr Einkommen gönnen und schauen, welche Einnahmen du bräuchtest, um das zu finanzieren.

Prüfe dein Verhältnis zu Geld

Welche Preise willst du verlangen? Was ist das wert, was du anbietest?
Wie viel Geld willst du mit deiner Gründung verdienen?
Reicht es dir, nur über die Runden zu kommen oder träumst du
von Reichtum?

Wir sind häufig geneigt, Geld für etwas Sachliches, Unemotionales zu halten. Doch das Gegenteil ist der Fall. Geld ist für jeden Menschen mit einer Fülle von Gefühlen und Bewertungen verbunden. Wir halten Geld entweder für etwas, was uns zusteht, wovon wir immer zu wenig haben oder wir sind LebenskünstlerInnen und finden stets in einer Tasche einen Geldschein. Wir können entweder gut sparen oder sind verschwenderisch. Wir halten Geld für schmutzig oder attraktiv. Wir glauben es zu verdienen oder wir denken insgeheim, wir wären es nicht wert, mehr als das zu haben, was wir jetzt gerade bekommen. In unserem Tun spiegelt sich diese Haltung – bewusst oder unbewusst – wider. Auf wundersame Weise tendieren wir dazu, unsere Glaubenssätze zu realisieren, auch wenn wir glauben, willentlich etwas ganz anderes anzustreben als das, was wir in Wahrheit tun.

Wenn du dein Projekt in die eigenen Hände nimmst, wirst du mit deinem Verhältnis zu Geld konfrontiert, denn du bist verantwortlich für das Managen von Einnahmen und Ausgaben, legst Preise fest und bist aufgefordert, dein Projekt so zu steuern, dass es wirtschaftlich überleben kann. Es ist wichtig, dich damit zu beschäftigen, was du in puncto Geld gelernt hast, denn dann kannst du dich bewusst entscheiden, was du davon beibehalten und was du verändern willst.

Der Grundstein dafür, welchen Stellenwert Geld in unserem Leben einnimmt, wurde in der Regel in unserer Kindheit gelegt. Je nachdem, wie in unserer Herkunftsfamilie mit Geld umgegangen wurde, haben wir verschiedene Haltungen ausgebildet:

– Wir pflegen einen souveränen Umgang mit Geld.
Das heißt, es fällt uns leicht, den Überblick über unsere Finanzen und die Balance zwischen Einnahmen und Ausgaben zu behalten, wir legen Wert darauf, Geld anzusparen und achten darauf, nicht ins Minus zu rutschen. Vielleicht haben wir sogar Freude daran, uns mit Geld zu beschäftigen.

– Wir meiden das Thema oder Geld allgemein.
Wir schauen nicht so genau hin, weil wir uns mit Geld am liebsten nicht beschäftigen möchten. Geld halten wir tendenziell für schmutzig – mit der Konsequenz, dass wir gar nicht so genau wissen, ob oder warum unser Konto im Minus oder Plus ist. Es fällt uns schwer, Geld zu fordern. Manchem rinnt das Geld durch die Finger – kaum ist es da, ist es schon wieder ausgegeben.

– Geld spielt eine große und manchmal bedrückende Rolle.
Für manche Menschen steht Geld bei allen Entscheidungen an erster Stelle. Das hat häufig mit früheren Mangelerfahrungen zu tun, die nun kompensiert werden sollen. Wer so aufgewachsen ist, fühlt sich stets zu schlecht bezahlt oder macht sich ständig Sorgen, weil zu wenig Geld da ist. Das kann selbst dann noch der Fall sein, wenn es mittlerweile von außen betrachtet genug Geld gibt.

Wir tendieren dazu, uns unsere eigenen Überzeugungen immer wieder aufs Neue zu bestätigen. Spürbar wird dies etwa, wenn es um die Höhe unseres zukünftigen Einkommens geht. Je nachdem, welche Erfahrungen wir bisher gemacht haben, glauben wir ein bestimmtes Einkommen zu verdienen. Wir messen das, was wir bekommen, an unseren bisherigen Erfahrungen:

– Wir bescheiden uns schnell, wenn wir es gewohnt sind, mit wenig auszukommen und unser Umfeld auch nur wenig hat.
– Wir fühlen uns schlecht bezahlt, wenn die anderen um uns herum mehr bekommen oder wir in der Vergangenheit selbst mehr hatten.

WIE KANNST DU MIT DEINER IDEE GELD VERDIENEN?

Auch bei Preis- und Honorarverhandlungen spielt das Gefühl für den eigenen Wert eine wichtige Rolle. Was du über dich und das, was du der Welt zu geben hast, wirklich denkst, hat große Bedeutung.

Am Anfang steht oft die Unsicherheit:

Was kann ich nehmen für das, was ich anbiete? Was ist das in den Augen von anderen wert? Wie viel sind die KundInnen bereit zu bezahlen? Vermutlich willst du weder zu wenig nehmen und selbst nicht über die Runden kommen. Noch willst du so viel verlangen, das deshalb alle ablehnen. Aber was ist zu wenig und was ist zu viel? Wie findest du einen Preis für etwas ganz Neues? Und selbst wenn du ein Angebot hast, das auch andere auf dem Markt bereithalten – bist du genauso gut? Kannst du genauso viel nehmen wie sie? Oder ordnest du dich als AnfängerIn ein und nimmst erstmal weniger? Möglicherweise bist du davon überzeugt, dass du viel besser bist als die Konkurrenz: Kannst du dann auch mehr verlangen?

Einerseits kannst du dir durch Recherchen ein Gefühl für das Marktübliche verschaffen und versuchen, dich in das Preisgefüge einzuordnen. Andererseits wirst du über kurz oder lang feststellen, dass du nicht objektiv beurteilen kannst, was der richtige Preis ist, sondern dass dies immer auch Ausdruck deiner Positionierung ist.

Definierst du dich und deine Idee als „High End"-Angebot mit ganz besonderem Wert, wird natürlich von dir auch einiges verlangt – was du bietest, muss dann erkennbar ins Spitzenfeld gehören. Ob die eigentliche Leistung derjenigen, die sich so verkaufen, allerdings wirklich immer spitze ist, sei dahingestellt. Klappern gehört zum Handwerk. Finanziell gewinnt derjenige, der sich zu verkaufen weiß und die anderen davon überzeugen kann, der Beste zu sein.

Preis und Wert sind also nicht unmittelbar aneinandergekoppelt, sondern auch äußere wie innere Faktoren nehmen Einfluss auf den Preis.

Äußere Faktoren sind:
– Marktpreise
– harte Faktoren wie die Güte und Qualität des Angebots
– der Aufwand, den es gekostet hat, das Angebot zu erbringen

Weiche, „innere" Faktoren sind:
– dein finanzieller Hintergrund, also dein bisheriges Einkommen, das Einfluss darauf hat, was du als normal und dir zustehend erlebst

- deine bisherigen Erfahrungen: Mit welchen Summen hast du privat oder beruflich jongliert? Womit bist Du vertraut? Was hast du bei anderen als selbstverständlich erlebt?
- dein Selbstbewusstsein

Deine Preisfestlegung ist zentral beeinflusst durch dein Wertempfinden. Verändert sich dein Gefühl für deinen Wert – zum Beispiel, weil dir ein Auftraggeber eine höhere Bezahlung zugesteht oder weil du dich mit andere Menschen vergleichst und feststellst, dass du genauso gut wie sie bist, aber weniger verdienst – kann dich das anspornen, zukünftig andere Preise zu verlangen.

Nutze Restriktionen produktiv

Geld macht sich häufig durch sein Fehlen bemerkbar – als Restriktion und Hemmschuh: Es fehlt das Geld für notwendige Investitionen. Die Bank verweigert den Kredit. Es fließen weniger Einnahmen als erhofft. Das Geld zum Leben reicht nicht.

> *Wie gehst du mit solchen Restriktionen um? Lässt du dich von diesem Mangel lähmen oder setzt du dich in Bewegung, um Lösungen zu finden?*

Du kannst vieles tun, wenn du feststellst, dass das Geld nicht reicht. Fehlendes Geld kann ein wichtiger Motor sein:

- Du suchst Menschen, die in dein Projekt investieren.
- Du unternimmst möglichst viel, um mehr Menschen auf dich und dein Angebot aufmerksam zu machen.
- Du überlegst, wer dir eventuell einen Auftrag geben könnte.
- Du engagierst dich aktiv in Netzwerken und pflegst deine Kontakte.
- Du kreierst neue zusätzliche Angebote und wendest dich an alte oder neue Auftraggeber.

Für viele ist es sehr schwer sich zu bewegen, wenn sie gerade knapp bei Kasse sind und ihnen das Wasser bis zum Hals steht. Hoher Druck bedeutet häufig Kompetenzverlust und manchmal hektische Betriebsamkeit oder Lähmung. Wer das Gefühl hat, über keine Ressourcen zum Handeln mehr zu verfügen, versinkt schnell in Lethargie.

WIE KANNST DU MIT DEINER IDEE GELD VERDIENEN?

Daher ist es wichtig, den Kopf nicht in den Sand zu stecken und zu schnell aufzugeben. Wenn du eine tolle Idee hast, ist sie es wert, geplant und gedacht zu werden – auch wenn du noch nicht weißt, wo das nötige Geld herkommen soll.

Geh deine Möglichkeiten noch einmal durch:

- *Kannst du Menschen dazu bewegen, in dein Projekt einzusteigen?*
- *Kannst du per Crowdfunding Geld akquirieren?*
- *Kannst du alles eine Spur kleiner angehen und das nötige Geld mit der Zeit erwirtschaften?*

BEISPIEL:

Herbert Funke und Philipp Will haben zusammen Fahrzeugtechnik studiert und im Rahmen ihrer Diplomarbeit an Plänen für einen Sportwagen gearbeitet – den Yes Roadster. Mit dem Diplom in der Tasche träumten sie davon, den Wagen einmal zu bauen, jedoch ohne über die nötigen finanziellen Mittel zu verfügen. Mutig schrieben sie 40 große Automobilhersteller an, erzählten von ihrem Wunsch und bekamen von vielen Seiten Unterstützung. Der Yes Roadster konnte gebaut werden, wurde auf der IAA Automobilmesse ausgestellt und die Erfinder bekamen allein auf der IAA 1999 30 Aufträge.[75]

Wie man an diesem Beispiel sieht, kann Geldmangel manchmal sogar nützlich sein, um auf neue Ideen zu kommen oder vorhandene endlich umzusetzen. Klingt ein bisschen provokativ – und doch gibt für viele gerade der Blick auf das leere Konto und die daraus resultierende Notwendigkeit zu handeln, den Anstoß, Pläne endlich anzugehen. Während Bedenken vorher das Denken dominierten, steht auf einmal der Zwang, etwas machen zu müssen, im Vordergrund. Geldmangel kann die notwendige Energie zum Handeln bereitstellen, plötzlich spielen die diversen inneren Hürden keine so große Rolle mehr. Wenn du dir deine inneren Blockaden sprichwörtlich nicht mehr leisten kannst, kann das den entscheidenden Kick zum Handeln geben.

Gleichzeitig kann auch gut abgesichert zu sein lähmend wirken. Wer viel zu verlieren hat, tut sich mitunter schwer, etwas zu riskieren. Wer das Geld hat, um tun und lassen zu können, was er möchte, muss sein Handeln auch auf die eigene Kappe nehmen. Es klingt paradox, aber es kann auch eine Erleichterung sein, sagen zu können: „Ich muss mit dem aktiv werden, was da ist. Mehr Ressourcen habe ich nicht. Und wenn es dann nicht klappt, liegt es auch daran, dass mir das nötige Kleingeld fehlte, um es größer anzugehen." Steht aber genug Geld zur Verfügung, um alles perfekt machen zu können, muss man ein mögliches Scheitern selbst verantworten. Wer könnte, aber dennoch nicht handelt, hat oft innere Beweggründe, die ihn am Handeln hindern, die viel ausschlaggebender sind als Geld.

BEISPIEL:
Wer einen Ehepartner hat, der so viel Geld verdient, dass ein eigener Verdienst immer nur Taschengeld-Charakter haben wird, fühlt sich im besten Fall frei, alles Mögliche einfach auszuprobieren – schließlich wirkt sich ein Scheitern nicht negativ auf das Familieneinkommen aus. Im schlechtesten Fall aber heißt es: „Wieso willst du das überhaupt machen? Das klappt wahrscheinlich sowieso nicht. Und wir brauchen das ja auch gar nicht!" Dagegen anzukommen ist schwer.

Wer genug Geld hat, um eigene Pläne einfach zu verwirklichen oder nicht arbeiten zu müssen, steht vor ganz anderen Herausforderungen als derjenige, der handeln muss, um den eigenen Lebensunterhalt zu verdienen. Arbeit schafft Sinn und Alltagsstruktur. Wer ohne diesen „Zwang" ist, steht plötzlich vor der Herausforderung, sich einen eigenen Lebenssinn zu schaffen. Wer genug Geld hat, alles tun zu können, was er will, hat den Zwang zur Wahl, was er denn mit diesem Geld tun soll. Wer Großes bewegen könnte, steht eventuell unter dem moralischen Druck, nun vielleicht auch Großes bewegen zu müssen.

Das mag für denjenigen, dessen Leben seit jeher durch Geldmangel bestimmt wird, zynisch klingen. Doch kann eine Verknappung von Möglichkeiten gleichzeitig durchaus Entlastung bedeuten. Schon die Auswahl zwischen 30 verschiedenen Marmeladensorten ist schwer – wie schwer ist dann erst der sinnvolle Umgang mit einem Vermögen.

Finanzielle Zwänge können somit sogar die Legitimation zum Handeln liefern.

Äußere Zwänge

Eine ähnlich bewegungserzeugende Wirkung können äußere Zwänge entfalten: der Druck vonseiten der Arbeitsagentur oder der Bank, elterliche Anforderungen oder eine Trennung. Mitunter wird durch äußere Rahmenbedingungen ein solcher Druck aufgebaut, dass Menschen sich auch gegen große innere Widerstände bewegen müssen. Das ist keine angenehme Erfahrung. Doch manchen tut es dennoch gut, wenn etwas sie zwingt, sich zu klären, Ergebnisse zu produzieren und Schritte nach vorne zu machen.

Doch gilt das nicht für jeden. Manche Menschen hingegen blockieren unter Druck total. Nur wenn die Möglichkeit des Handelns latent immer vorhanden war und nur durch Zweifel, mangelndes Selbstbewusstsein und Unsicherheit blockiert war, kann Druck eine Initialzündung liefern.

5

UNTERNEHMERIN WERDEN:
DIE PERSÖNLICHE SEITE DES GRÜNDENS

SUCCESS IS LIKING YOURSELF,
LIKING WHAT YOU DO
AND LIKING HOW YOU DO IT.

MAYA ANGELOU

> DER BESTE WEG, DIE ZUKUNFT VORHERZUSAGEN, IST,
> SIE SELBST ZU KREIEREN.
> WILLY BRANDT

1. LERNE UNTERNEHMERISCH ZU DENKEN UND ZU HANDELN

Deine Idee hat Potenzial. Du willst sie verwirklichen, wie groß oder klein auch immer. Du bist inspiriert von deiner Idee. Und du hast den Wunsch, dich selbstständig zu machen.

> *Aber fühlst du dich auch in der Lage dazu? Wird die Gründung dich glücklich machen? Hast du die notwendigen Fähigkeiten, um deine Idee erfolgreich zu verwirklichen? Stimmen deine Vorstellungen über das UnternehmerIn-Sein? Was bedeutet es, DEINE Idee zu verwirklichen?*

Wer gründet, betritt neues Terrain. Und immer, wenn wir etwas Neues beginnen, gehen wir ein Wagnis ein. Wie sollen wir wissen, ob wir Fallschirmspringen können, wenn wir es nicht versuchen, uns mit den Voraussetzungen dafür beschäftigen und im besten Fall einen Sprung wagen?

Im folgenden Kapitel geht es darum, genauer herauszufinden, was es bedeutet, UnternehmerIn zu sein.

Start-up, Entrepreneur & Co.: Eine neue Szene ist entstanden

> *Wie verstehst du dich? Als Start-up oder EntrepreneurIn? Als GründerIn oder FreiberuflerIn? Als Honorarkraft oder als KleinunternehmerIn? Als UnternehmerIn?*

Erst in den letzten 10 bis 15 Jahren hat sich das Verständnis von Selbstständigkeit um eine Vielzahl neuer Optionen erweitert. Die meisten Menschen haben im Bekanntenkreis jemanden, der sich selbstständig gemacht hat – mit einer psychotherapeutischen Praxis, Coaching, Stilberatung, einem Versandhandel, einem Blog, einem Pferdehof oder als SprachlehrerIn. Selbstständigkeit ist zu einer selbstverständlichen Möglichkeit geworden – und häufig sind dies Selbstständigkeiten, die nicht länger dem klassischen Unternehmerbild entsprechen. So richtig fällt dies aber vielen Menschen erst auf, wenn sie selbst anfangen, sich mit dem Thema Selbstständigkeit zu beschäftigen.

Das variierende Selbstverständnis der GründerInnen hat ganz unterschiedliche Gründungsszenen hervorgebracht:
– Da gibt es die SologründerInnen mit wenig kapitalintensiven Dienstleistungsgründungen, Gründungen, die aus eigenen Kompetenzen und Träumen erwachsen. Typischerweise tun sich viele dieser GründerInnen schwer, sich als „UnternehmerIn" zu definieren. Das Wort ist ihnen häufig zu groß. Sie verstehen sich als Honorarkraft, als selbstständig oder als FreiberuflerIn. Sie haben zwar ein Unternehmen gegründet, doch sich selbst als UnternehmerIn zu sehen, kommt ihnen häufig komisch vor.
– Eine andere Gruppe von GründerInnen ist inspiriert von den Möglichkeiten des Internets und träumt von skalierbaren Geschäftsmodellen. Typischerweise findet man sie in der Start-up-Szene und sie fühlen sich als Teil dieser Kultur. Teilweise wurden sie bereits in der Uni mit der Möglichkeit konfrontiert, etwas Eigenes auf die Beine zu stellen. Sie träumen von einer Geschäftsidee, die so schlüssig ist, dass sie via Internet innerhalb kürzester Zeit „explodiert". Der typische Start-up-Unternehmer ist zumeist jung, gut ausgebildet, häufig männlich und anders als ältere GründerInnen mit den Möglichkeiten von Internet und sozialen Medien groß geworden. Diese sogenannten Digital Natives verfügen mit erheblich größerer Selbstverständlichkeit als die Älteren über die entsprechenden Medienkompetenzen.
– Und natürlich gibt es nach wie vor die „klassischen" Gründungen – das Einzelhandelsgeschäft, die Ärztin oder den Handwerker, und diejenigen, die ein (großes) Unternehmen geerbt haben und in den Fußstapfen einer langen Familientradition stehen. Sie können häufig auf etablierte Strukturen und gewachsenes Know-how zurückgreifen. Und dennoch: Um sich wirklich freizuschwimmen und das eigene Ding machen zu können, müssen auch sie einen persönlichen Wachstumsprozess durchlaufen.

THE PAIN OF YESTERDAY IS THE STRENGTH OF TODAY.
PAULO COELHO

2. ÄNGSTE HABEN ALLE

Für die meisten GründerInnen geht es beim Schritt in die Selbstständigkeit um die erste Gründung und damit eine aufregende Reise in unbekanntes Terrain. Manche gründen zum zweiten Mal, weil es beim ersten Mal nicht geklappt hat. Wenige sind sogenannte Serial Entrepreneurs, also MehrfachgründerInnen.

Wenn wir etwas NEUES tun, können wir nicht sicher sein, was auf uns zukommt. Ist es der Sprung in die lang ersehnte Freiheit, in Wohlstand und Zufriedenheit? Oder der Beginn eines aussichtslosen Unterfangens, an dessen Ende Scheitern steht?

Wir sind aufgeregt, voller Hoffnung und Spannung. Wir schwanken zwischen Lust und Inspiration und Sorge und Angst, dass unsere Kompetenzen und persönlichen Fähigkeiten nicht reichen.

Welche Befürchtungen beschäftigen GründerInnen?
– Ich habe zu wenig Erfahrung.
– Ich hatte noch nie einen richtigen Beruf.
– Ich habe keine Branchenerfahrung.
– Ich bin zu jung/zu alt.
– Ich habe keine Führungserfahrung.
– Ich kann nicht verkaufen.
– Ich kann mich nicht verkaufen und gut präsentieren.
– Ich kenne mich nicht mit kaufmännischen Angelegenheiten aus.
– Ich habe Angst vor anderen Leuten zu sprechen und Vorträge zu halten.
– Ich bin niemand, den alle gleich toll finden.
– Ich kann mich nicht gut ausdrücken.
– Ich komme aus einer Arbeiterfamilie.
– In meiner Familie war noch nie jemand selbstständig.
– In meiner Familie war schon einmal jemand selbstständig und ist mit seiner Idee gescheitert.
– Ich bin nicht cool und smart.
– Ich bin in Gruppen nicht beliebt.
– Ich bin nicht gut genug.
– Ich bin Allrounder. Ich kann nichts richtig gut.
– Was ich kann, ist langweilig. Das kann doch jeder. Das ist nichts Besonderes.

- Ich habe zwar eine tolle Idee, aber ich kann andere nicht überzeugen.
- Mir fällt es schwer, auf andere zuzugehen.
- Ich kann nicht gut schreiben.
- Ich war in Mathe schlecht.
- Ich kann nicht gut mit Zahlen und Geld umgehen.

Hast du dich in dem einen oder anderen Satz wiedererkannt? Sind das die Ängste, die dich schon in der Vergangenheit an neuen Schritten gehindert haben?

Du kannst beruhigt sein: Ängste haben alle. Sie tauchen dann auf, wenn du etwas Neues im Leben tun willst. Wir alle haben Ängste, die für uns typisch sind und die weniger etwas mit dem zu tun haben, was wir tun wollen, sondern die sich immer dann einstellen, wenn wir etwas Neues tun wollen. Deine Ängste können Hinweise auf mögliche Stolpersteine für dein Vorhaben sein. Sie können aber auch einfach die Begleitmusik jeglicher Veränderung in deinem Leben sein.

Es lohnt sich, dich konstruktiv mit deinen Bildern über dich selbst auseinanderzusetzen. Du wirst mit der Zeit feststellen, wo deine Ängste Indikatoren sind, dass du noch etwas lernen musst, um erfolgreich weiterzugehen. Oder du merkst mit der Zeit, dass du keine perfekte „Lichtgestalt" sein musst, um dein Projekt erfolgreich zu realisieren. Wichtig ist, dass du überprüfst, was dich wirklich aus der Bahn werfen könnte und was gar nicht wichtig ist.

So oder so: Du bist in der Lage, dich erfolgreich selbstständig zu machen – egal, welche Ängste du in der obigen Liste entdeckt hast –, wenn du drei Dinge beherzigst:
1. **Du planst deine Selbstständigkeit anhand deiner Stärken.**
2. **Du WILLST dich selbstständig machen und stellst dich dem, was sich als Hindernis auftut, denn es gibt immer Lösungen.**
3. **Du möchtest wirklich SELBSTSTÄNDIG, das heißt selbstverantwortlich sein.**

Wie kann ich das behaupten, ohne dich zu kennen?

Es ist dein Wille, der dafür sorgt, dass du Hindernisse überwindest, Fehlendes lernst und Schwierigkeiten bewältigst. Für Punkte, die sich nicht auf Anhieb als lösbar erweisen, wirst du neue Wege finden – vorausgesetzt, du bist hartnäckig genug, nach Rückschlägen wieder aufzustehen und nach neuen Lösungen zu suchen.

Der Kern deiner Leistung sollte etwas sein, was dir Spaß macht und was dir irgendwann leicht von der Hand geht. Auch in dieser Hinsicht darfst du Lernender sein. Aber ich wünsche dir, dass du dich mit etwas selbstständig machst, was irgendwann fließt und dir nach einer Anfangszeit des Lernens leichtfällt. Sonst bedeutet deine Selbstständigkeit permanente Anstrengung für dich.

ÄNGSTE HABEN ALLE

WICHTIG IST, DASS DEINE GESCHÄFTSIDEE DAS, WAS DU WIRKLICH GUT KANNST, IN DEN VORDERGRUND STELLT. DU WIRST MIT SICHERHEIT AUF TÄTIGKEITEN UND ASPEKTE IN DEINER SELBSTSTÄNDIGKEIT STOSSEN, DIE DICH HERAUSFORDERN UND DICH ZUM WACHSEN EINLADEN. DAS BEDEUTET, ES WIRD DINGE GEBEN, DIE DIR SCHWERFALLEN ODER DIE DU (NOCH) NICHT KANNST. DAS IST NICHT SCHLIMM, WENN SIE NICHT DEINE EIGENTLICHE KERNLEISTUNG BETREFFEN. ALLES ANDERE LÄSST SICH LERNEN ODER AN MITARBEITERINNEN ODER DIENSTLEISTER DELEGIEREN.

Es geht um Passung. Du kannst eine tolle Unternehmerin werden, wenn dir die Kommunikation mit anderen schwerfällt – vorausgesetzt, deine Kernleistung besteht nicht aus Kommunikation. Wenn du reparierst, entwickelst und konzipierst, musst du nicht DER Redner sein. Falls du es aber hasst, alleine am Schreibtisch zu arbeiten und dir der Kontakt mit anderen leichtfällt, brauchst du eine Gründung, wo du viel mit anderen zu tun hast.

Auch die Rahmenbedingungen, die du dir für deine Selbstständigkeit schaffst, spielen eine große Rolle. Für die einen ist es Gift, zu Hause alleine im Homeoffice zu sitzen und über den nächsten unternehmerischen Schritt nachzugrübeln. Um voranzukommen, brauchen sie geradezu eine Bürogemeinschaft und andere um sich herum, um sich über Fragen austauschen zu können. Für andere hingegen ist es ein Segen, endlich in Ruhe und alleine arbeiten zu können.

Es ist noch kein Meister vom Himmel gefallen

Willst du dich mit etwas selbstständig machen, bei dem du noch über zu wenig Praxiserfahrung verfügst, ist es wichtig, dass du dir einen Rahmen schaffst, in dem du üben kannst, gleichzeitig aber auch Feedback bekommst. So lange, bis du dich sicher fühlst. Denn es ist ausgesprochen schwer, etwas zu verkaufen, wovon du selbst (noch) nicht überzeugt bist.

ES IST NICHT SCHLIMM, DASS DU AM ANFANG VIELES NICHT KANNST UND NICHT WEISST. DAS WICHTIGSTE IST, DU GEHST LOS UND FINDEST HERAUS, WAS DU DAVON KÖNNEN SOLLTEST. SCHWIERIG SIND LÜCKEN NUR DANN, WENN MAN SIE VERDRÄNGT, SICH DAVOR DRÜCKT ODER SICH IHRER GAR NICHT BEWUSST IST. DENN DAMIT SIND PROBLEME VORPROGRAMMIERT.

Suche dir Übungsklienten, wenn du neue Aus- oder Fortbildungen gemacht hast und noch nicht weißt, ob du das, was du gelernt hast, gut und richtig anwenden kannst.

DIE PERSÖNLICHE SEITE DES GRÜNDENS

Wenn du neue Produkte entwickelst und nicht weißt, ob sie funktionieren, teste sie. Wenn dich deine mangelnden EDV-Kenntnisse verunsichern, besuche einen der zahlreich angebotenen Kurse oder bilde dich online oder autodidaktisch fort. Ein Gründungsseminar wird dich mit Grundwissen über kaufmännische Dinge versorgen.

Nehmen wir an, du bist der Meinung, nicht verkaufen zu können. Kannst du dich trotzdem erfolgreich selbstständig machen? Du hast mehrere Möglichkeiten: Du lernst es ganz praktisch, indem du ausprobierst, DEINS an den Mann/an die Frau zu bringen. Meine Erfahrung ist, dass viele Menschen IHR EIGENES verkaufen können, auch wenn sie keine geborenen VerkäuferInnen sind – einfach deshalb, weil sie sich mit dem, was sie in die Welt bringen wollen, identifizieren.

Oder du absolvierst ein Verkaufstraining. Du lernst Strategien. Du beschäftigst dich mit deinen Meinungen übers Verkaufen. Du übst.

Oder du findest Möglichkeiten, dich ganz ums direkte Verkaufen zu drücken, indem du netzwerkst, Mails schreibst, dich im Internet präsentierst und Menschen einlädst, auf dich zuzukommen. Das dauert zwar länger, funktioniert aber ebenfalls.

Oder du stellst MitarbeiterInnen ein bzw. beauftragst Agenten oder Manager, Vertriebsleute und andere Menschen, die für dich verkaufen. Oder oder oder ...

Sich selbstständig machen heißt nochmal erwachsen werden

Sich selbstständig zu machen bedeutet, selbstverantwortlich zu sein – wenn es gut läuft, aber auch dann, wenn es schwierig wird.

Es braucht den Willen, sich Hindernissen zu stellen. Wer Unangenehmes verdrängt, wird über kurz oder lang mit einem Berg Unerledigtem dastehen, der alles noch schlimmer macht. Wahrscheinlich kennst du das Gefühl, dir am liebsten die Decke über den Kopf ziehen zu wollen, weil dir im Augenblick keine Lösung einfällt, weil etwas schwierig ist oder du Sorge hast, etwas nicht zu schaffen. Das einen Tag lang zu tun, ist völlig o.k. – solange du am nächsten Tag wieder aufstehst. Denn Probleme lösen sich in der Regel nicht einfach in Luft auf. Leider klären sich nur die wenigsten Dinge durch Liegenlassen.

Der Wille, sich Herausforderungen zu stellen, führt zu Lösungen. Irgendeine Lösung gibt es meistens – vorausgesetzt, du suchst danach: Du fragst, du denkst, du recherchierst, du stellst dich. Hauptsache, du steckst nicht den Kopf in den Sand!

Das schließt inhaltlich alles ein, was auftauchen kann.

SICH SELBSTSTÄNDIG MACHEN HEISST NOCHMAL ERWACHSEN ZU WERDEN.

Es bedeutet, so viel Wissen über Strukturen und Rahmenbedingungen zu erwerben, dass du verstehst, in welchem Setting du dich bewegst.

Sich selbstständig machen bedeutet, Verantwortung zu übernehmen – für dich selbst, für dein Projekt und für die Menschen, die du einbindest.

> ENTREPRENEURSHIP IST, ALS WENN MAN MIT EINEM BOOT AUF HOHER SEE IM NEBEL EINE SCHATZINSEL FINDET, AN DER ALLE ANDEREN BISHER VORBEIGEFAHREN SIND.
> ISRAEL M. KIRZNER, PROFESSOR OF ECONOMICS, NEW YORK UNIVERSITY[76]

3. UNTERNEHMERBILDER UND -WIRKLICHKEITEN

Kann sich jeder selbstständig machen – vorausgesetzt, die Idee ist gut? Welche Rolle spielt der subjektive Faktor, die Persönlichkeit hinter der Gründung?

Unternehmereigenschaften

Frage ich in Seminaren angehende UnternehmerInnen, welche Eigenschaften sie für wichtig halten, um sich erfolgreich selbstständig zu machen, beginnen sie zunächst zögerlich, dann aber immer enthusiastischer, Listen anzufertigen: Kontaktfreude, Intelligenz, Flexibilität, Frustrationstoleranz, Leidenschaft, Ausdauer, Fleiß, Anstrengungsbereitschaft, Kompetenz in Sachen Zahlen, Steuern und Gesetzen, Fachkompetenz usw. Meist geraten sie in Fahrt, die Diskussion wird angeregt und die Liste immer länger. Am Ende entsteht dann regelmäßig ein Profil, das kein Mensch mehr erfüllen kann, sozusagen das Idealbild des beruflich erfolgreichen, psychisch stabilen, immer einsatzbereiten Menschen. Interessanterweise sind die dabei geforderten Eigenschaften fast deckungsgleich mit Listen, die man als Stellenausschreibung für eine gehobene Position, eventuell mit Führungsverantwortung, formulieren würde.

Vergleicht man diese Listen mit den realen Eigenschaften von realen Personen – seien es beruflich erfolgreiche Führungskräfte oder UnternehmerInnen – zeigt sich, dass diese einen Teil der Eigenschaften (aber unterschiedliche!) wirklich aufweisen. Doch auf keinen Fall alle! So wie eine Stellenausschreibung den idealen Kandidaten beschreibt und jeder real existierende Bewerber im Regelfall einen inneren Dialog führt – „Ja, das kann ich. – Na ja, das kann ich so halbwegs. – Nein, das habe ich gar nicht." –, so gilt dies auch für real existierende UnternehmerInnen. Auch sie sind keine perfekten Menschen.

Selbstständige, die gut und erfolgreich in ihrer Selbstständigkeit sind, machen Dinge gut und richtig, keine Frage. Sie sind fachkompetent, nett, fleißig und frustrationstolerant oder gründlich und genau. Aber sie sind keine Übermenschen. Wie alle anderen Menschen auch, haben sie ihre menschlichen Schwächen: Der eine macht nur selten etwas zu Ende, der andere ist unordentlich, der Dritte macht wichtige Dinge erst unter großem Zeitdruck, der Vierte leistet es sich schon mal unfreundlich zu sein, ist aber so gut, dass ihm das verziehen wird. Viele leisten sich sogar ganz erhebliche Schwächen und Macken und vermutlich wären sie ohne diese viel erfolgreicher. Doch sie leisten genug, so dass sie über die Runden kommen.

Glaube also nicht, du müsstest als wandelnde Lichtgestalt durch die Gegend laufen, um dich erfolgreich selbstständig zu machen. Viele Dinge wirst du erst mit der Zeit lernen. Die meisten Menschen starten in die Selbstständigkeit und eignen sich sukzessive die Fähigkeiten an, die sie brauchen. Es kann der Segen der ersten auftragsarmen Zeit sein, dass du noch Gelegenheit hast, dich um grundlegende Dinge und das Aufbauen von Strukturen zu kümmern.

Die Unternehmerpersönlichkeit in der Forschung

Aber muss man nicht eine Unternehmerpersönlichkeit haben, um sich erfolgreich selbstständig zu machen? Schließlich enthält (fast) jeder Gründungsratgeber ein Kapitel zu diesem Thema und sowohl Kapitalgeber als auch BeraterInnen beschwören, dass es besonders auf die Persönlichkeit der GründerIn ankommt.

Was sagt die Forschung zu diesem Thema?

Die Wissenschaft ist sich nicht nur uneinig darin, ob es eine Unternehmerpersönlichkeit gibt, sondern auch darüber, wie groß der Einfluss der Person auf den Geschäftserfolg ist. Während die einen das „Persönlichkeitsprofil des Existenzgründers als die grundsätzliche und zugleich wichtigste Voraussetzung für den unternehmerischen Erfolg" ansehen[77], billigen die anderen der Persönlichkeit nur etwa ein Viertel des Gründungserfolgs zu.[78] Und wiederum andere sehen unternehmerischen Erfolg als Wechselspiel zwischen Persönlichkeit und situativen Faktoren wie der Unternehmensbranche, Marktsituation, Kapitalausstattung usw.[79]

Studien, die die Unternehmerpersönlichkeit erforschen, sind der differentiellen Psychologie zuzurechnen, das heißt dem Teil der Psychologie, der sich mit den Unterschieden zwischen Menschen beschäftigt. Gemeinsam ist den verschiedenen Studien, dass man versucht, Bündel von Eigenschaften zu erfassen, die UnternehmerInnen deutlich von anderen Personengruppen unterscheiden. Ziel ist es, ausfindig zu machen, ob bestimmte Menschen eher dazu prädestiniert sind, sich selbstständig zu machen als andere. Gleichzeitig möchte man herausfinden, ob bestimmte Eigenschaften es wahrscheinlicher machen, dass Menschen erfolgreich gründen. Auch die Gründungs- und Berufsforschung hat sich mit dem gleichen Thema beschäftigt.

Welche Befunde liefern die Studien?

Ausgangsressourcen erleichtern das Gründen.

Menschen mit höherer Bildung, in mittleren Altersklassen, mit einschlägiger Berufserfahrung und mit Eltern, die eigene unternehmerische Erfahrungen erworben haben, machen sich häufiger selbstständig.[80]

Je nach Branche sind andere Faktoren wichtig.

Zum Teil haben die GründerInnen in den Seminaren Recht. Fred Müller, Arbeitspsychologe an der Universität Landau, der sich mit der Bedeutung der Persönlichkeit des Gründers für den Erfolg der Gründung beschäftigt hat, hat folgende Eigenschaften als wichtige Erfolgsfaktoren herauskristallisiert:

- Streben nach Leistung
- Unabhängigkeit
- emotionale Stabilität
- Kreativität
- Durchsetzungskraft
- Anpassungsbereitschaft

Kognitive Fähigkeiten (sprich: Klugheit) sind wichtig, um mit der Unstrukturiertheit von Arbeitssituationen umzugehen und Risiken angemessen einschätzen zu können.[81] Müller differenziert in seiner Studie zwischen:

- distanziertem Leistungstyp
- rationalem Ausdauertyp
- ideenreichem Akquisitionstyp
- kontrolliertem Machttyp
- ich bezogenem Aktivitätstyp

DIE PERSÖNLICHE SEITE DES GRÜNDENS

Nicht ein und dasselbe Eigenschaftenprofil zeichnet UnternehmerInnen aus, sondern verschiedene Merkmalsausprägungen. Müller glaubt, dass je nach Branche und Arbeitsfeld andere Eigenschaften notwendig sind, um erfolgreich zu sein.

UnternehmerInnen sind offener für Erfahrungen, extrovertierter und risikofreudiger als Angestellte.

Das Deutsche Institut für Wirtschaftsforschung (DIW) in Berlin hat das Konzept der sogenannten Big Five zugrunde gelegt, um Zusammenhänge zwischen Gründungsneigung, unternehmerischem Erfolg und Persönlichkeit zu erforschen. Die Big Five sind fünf Persönlichkeitsmerkmale – emotionale Stabilität, Extraversion, Offenheit für Erfahrungen, Verträglichkeit und Gewissenhaftigkeit –, die in der psychologischen Forschung als relativ stabil gelten. Selbstständige unterschieden sich von Angestellten laut Studie durch höhere Werte in den Merkmalen Offenheit für Erfahrungen, Extraversion und emotionale Stabilität. Demgegenüber wiesen sie niedrigere Werte in puncto Verträglichkeit auf.

Laut der oben zitierten Studie glauben Selbstständige, „wesentlich stärker, dass ihr beruflicher Erfolg vor allem von ihnen selbst und weniger von äußeren Umständen bestimmt wird. Psychologen nennen das internale Kontrollüberzeugung.[82] Hohe Werte bei Risikobereitschaft, der Kontrollüberzeugung und beim Vertrauen in andere Menschen begünstigen die Entscheidung, sich selbstständig zu machen. Interessanterweise kam die gleiche Studie zu dem Ergebnis, dass Menschen mit besonders großer oder besonders niedriger Risikofreude weniger erfolgreich sind. Dieses Resultat widerspricht eher klassischen Unternehmerbildern, die hohe Risikobereitschaft als Voraussetzung einer Gründung ansehen.

Motivation, Einstellungen und eigene Vorstellungen spielen eine Rolle.

Unsere Persönlichkeit ist nicht nur durch stabile Eigenschaften bestimmt, auch Ideen und Vorstellungen spielen bei der Ausrichtung des Handelns eine große Rolle.

Persönliche Eigenschaften sind unterschiedlich wichtig, je nachdem, wie strukturiert-bekannt oder neuartig-diffus eine Situation ist. In Bereichen, in denen man sich auskennt, in sogenannten starken Situationen, das heißt subjektiv wohlbekannten, eindeutigen und kognitiv relativ gut strukturierbaren Situationen, sind sie weniger relevant.

In neuartigen, mehrdeutigen und kognitiv kaum überschaubaren Situationen spielen persönliche Eigenschaften hingegen eine wichtige Rolle. Das ist eine Gründung par excellence. Wer sich selbstständig macht, betritt Neuland und kreiert notwendigerweise eigene Wege, muss sich also mit Unerwartetem und Komplexen auseinandersetzen. Belege deuten darauf hin, dass GründerInnen tatsächlich ein höheres Maß an Ambiguitätstoleranz aufweisen.[83]

UnternehmerIn-Sein ist eine Geisteshaltung.

„Essence of Enterprise" nennt sich eine im Jahr 2016 veröffentlichte weltweite Studie, die sich mit der Frage beschäftigt hat, inwieweit sich UnternehmerInnen von anderen Menschen unterscheiden. Wesentliches Ergebnis: UnternehmerIn-Sein ist nicht nur ein wirtschaftliches Tun, sondern eine Geisteshaltung.

Dabei zeigten sich interessante Unterschiede zwischen älteren und jüngeren GründerInnen. Die ältere Generation setzte mehr auf Eigenverantwortung, beschäftigte weniger MitarbeiterInnen und generierte weniger Umsatz. Die GründerInnen der Generation Y setzen hingegen auf Kooperation und Teams. Sie hatten im Durchschnitt viel größere Mitarbeiterzahlen und erwirtschafteten mehr Umsatz.[84]

Auch in dieser Studie wurden Typen definiert: Pathfinders (Pfadfinder), Trailblazers (Vorreiter), Game Changers (Spielveränderer) und Lifestylers (Lebensstil-Orientierte). Pathfinder wollen ihren beruflichen Erfolg selbst in die Hand nehmen. In Deutschland gehören 42 Prozent zu dieser Gruppe. Dagegen wollen Game Changer mit ihrer Gründung neue Akzente setzen und Einfluss auf die Gesellschaft nehmen; hierzu zählen in Deutschland 19 Prozent der GründerInnen.

Aus der gleichen weltweiten Studie stammt der folgende, sehr interessante Vergleich, der die Werte von deutschen GründerInnen mit denen von anderen GründerInnen auf der ganzen Welt abgleicht. Sichtbar wird hier darüber hinaus, dass sich die Werte mit steigendem Lebensalter verändern.[85]

Geschäftsinhaber wurden gebeten, die folgenden Punkte nach Wichtigkeit zu ordnen. Tabellarisch aufgelistet sind die Nennungen mit der höchsten Wichtigkeit.

Wichtigkeit für Geschäftsinhaber	Unternehmer bis 35 Jahre in Deutschland	Unternehmer ab 55 Jahre in Deutschland	Unternehmer bis 35 Jahre weltweit	Unternehmer ab 55 Jahre weltweit
Finanzielle Sicherheit	25 %	46 %	22 %	46 %
Soziale Verantwortung	21 %	6 %	11 %	5 %
Gute Geschäftsführung	14 %	22 %	11 %	17 %
Zeit mit der Familie	14 %	7 %	12 %	10 %
Verantwortung für die Umwelt	8 %	1 %	6 %	2 %
Aktive Rolle in der Gesellschaft	8 %	3 %	7 %	4 %
Schaffung Jobs und Wohlstand	8 %	9 %	11 %	8 %
Maximierung Shareholder Value	4 %	3 %	10 %	3 %
Zusatzleistungen für Mitarbeiter	1 %	1 %	10 %	5 %

DIE PERSÖNLICHE SEITE DES GRÜNDENS

Nonkonformismus begünstigt das Unternehmertum.

Eine schwedische Studie kam mithilfe einer Längsschnittuntersuchung zu verblüffenden Ergebnissen: Man entdeckte, dass spätere UnternehmerInnen sich schon in Kindheit und Jugend durch regelwidriges Verhalten hervorgetan hatten. Sie schwänzten häufiger die Schule, missachteten elterliche Gebote, nahmen öfter Drogen – alles in eher harmlosem Umfang, der keinen Einfluss auf die Kriminalitätsrate nahm. Die Forscher folgerten daraus: „Für Unternehmensgründer ist es entscheidend, Innovation und Visionen zu verwirklichen. Um diese ungewöhnlichen und risikobehafteten Wege gehen zu können, gibt es oft eine Nähe zu Nonkonformismus. Dieser Mut zum Ungewöhnlichen und zum Neuen könnte seine Entwicklungsvorläufer im regelwidrigen Verhalten in der Jugend haben. Wie die Daten nahelegen, führt ein rebellierendes Verhalten gegen gesellschaftlich akzeptierte Normen in der Jugend und ein frühes Infragestellen von Grenzen nicht unbedingt zu kriminellen und antisozialen Karrieren, sondern kann durchaus die Grundlage für späteren produktiven und sozial-verträglichen Unternehmergeist sein«, so Dr. Obschonka. Eine Risikoneigung, die sich schon in der Jugend zeigt, spiele dabei eine wichtige Rolle für die späteren Entwicklungen.[86]

UnternehmerInnen werden erfolgreich durch „deliberate practice", sprich zielgerichtetes Üben.

Robert Baron und Rebecca Henry von der Oklahoma State University untersuchten, wie UnternehmerInnen die herausragenden Qualitäten erwerben können, die sie für den Erfolg ihrer Gründung benötigen. Sie kamen zu dem Schluss, dass der Erfolg das Ergebnis eines kontinuierlichen Lernprozesses, hervorgebracht durch Praxis, ist. Übung erwies sich als wichtiger als individuelles Talent oder Erfahrung.[87]

Die erfolgreichsten GründerInne haben heterogene Netzwerke.

Eine Studie von Martin Ruef, Soziologe an der Universität Princeton, zeigte, dass erfolgreiche GründerInnen viele Menschen außerhalb ihrer Branche kannten.[88]

Männer haben eventuell andere Erwartungen an eine Gründung als Frauen.

Weltweit sind mittlerweile fast so viele Frauen wie Männer unternehmerisch aktiv. In Deutschland sind es bei den unter 35-Jährigen mittlerweile 38 Prozent – und damit doppelt so viele wie in früheren Generationen.

Im Rahmen einer Studie der Universität Connecticut im Jahr 2008 gaben Frauen häufiger an, dass ihr Unternehmen schlechter lief als das der Konkurrenz, waren aber dennoch mit ihrer Gründung genauso zufrieden wie die befragten Männer.[89] Die Zufriedenheit der Frauen erwies sich dabei als weniger abhängig von Schwankungen in der Geschäftsentwicklung bzw. von Verkaufszahlen.

Fazit

Sind es ganz normale Menschen, die den Drang verspüren, sich selbstständig zu machen? Oder musst du zu einer besonderen Gruppe von Leuten gehören, damit du „das Zeug dazu hast"?

Vermutlich sind es eine Reihe von Faktoren, die es begünstigen, dass Menschen überhaupt auf die IDEE kommen, sich eventuell selbstständig zu machen: Wer Unternehmertum von zu Hause kennt und als ein positives Modell erlebt hat, wird sich eher mit dem Gedanken tragen, denselben Weg zu gehen. Auch Fachwissen, Branchenkenntnis, Selbstbewusstsein sind nützliche Faktoren für eine Gründung. Eine gewisse Unangepasstheit, die Erfahrung, nicht in der Menge mitzuschwimmen – ob gewollt oder ungewollt – könnten die Folgen von Intelligenz, innovativem Denken und Kreativität sein. Diejenigen also, die als „Scanner-Persönlichkeit"[90], als Hochbegabte und Hochsensible, als Freaks eh aus der Reihe tanzen, finden vermutlich auch im Berufsleben weniger in herkömmlichen Strukturen ihren Platz und denken darüber nach, ihr eigenes Ding zu machen.

Vielleicht sind es auch die Gewinner-Typen, die Klassen-Leader und Sportskanonen, die vorwiegend positive Erfahrungen mit Leistung und Erfolg gemacht haben, die sich selbstständig machen, weil sie wissen, dass sie gestalten und siegen können.

Eher weniger gründungsgeneigt sind wahrscheinlich diejenigen, die gerne im Mittelfeld mitschwimmen, die nicht nach vorne treten und auffallen, diejenigen, die gerne nur Teil einer Gruppe sein wollen. Wer strukturierte Situationen sucht und lieber keine Verantwortung übernehmen möchte, wird vermutlich nicht nach einer selbstständigen Tätigkeit streben.

In berufsspezifischen Testverfahren konnten insgesamt „fünf Kerneigenschaften unternehmerischen Handelns identifiziert werden, die bei selbstständig tätigen Personen im Allgemeinen stärker ausgeprägt sind als bei abhängig Beschäftigten":[91]

- starke Leistungsmotivation
- internale Kontrollüberzeugung
- Unabhängigkeitsstreben
- Ungewissheits- und Ambiguitätstoleranz
- Durchsetzungsvermögen

DIE PERSÖNLICHE SEITE DES GRÜNDENS

Welche Schlüsse kannst du für dich aus den Forschungserkenntnissen ziehen? Dich interessiert vermutlich am meisten, für dich herauszufinden, ob du den Anforderungen einer Selbstständigkeit gewachsen bist bzw. was auf dich zukommen wird.

SICH SELBSTSTÄNDIG ZU MACHEN BEDEUTET, IN NEUER WEISE ERWACHSEN ZU WERDEN, DAS HEISST VERANTWORTUNG FÜR DAS EIGENE DENKEN UND HANDELN ZU ÜBERNEHMEN. DER GRUNDLEGENDSTE UNTERSCHIED ZUM ANGESTELLTENDASEIN IST, DASS DU SELBST VERANTWORTLICH BIST FÜR DAS, WAS DU TUST, FÜR DAS, WAS DU BEWEGST, UND FÜR DAS, WAS DU UNTERLÄSST.

Du stehst am Steuer des Schiffes statt Matrose oder Schiffskoch zu sein. Du musst als Kapitän nicht alles können – vermutlich sind deine Fähigkeiten, in den Masten herumzuklettern, begrenzt –, aber du musst den Überblick haben. Alle Informationen müssen bei dir zusammenfließen. Wenn ein Eisberg in der Nähe ist, solltest du nicht schlafen gehen.

Kapitän zu sein heißt, den Kurs des Schiffes zu bestimmen, und das bedeutet, auf Basis von aktuellen Informationen immer wieder Richtungsanpassungen vorzunehmen. Deshalb ist es wichtig, dass du bereit bist, dich mit Unbekanntem auseinanderzusetzen und Unvertrautes nicht einfach zu ignorieren. Du brauchst eine gewisse Risikobereitschaft, denn deine Aufgabe ist es, dich immer wieder in unsicheren Gewässern zu bewegen. Deshalb ist es von Vorteil, wenn du es aushältst, dass die Dinge nicht immer eindeutig und klar sind. Das sind sie für einen Unternehmer selten. Es gibt immer mehrere Möglichkeiten.

Nicht selbstständig machen sollte sich derjenige, der sagt: „Ich bin lieber in der zweiten Reihe. Ich mag es, wenn andere die Verantwortung tragen. Ich bin nicht gerne der Bestimmer." Ebenfalls ungeeignet für die Selbstständigkeit sind diejenigen, die gerne pünktlich den Griffel fallen lassen und nur Dienst nach Vorschrift ableisten. Denn wer selbstständig ist, ist verantwortlich für die Sache und für das Ergebnis.

Tests und Diagnosen: Mit Vorsicht zu genießen!

„Sind Sie ein Unternehmertyp?" – „Bist du ein Gründertyp?" – Wer sich fragt, ob er geeignet ist, UnternehmerIn zu sein, landet im Internet oder in Gründungsratgebern schnell bei diversen Tests, die angeblich diese Frage eindeutig beantworten.[92]

Diese Tests versuchen, ein Stück der Wirklichkeit abzubilden, die Gründung und Unternehmensführung mit sich bringen – leider aber sind die meisten viel zu „grobschlächtig". Sie können die Realität nicht so differenziert erfassen, wie sie nun mal ist.

UNTERNEHMERBILDER UND -WIRKLICHKEITEN

Letztlich ist es ein maßgeblicher Unterschied, ob du als TherapeutIn eine eigene Praxis, als Gastronomin ein eigenes Bistro oder als Online-Händler einen eigenen Web-Shop eröffnest. Zwischen den jeweiligen gestellten Anforderungen liegen Welten.

Natürlich willst du gerne wissen, was auf dich zukommt und ob du den Anforderungen gewachsen bist, keine Frage. Schließlich bist du als GründerIn der- oder diejenige, der bzw. die handelt. Du bewegst etwas – oder eben auch nicht. Du bist eine, wenn nicht DIE entscheidende Variable bei deinem Vorhaben. Dein Plan mag genial sein – wenn es dir nicht gelingt, ihn umzusetzen und alles zu tun, was notwendig ist für den Erfolg, kannst du dennoch scheitern.

Hast du das Zeug dazu? Die Vorstellung ist verführerisch, einen kurzen Test zu absolvieren und damit eine schnelle, einfache Antwort zu erhalten. Auf der Schwelle zu einem großen Schritt unsicher zu sein, ist normal und verständlich. Kein Wunder, dass du dir die Frage stellst, ob es eine gute Idee ist, sich selbstständig zu machen.

Auch andere fragen sich, ob du es schaffen wirst. Für deine Geldgeber wäre es sicher phantastisch, wenn du mit einem Test einen eindeutigen Beleg für deine Eignung vorbringen könntest.

Doch leider können das selbst die besseren Tests nicht leisten. Warum das so ist, zeigt der Vergleich mit Einstellungstests. Auch dabei werden Rechtschreib- und Intelligenztests ergänzt durch Interviews, Postkorb-Übungen und allen möglichen anderen „Assessments" durchgeführt, um sich wirklich einen Eindruck von einem Bewerber zu machen. Jedoch kann die Komplexität eines Jobs nicht durch einen einfachen Frage-Antwort-Test angemessen abgebildet werden. Und selbst nach tagelangen Tests treffen Personaler Fehlentscheidungen.

Genau so komplex ist die Frage, welche Qualitäten du brauchst, um deine Idee erfolgreich zu verwirklichen.

So sind diese Tests selten hilfreich, mitunter sogar schädlich. Denn sie suggerieren, dass sich die komplexe Frage nach deiner Eignung als Selbstständiger auf ein Frage-Antwort-Spiel reduzieren lässt.

Ein Test kann zudem nur den Ist-Zustand erfragen. Damit wird implizit nahegelegt, dass du bestimmte Eigenschaften JETZT hast oder nicht hast, die dich erfolgreich sein lassen. Auf den Punkt gebracht: Man hat's oder man hat's nicht.

Natürlich gibt es Eigenschaften, die mehr oder weniger nützlich sind, wenn du dein Vorhaben tatsächlich in die Tat umsetzen willst. Darüber hinaus aber behaupte ich, ist es vor allem dein Wille, der zählt und den entscheidenden Ausschlag gibt. Zudem geht es auch darum, ob du dazu bereit bist, das zu LERNEN, was nötig ist, um dein Unternehmen gut zu führen.

Wenn du dich aufmerksam umschaust, wirst du feststellen, dass nicht jeder Unternehmer und jede Freiberuflerin dem typischen Unternehmer-Klischee entsprechen: Dein Hautarzt ist eine Koryphäe auf seinem Fachgebiet, aber eher schüchtern; deine Qi Gong-Lehrerin wirkt manchmal unsicher und der Ladenbesitzer um die Ecke chaotisch usw.

Zum Vergleich: Stell dir vor, du denkst darüber nach, was es bedeutet, ein Kind zu haben, Eltern zu sein und stellst dir die Frage, ob du dieser Aufgabe gewachsen sein wirst? Wonach müsste man fragen, um die Realität des Eltern-Seins mit einem Test abzubilden? Welches Bild des Eltern-Seins würde man in einem solchen Test entwerfen? Welche Kriterien würde man abfragen, um zu prüfen, ob Menschen zum Eltern-Sein geeignet sind?

Egal, welchen Test man kreieren würde – ein solcher Test könnte nur den Ist-Zustand erfragen. Nun ist es aber sonnenklar, dass die meisten Eltern AN ihren Kindern wachsen. Diejenigen, die als junge Erwachsene gefeiert und bis mittags geschlafen haben, werden DURCH die Kinder zu verantwortungsvollen Frühaufstehern, die sich mit gesunder Ernährung und Schulanforderungen beschäftigen.

Oder anders gefragt: Bist du je gefragt worden, ob du ein „Arbeitnehmer-Typ" bist? Stillschweigend wird vorausgesetzt, dass du schon lernen wirst, mit den Anforderungen des Arbeitslebens umzugehen. Du hast in der Regel gar nicht die Option, dich der Notwendigkeit von Erwerbsarbeit zu entziehen. Wer leben will, muss arbeiten und sich seinen Lebensunterhalt verdienen. Und wie wollte man auch die zahllosen Möglichkeiten des ArbeitnehmerIn-Daseins durch einen einzigen Test abbilden?

Deutlich wird durch diese Vergleiche: Das UnternehmerIn-Sein ist – im Gegensatz zum Eltern- oder ArbeitnehmerIn-Sein – das Besondere. Der Test fungiert wie ein Türsteher, der prüfen soll, ob Einlass gewährt wird. Damit wird signalisiert, dass es nicht selbstverständlich ist, in diese Rolle hineinzuwachsen, vorausgesetzt man möchte.

Da Schule und Lebensalltag in der Regel nicht die Kompetenzen vermitteln, die die Führung eines eigenen Unternehmens braucht, ist für alle ein Lernprozess notwendig.

 DU WIRST DAS UNTERNEHMERIN-SEIN LERNEN, WENN DU ES LERNEN WILLST. DU WIRST LÖSUNGEN FINDEN FÜR DAS, WAS DU NICHT LERNEN WILLST UND KANNST. DIE EIGENTLICHE HERAUSFORDERUNG BESTEHT DARIN, SICH MIT DEN KONKRETEN ANFORDERUNGEN AUSEINANDERZUSETZEN, DIE DAS UNTERNEHMERIN-SEIN MIT SICH BRINGT. ES GEHT DARUM, DIE QUALITÄTEN ZU LERNEN, DIE DU BRAUCHST, UM DEINE IDEE NACH VORNE ZU BRINGEN.

> WAS MACHT EINEN UNTERNEHMER AUS? DASS ER ETWAS UNTERNIMMT.
> ES GEHT UM VERANTWORTUNG UND GLEICHZEITIG UM DIE FREIHEIT,
> SEINE EIGENE BIOGRAFIE ZU GESTALTEN.
>
> DM-GRÜNDER GÖTZ WERNER

4. UNTERNEHMERQUALITÄTEN

Du kannst gestalten

Seit der Industrialisierung haben wir ein verrücktes Verhältnis zu Arbeit gewonnen. Ein Teil der Menschen geht zur Arbeit mit der Einstellung, dass sie diese Arbeit nur leisten, um anschließend zu leben und das zu tun, was sie wirklich machen möchten. Wenn wir aber mindestens acht Stunden unseres Lebens täglich abgeben für etwas, was uns nicht erfüllt, was wir vielleicht gar nicht tun wollen und nicht sinnvoll finden – dann geben wir einen großen Teil unseres Lebens und unseres Potenzials auf. Die Selbstständigkeit gibt uns die Möglichkeit, uns einen konstruktiven Blick auf unsere Arbeit zurückzuerobern. Wir können uns Arbeit schaffen, mit der wir uns ausdrücken können und die wir tun wollen. Das bedeutet nicht, dass du jede einzelne Tätigkeit lieben wirst, wenn du dich selbstständig machst. Selbstverständlich gibt es auch in der Selbstständigkeit lästige Pflichten. Doch die Selbstständigkeit gibt dir die Möglichkeit, den Kern deines Tuns so auszurichten, dass du ihn wählst. Du kannst die Richtung bestimmen, so dass du etwas tust, woran du glaubst.

Du bist „der Bestimmer". Du kannst dein Handeln immer wieder neu an deinen Überzeugungen ausrichten. Nicht Zwang und Druck von außen steuern dich. Jede Minute deines Tuns ist geleitet von deinem eigenen Wollen und nicht dem eines anderen. Das ist Chance und Herausforderung zugleich. Deshalb kommt es auch auf dein Können an; noch viel mehr aber auf dein Wollen. Entscheidend ist, dass du unternehmerisch tätig sein willst, dass du das dazu Erforderliche lernen und deinen persönlichen Weg finden willst, um deine Idee erfolgreich umzusetzen.

Am besten wird dir das dann gelingen, wenn deine Idee wirklich zu dir als Person passt, wenn du DEIN Ding machst. Denn dann fließen deine Energien ungehindert und ungebremst.

ENTSCHEIDEND IST, DASS DU EINE IDEE WÄHLST, FÜR DIE DU DICH AUCH IN FÜNF JAHREN NOCH BEGEISTERN KANNST BZW. DASS DU DEINE IDEE SO WEITERENTWICKELST, DASS SIE IMMER WIEDER BEGEISTERUNG IN DIR ENTFACHT. DAS SCHÖNE AN DER SELBSTSTÄNDIGKEIT IST, DASS DU DIESE FREIHEIT HAST.

Was du nicht in Gang setzt, passiert nicht

Das bedeutet nicht, dass du komplett frei bist in deinem Handeln. Auch in der Selbstständigkeit unterliegst du Notwendigkeiten und es werden von außen Anforderungen an dich herangetragen. Nur der Grad deiner Freiheit, mit ihnen umzugehen, ist höher.

Selbstständig sein bedeutet, dass du die Fäden in der Hand hältst. Du kannst Aufgaben delegieren und abgeben. Aber du musst kontrollieren und wissen, ob andere diese Aufgaben zufriedenstellend erledigen. Du bleibst verantwortlich für ihre Ergebnisse, deshalb kann und wird es dir nicht egal sein, ob sie ihren Job gut machen.

Sofern du alleine gründest, hast du verschiedene Hüte auf, das heißt verschiedene Aufgaben zu bewältigen – du bist Fachkraft, UnternehmerIn und ManagerIn in einem:

— Als UnternehmerIn musst du dafür sorgen, dass KundInnen deine Dienstleistung oder Waren kaufen möchten. Du triffst Marketing-Entscheidungen und stellst die Weichen dafür, wohin sich deine Selbstständigkeit langfristig entwickeln soll.
— Als ManagerIn deines Unternehmens bist du verantwortlich dafür, dein Unternehmen zu verwalten, das heißt dich um Steuerabgabetermine zu kümmern, Anfragen zu beantworten, notwendige Unterlagen wiederzufinden und für gute Strukturen zu sorgen, um nicht bald im Chaos zu versinken.
— Als Fachkraft erbringst du die eigentliche fachliche Leistung, die dein Unternehmen verkauft. Du musst eine gute Beraterin sein, ein qualifizierter EDV-Spezialist oder etwas vom Online-Handel verstehen usw.

Gründest du im Team, können die Management- und Fachrollen unter den Teammitgliedern aufgeteilt werden. Teile der Unternehmer-Rolle, zum Beispiel, sich um euer Marketing zu kümmern, kann ebenfalls einer von euch übernehmen. Jedoch sollten strategische Unternehmensentscheidungen, die das ganze Unternehmen betreffen, im Kollektiv getroffen werden, das heißt jedes Teammitglied wird nicht umhinkommen, genug von dieser Rolle zu verstehen, um diese Entscheidungen überhaupt treffen zu können.

Damit zeigt sich erneut, dass du nicht zwingend alles alleine bewältigen musst, sondern Aufgaben an andere delegieren kannst. Wichtig ist nur, dass jede Aufgabe abgedeckt ist, egal, ob von dir oder jemand anderem. Denn alles lässt sich delegieren – nur nicht deine unternehmerische Aufgabe!

Übernimm Verantwortung für deinen Weg

Verantwortung übernehmen heißt, zu akzeptieren, dass
— niemand dafür zuständig ist, dir zu sagen, wie es geht;
— du niemanden für das verantwortlich machen kannst, was du nicht weißt – du hast eine Bringschuld;
— du derjenige bist, der deine Idee vorantreibt oder zum Stocken bringt;
— es deine Ressourcen sind, die die Idee blühen lassen, aber auch deine inneren Hürden, die sie blockieren;
— du die Person bist, die an sich arbeiten muss, wenn etwas passieren soll;
— es wichtig ist, den Kontext zu verstehen, in welchem du dich bewegst, um über das notwendige Steuerungswissen zu verfügen;
— nicht das Wetter, die Umstände, die Politik, die Geschichte, deine Eltern, die Behörden oder sonst jemand dafür verantwortlich ist, ob deine Idee gelingt, sondern nur du selbst. Du bist es, der sie so lange formen und neu denken muss, bis die Winde so günstig stehen, dass dein Schiff endlich Fahrt aufnimmt.

Du musst selbst herausfinden, was für dich richtig ist

Viele Menschen wünschen sich eine klare, sichere Welt – eine Welt, in der definiert ist, was richtig und falsch, was gut und was böse ist. Wer sehr viel Sicherheit im Außen sucht und einen klar definierten Rahmen braucht, wird sich mit dem Selbstständigsein schwerer tun als derjenige, der gerne selbst bestimmt.

Bewegst du dich in einem Gefüge, wie einem Unternehmen oder einer Institution, ist dein Platz mit einer einzelnen Zelle in einer Bienenwabe zu vergleichen. Du bist nicht verantwortlich für den ganzen Bienenstock. Es reicht, wenn du deine persönliche Aufgabe gut erledigst. Das gibt Orientierung und Sicherheit – und im Zweifelsfall kannst und musst du deinen Chef fragen, was du tun sollst. Ob das ein guter Chef ist, der dir die richtige Orientierung bietet, ist eine ganz andere Frage. Doch selbst wenn er dich schlecht führt, kannst du über ihn schimpfen. Er ist es, der im Zweifelsfall verantwortlich ist. Je höher du in einer Institution aufsteigst, desto mehr persönliche Verantwortung trägst du auch in einer Stelle. Desto ähnlicher wird deine Aufgabe einer Selbstständigkeit. Wer als Führungskraft gearbeitet hat, wer für Aufgaben allein zuständig war, dem ist es schon eher vertraut, in dieser Weise Verantwortung zu übernehmen.

Wenn du selbstständig bist, musst du selbst entscheiden, vor allem häufig unter Rahmenbedingungen, in denen du nicht alle wichtigen Faktoren kennst. Du ent-

DIE PERSÖNLICHE SEITE DES GRÜNDENS

scheidest unter Ungewissheit. Oft kann dir niemand genau sagen, was du tun musst. Du musst ein gewisses Risiko aushalten, gelegentlich ein Wagnis eingehen, da du den genauen Ausgang der Dinge nicht kennen kannst.

BEISPIELE:
- *Über welchen Werbekanal wirst du deine KundInnen am ehesten erreichen? Sollst du Anzeigen schalten, Autowerbung platzieren oder den Fokus auf Social Media-Marketing legen?*
- *Sollst du diese oder jene Produkte mit ins Sortiment aufnehmen? Was wird gekauft werden?*
- *Sollst du in deinen Laden investieren, auch wenn du hierfür ein höheres Darlehen aufnehmen musst? Oder probierst du es erst einmal lieber mit geringen Mitteln und weniger Ressourcen und schaust, ob dein Angebot angenommen wird? Aber würden die KundInnen vielleicht auf dein Angebot ganz anders reagieren, wenn du größer spielst und es spektakulärer vermarktest?*

Solche und ähnliche Fragen werden dich umtreiben. Du kannst dich beraten lassen oder selbst Erfahrungen über die Branche sammeln, in der du tätig bist. Mit der Zeit wirst du innere Gewissheiten entwickeln über das, was du tust. Du wirst merken, was funktioniert und was nicht. Und dennoch wirst du vor größeren geschäftlichen Entscheidungen immer wieder Unsicherheit verspüren. Es gilt, Ambivalenzen und Ambiguitäten, Mehrdeutigkeiten, auszuhalten.

Frustrationstoleranz und Durchhaltevermögen

Nicht immer stellt sich Erfolg sofort ein, wenn du etwas Neues beginnst. Die meisten erfolgreichen UnternehmerInnen mussten anfänglich eine gewisse Durststrecke überwinden.

Auch im weiteren Verlauf deiner Selbstständigkeit wird es immer wieder Phasen geben, in denen du etwas Neues ausprobierst, dich nach vorne wagst und nicht weißt, ob dir gelingt, was du gestartet hast. Hier gilt es, durchzuhalten und dranzubleiben, auch wenn der Erfolg nicht sofort eintritt. Oder auszuhalten, dass etwas nicht gelingt – ohne deshalb gleich das ganze Projekt hinzuschmeißen.

Du brauchst die Fähigkeit, Durststrecken innerlich zu überwinden, so lange, bis deine Anstrengungen greifen können: Du brauchst Entwicklungszeit, bis dein Produkt marktreif ist. Du musst vielleicht Klinken putzen, bis du wichtige Menschen von dir überzeugt hast. Es wird eine Weile dauern, bis du und dein Unternehmen bekannt sind.

Dazu benötigst du die Fähigkeit, auf kurzfristige Belohnungen zugunsten eines langfristigen Ziels zu verzichten. Der berühmte Marshmallow-Test (er wurde mittlerweile sogar von der Werbung aufgegriffen) testete diese Fähigkeit bei Kindern: Die Kinder wurden – einzeln – einige Minuten mit einem Marshmallow alleine in einem Zimmer gelassen. Zuvor wurde ihnen versprochen, dass sie einen zweiten Marshmallow bekommen, wenn es ihnen gelingt, den Marshmallow bis zur Rückkehr des Erwachsenen nicht zu essen. Ein gewisser Teil der Kinder schaffte das, die anderen Kinder konnten der Versuchung nicht widerstehen und futterten den Marshmallow einfach auf. Auch verständlich. Diejenigen aber, die durchgehalten hatten, bekamen am Ende den zweiten Marshmallow.[93]

Das Spannende an dieser Forschung war: Die Ergebnisse dieses simplen Tests waren besser in der Lage, den zukünftigen Berufserfolg der Kinder vorherzusagen als ihre Schulnoten. Das Fazit: Die Fähigkeit durchzuhalten und für ein langfristiges Ziel Entbehrungen in Kauf zu nehmen, ist für unseren beruflichen Erfolg immens wichtig.

Nimm Probleme als Gelegenheiten an, zu lernen

Was machst du, wenn du auf Schwierigkeiten stößt – denn das wird unweigerlich der Fall sein? Gibst du auf? Zweifelst du an dir und deinem Projekt? Bestimmt. Und das ist auch fruchtbar. Wichtig ist, dass du konstruktiv mit deinen Zweifeln und Fragen umgehst, sie nicht einfach stillschweigend ignorierst oder gar bewusst übergehst.

Bleib dran. Recherchiere. Frage. Denke und grüble. Geh spazieren. Male Bilder. Beschäftige dich mit dem Ungelösten. Lass deinem Unterbewussten Raum. Sprich mit Menschen. Letztlich wirst du merken: Es zeigen sich neue Wege, neue Möglichkeiten. Du denkst um die Ecke. Und wo vorher eine Wand war, ist plötzlich eine Tür.

Durchhalten alleine reicht nicht – du brauchst auch ein konstruktives Lösungsverhalten, das dir neue Einsichten und Erkenntnisse beschert. Dazu kann gehören, Probleme eine Weile ruhen zu lassen – allerdings nicht zu lange. Wer dazu tendiert, bei Schwierigkeiten den Kopf in den Sand zu stecken und zu verdrängen, dass ein Problem existiert, wird auf Dauer die Probleme nur vergrößern.

Praktische Selbstempathie

Schaut man sich Videos der Kinder an, die allein gelassen vor ihrem Marshmallow sitzen und probieren, der Versuchung zu widerstehen, zeigt sich, dass sie dazu alle möglichen Strategien anwenden: Manche schauen weg oder halten ihre Hände auf den Rücken. Andere lecken versuchsweise, aber essen ihn nicht … Es braucht offensichtlich einen guten Umgang mit schwierigen Situationen, um eigene Ziele zu erreichen.[94]

Um herausfordernde Situationen zu überstehen, brauchst du die Fähigkeit, dir selbst Mut zuzusprechen und dich liebevoll zu begleiten. Du bist quasi ChefIn und ArbeitnehmerIn zugleich, Elternteil und Kind, Anordnender und Ausführender in einem. Du kannst gestalten, auf welche Weise du dich führst und begleitest. Schaffst du es, gleichzeitig dafür Sorge zu tragen, erwachsen alles Wichtige im Blick zu behalten – und dich freundlich zu leiten und zu ermutigen?

So wie ein Chef seinen MitarbeiterInnen den Rücken freihalten kann, wenn etwas schiefgeht und der Erfolg auf sich warten lässt, kannst auch du mit dir selbst aufbauend und anspornend oder kritisch und destruktiv mit dir umgehen.

Du kannst dich loben, wenn dir etwas gelingt und dafür sorgen, dass du Erfolge wahrnimmst und feierst, oder sie als selbstverständlich abtun und auf das Fehlende schauen.

Du hast die Chance, dir selbst eine gute und motivierende Führungskraft zu sein und dich damit zu guten Leistungen anzuspornen. Wenn dir das schwerfällt, kann das der Moment sein, dir Menschen an die Seite zu holen, die dir helfen, einen liebevollen Blick auf dich und dein Tun zu entwickeln. Im Sport ist es längst „common knowledge": Motivation ist alles! Keiner würde Bestleistungen allein auf körperliche Fitness zurückführen. Klar ist, nur wer sich mental gut aufstellt, erreicht selbstgesteckte Ziele. Gleiches gilt für deine Selbstständigkeit.

Erlaube dir eine große Vision

Erlaube dir, groß zu denken und zu träumen. Wenn du weißt, was du wirklich von Herzen willst, hat dein Tun eine Richtung – egal wie klein deine Schritte sind. Du weißt, du bist auf dem richtigen Weg.

Auch wenn du bereits selbstständig bist, weisen dir deine Lust und deine Vision den Weg zu neuen Ufern. Das Visionäre, was so mancher an erfolgreichen UnternehmerInnen bewundert, fängt in der Regel als Funke, als Idee an.

Nimm dich selbst als Kunde ernst

Beginne, bewusst wahrzunehmen, was du tagtäglich als Kunde erlebst. Deine Erfahrungen aus einer unternehmerischen Perspektive zu reflektieren, werden dir viele Einsichten für die Steuerung deines Unternehmens bescheren.

- Thema Werbung
  Wie verhältst du dich, was denkst du, was fühlst du als Kunde? Was nimmst du wahr? Welche Werbung fällt dir auf? Was spricht dich an? Was verschwindet unbeachtet im Papierkorb und warum? Was dagegen macht die Werbung aus, die du dir eingehender anschaust?

- Thema Kaufverhalten
  Wie wählst du Anbieter aus, bei denen du kaufst? Welche Kriterien sind für dich ausschlaggebend – Lage, Qualität des Angebots, Preis, Service, Freundlichkeit? Worüber ärgerst du dich und kaufst trotzdem? Worüber ärgerst du dich so sehr, dass du Konsequenzen ziehst und nicht kaufst? Was beeindruckt dich so sehr, dass du Fan wirst? Wann empfiehlst du jemanden oder etwas weiter? Was hat dir so gefallen, dass du von jemandem oder etwas regelrecht schwärmst?

- Thema Internet
  Wie suchst du nach Anbietern, Produkten und Dienstleistern? Was überzeugt dich? Welche Webseiten sprechen dich an und warum? Bei welchen bist du sofort wieder weg? Was ärgert dich? Wie landest du auf für dich attraktiven Seiten?

- Thema Betriebsorganisation
  Wie erlebst du die Art und Weise, wie Unternehmen organisiert sind, als Kunde? Wann werden dir die intern notwendigen Abläufe so präsentiert, dass du klaglos akzeptierst, dass du Formblätter ausfüllen musst? Wann erlebst du die Bürokratie beim Einkaufen als Zumutung? Als wie gut erreichbar nimmst du welches Unternehmen wahr? Wie sind deine Erwartungshaltungen als Kunde?

Du lernst sehr viel über die psychologische Seite des Marktgeschehens und über deine KundInnen, wenn du anfängst, bewusst wahrzunehmen, wie du selbst als Kunde die Welt wahrnimmst. Es geht darum, dir praktisch selbst über die Schulter zu schauen und zu reflektieren, wie du Dinge erlebst, die du sonst als selbstverständlich hinnimmst. Denn in dein Bewusstsein dringt das Verhalten der Unternehmen in der Regel sonst nur, wenn du Überraschungen erlebst, das heißt deine Erwartung durchbrochen wird – positiv oder negativ. Wir alle denken über unsere Erwartungen normalerweise erst dann nach, wenn sie nicht erfüllt oder übertroffen werden. So wie wir nicht wahrnehmen, wie wir sitzen, bis wir auf einem besonders bequemen Stuhl Platz nehmen oder auf einem extrem harten.

Um unternehmerisch etwas zu lernen, geht es darum, dir bewusst zu machen, was dein Gegenüber, das Unternehmen, tut, um diese Reaktionen bei dir auszulösen. Das hilft dir, ein Gespür dafür zu entwickeln, wie du dich selbst auf dem Markt als zukünftige UnternehmerIn präsentieren willst. Vielleicht wird es in deinem Unternehmen keine Warteschleifen am Telefon geben, weil du dich selbst so oft über ewiges Warten, die nervigen Ansagen und die noch schlimmere Musik geärgert hast. Vielleicht merkst du, wie angenehm du es empfunden hast, dass es in einem Laden, den du betreten hast, gut roch und sorgst bei dir stets für gute Raumgerüche. Du registrierst genau, über welche Funktionen du dich auf Websites ärgerst und wann du abspringst und ziehst daraus wichtige Erkenntnisse für die Gestaltung deiner eigenen usw.

Es braucht einen bewussten Perspektivwechsel. Künftig sorgst du aktiv für das Einkaufserlebnis deiner KundInnen. Es braucht den Blick durch ihre Brille auf dich, dein Angebot und den Markt, damit du verstehst, welche Bedürfnisse sie haben und du dein Unternehmen darauf ausrichten kannst.

Denke nicht zu klein

Indem du deine Erfahrungen als Kunde reflektierst, wird dir vermutlich bewusst, wie kritisch KundInnen sind. Studien sagen, KundInnen entscheiden innerhalb von 10 Sekunden, ob eine Webseite für sie relevanten Inhalt bereithält. Manche vermuten sogar, dass es weniger ist.[95] KundInnen sind aufgabengetrieben und zielorientiert. Die meisten von uns haben heutzutage wenig Zeit: Wir suchen etwas Bestimmtes und wenn wir es nicht auf Anhieb finden, sind wir sofort wieder weg – es sei denn, etwas Unerwartetes hat unsere Aufmerksamkeit erregt.

Du bist für dich selbst naturgemäß viel wichtiger als für alle anderen. Die Gefahr besteht, dass du dich selbst nicht aus der Kundenperspektive wahrnimmst. Du misst deinem Flyer oder deiner Webseite eine andere Beachtung zu als KundInnen, die etwas Bestimmtes suchen. Sie sind mit ihren Bedürfnissen beschäftigt und auf der Suche nach Lösungen. Deshalb werden sie nur dann auf dich und dein Angebot aufmerksam, wenn du eine potenzielle Lösung bieten kannst. KundInnen nehmen sich im Regelfall nicht lange Zeit, um dir wirklich gerecht zu werden. Entweder werden sie schnell fündig oder ihre Aufmerksamkeit wandert weiter.

Viele werten, wenn sie sich selbstständig machen, mit doppelter Brille: Als KundInnen sind sie kritisch und wählerisch. Wenn sie sich aber anschicken, ihre eigene Selbstständigkeit zu planen, reden sie sich so manches schön, was sie selbst als Kunde nicht hinnehmen würden.

Es ist verführerisch, am Anfang Kosten sparen zu wollen. Schließlich weißt du noch nicht so recht, ob deine Selbstständigkeit funktionieren wird. Und dann Geld in professionelle Grafik investieren? Es liegt nahe, die erste Geschäftsausstattung selbst zu basteln und erstmal zu prüfen, wie die Resonanz ist. Doch frage ich in Gründungsseminaren, welche Flyer und Postkarten den TeilnehmerInnen gefallen, fallen mit Word layoutete Werbematerialien oder Standardgrafik regelmäßig durch. Nur professionelle Grafik passiert das kritische Auge der KundInnen. Zudem schließen KundInnen von der Professionalität der Werbung auf die Professionalität des Angebots. DIY-Flyer geraten zur Anti-Werbung. Sekunden entscheiden über unser aller Urteil, das heißt welche Werbung wir eines weiteren Blickes würdigen und welche sofort „raus" ist.

Daher lässt sich mit den selbst gestalteten Flyern und der unprofessionell erstellten Webseite auch nicht testen, welchen Zuspruch das Angebot erhalten würde, käme es in wirklich schönem Gewand daher. Und somit lässt sich auch keine vernünftige Aussage darüber treffen, wie der Markt auf einen sympathischen und professionellen Web-Auftritt reagiert hätte – der Schuss geht also nach hinten los.

Das Bedürfnis, klein anzufangen und Risiken zu minimieren, ist verständlich. Doch an irgendeiner Stelle gilt es zu springen und in die eigene Idee zu investieren. Es gilt, der eigenen Idee Wert zu geben und es ernsthaft zu versuchen.

Sei leidenschaftlich und identifiziere dich mit dem, was du tust

Um dich erfolgreich selbstständig zu machen, musst du mit deiner Idee verbunden sein. Es muss deine Idee sein, etwas, was du wirklich tun willst. UnternehmerIn sein bedeutet, dass du in Zukunft sehr viel mit dieser Sache beschäftigt sein wirst, um deine Idee zum Blühen zu bringen. Das gelingt nur, wenn du das zutiefst willst.

So mancher übersetzt „selbstständig" in „selbst" und „ständig". Selbstständig sein – so das Vorurteil – heißt, rund um die Uhr zu arbeiten und weder Feierabend noch Wochenende zu haben. Das kann stimmen, muss aber nicht. Viel hängt davon ab, welche Art von Unternehmen du gründest und wie du dich organisierst. Je mehr Präsenz dein Unternehmen erfordert, je fragiler deine wirtschaftliche Situation ist und je mehr du zu Ineffektivität und Perfektionismus tendierst, desto mehr wirst du vermutlich arbeiten. Es gibt viele UnternehmerInnen, die sehr viel Wert auf Work-Life-Balance legen und ein emotional erfülltes, befriedigendes Berufs- und Privatleben haben. Im besten Fall fließen Arbeit und Leben so ineinander, dass Arbeit nicht Mühe, Plage und lästige Pflicht ist[96], sondern auch Selbstverwirklichung und Selbstausdruck.

Wer immer und zu jedem Zeitpunkt ein klar geregeltes Leben haben will, ist in der Selbstständigkeit nicht richtig aufgehoben. Dein Unternehmen ist dein „Baby" und wenn die Dinge nicht nach Plan laufen, bist du gefragt.

Du sitzt am Steuer

Das Besondere am Selbstständigsein ist nicht, dass du unbedingt unablässig arbeiten musst, sondern dass es schwerer fällt, eine klare Abgrenzung zwischen Arbeit und Freizeit zu ziehen. So wie Muttersein keinen geregelten Feierabend hat und Krisen Eltern immer überraschend treffen, so fordert dich die Selbstständigkeit heraus, dich ständig weiterzuentwickeln. Die besten Ideen kommen dir vielleicht im Urlaub. Am Kneipentisch kannst du über neue Projekte reden und abends im Bett liest du Fachliteratur – nicht, weil du musst, sondern weil du es willst.

Die Freizeit und das Abschalten zu organisieren ist wichtig. Von außen sind keine Grenzen gesetzt. Es geht darum, selbst eine Struktur zu schaffen, damit du nicht Tag und Nacht arbeitest und keinem anderen Lebensbereich mehr Platz gewährst. Es geht um Arbeit jenseits des „9 to 5". Arbeit ergibt sich aus den Anforderungen der Sache und nicht nur durch zeitliche Vorgaben und Aufgaben, die es abzuarbeiten gilt. Arbeit hat im besten Fall so viel mit Leidenschaft zu tun, dass die Grenze zwischen Freizeit und Arbeitszeit verschwimmt. Gleichzeitig ist es wichtig, dass du dir weiterhin arbeitsfreie Zonen erhältst.

Zeitmanagement und Tagesstruktur

Wenn du selbstständig bist, musst du selbst eine für dich passende Zeitstruktur finden. Du musst lernen, deine Zeit sinnvoll zu planen, so dass Wichtiges rechtzeitig erledigt ist. Kein Chef gibt dir den Rahmen vor, keiner definiert Urlaubs- und Arbeitszeiten oder Pausen und Wochenenden für dich. Das bedeutet, dass du Planungskompetenzen entwickeln musst:

UNTERNEHMERQUALITÄTEN

Was ist zu erledigen, was ist wichtig, welche Zeitvorgaben haben wichtige Projekte? Wie kann ich für Ziele Etappen und Arbeitsschritte definieren? Wie kann ich mir eine Wochen- und Tagesstruktur geben, die zu meinen Bedürfnissen passt und dafür sorgt, dass alles Wichtige rechtzeitig erledigt wird?

Das ist Anspruch und große Freiheit gleichzeitig. Viele Selbstständige schätzen es sehr, dass sie nicht mehr bestimmte Arbeitszeiten absitzen müssen, sondern aufgabenorientiert arbeiten können. Wenn die Sonne scheint, kann man draußen arbeiten. Wer abends und nachts gut arbeitet, ist frei darin, lange auszuschlafen und dann an den Schreibtisch zu gehen – vorausgesetzt, das passt zur eigenen Geschäftsidee.

Gerade am Anfang, wenn GründerInnen unter Umständen noch nicht viele KundInnen haben, kann das aber auch schwer sein. Denn KundInnen bieten Struktur und Außenkontakte. Wer die ganze Zeit mit sich selbst, der Gründung und den eigenen Ansprüchen konfrontiert ist und sich ständig fragt, was er noch unternehmen könnte, um das Geschäft voranzutreiben, erlebt Zeit als gähnendes Loch.

Hilfreich ist es, sich mit Zeitmanagement zu beschäftigen. Wer sich eine innere Struktur baut, schafft sich ein Raster, das Struktur und Halt bietet:
– Das ist meine große Vision.
– Das sind meine langfristigen Ziele.
– Das sind mittel- und kurzfristige Projekte.
– Das sind die Aufgaben, die nötig sind, um meine Ziele zu erreichen.
– Das sind die zeitlichen Etappen, die ich setze.
– Das ist meine Wochen- und das ist meine Tagesstruktur.[97]

Das Wunderbare: Da du deine eigene Chefin bist, hast du stets die Freiheit, die dir selbst gegebene Struktur auch wieder zu verlassen, anzupassen und zu verändern. Wenn du dich selbst gut führst, findest du Halt in der Struktur, ohne dich zu versklaven.

Motivation

Gerade am Anfang, wenn du startest und noch nicht weißt, wie erfolgreich deine Idee wird, besteht die große Herausforderung darin, an dich und dein Projekt zu glauben. Es fehlt die Bestätigung, die erst durch den Erfolg selbst kommt. Tage dehnen sich vor dir aus wie Kaugummi, du musst viele neue Schritte „unternehmen" und dich Neuem stellen. Das ist aufregend und zum Teil beängstigend und verunsichernd.

DIE PERSÖNLICHE SEITE DES GRÜNDENS

Kein Chef steht hinter dir und sagt: „Das ist heute Ihre Aufgabe." Du selbst musst dafür sorgen, dass du Unangenehmem, aber Notwendigem nicht ausweichst:

— Du hast keine Ahnung von Buchhaltung? – Verführerisch, dich davor zu drücken.
— Du weißt nicht genau, was du in puncto Steuern beachten musst? – So mancher verdrängt das Thema einfach.
— Du weißt nicht genau, wie du an Kunden kommen kannst? – Mit Social Media kennst du dich nicht aus. Bei Veranstaltungen bist du gezwungen, dich selbst zu präsentieren. Kaltakquise ist eine gruselige Vorstellung. Aber wenn du nichts machst, passiert auch nichts: „Nicht geschossen ist immer daneben."
— Du bist mutig losgegangen und hast einen potenziellen Auftraggeber kontaktiert, aber zurzeit besteht kein Bedarf. – Wer selbstständig ist, erlebt wie in jedem anderen Job Rückschläge und Niederlagen. Jetzt den Kopf in den Sand stecken und gar nichts mehr tun, hilft dir aber nicht weiter.

WICHTIG IST ES, DASS DU LERNST, DICH AUCH UNANGENEHMEN AUFGABEN ZU STELLEN. WENN ETWAS GAR ZU SCHWIERIG IST, IST ES VIELLEICHT NICHT DEIN WEG. WER STEUERANGELEGENHEITEN PARTOUT SCHRECKLICH FINDET, SOLLTE SICH EINEN STEUERBERATER SUCHEN. WER KALTAKQUISE ABSCHRECKEND FINDET, KANN ANDERE WEGE SUCHEN, UM AN KUNDINNEN ZU KOMMEN. ENTSCHEIDEND IST, DICH AKTIV MIT ANFORDERUNGEN ZU BESCHÄFTIGEN UND LÖSUNGEN ZU SUCHEN. WER WESENTLICHES VERDRÄNGT, WIRD SICH ÜBER KURZ ODER LANG HANDFESTE PROBLEME EINHANDELN.

Eine kindlich-pubertäre „Ich habe keine Lust"-Einstellung ist auf Dauer keine konstruktive Haltung. Es gilt, als vernünftiger Erwachsener Strategien zu finden, dich selbst zu motivieren:[98]

— Du erledigst jetzt drei wichtige Telefonate, die dir auf der Seele liegen, und belohnst dich danach mit einer Tasse Kaffee.
— Du suchst dir Unterstützung für die Erstellung des Angebots, bei dem du dich unsicher fühlst und es deshalb immer wieder in die Ecke legst.
— Dir ist bewusst, dass Excel dir sehr nützlich sein könnte, doch du kommst einfach nicht mit dem Programm zurecht. Du beschließt daher, einen Einsteigerkurs zu besuchen, um wenigstens für den Anfang die Basics zu beherrschen oder nutzt YouTube-Tutorials, um dir das Wichtigste selbst beizubringen.

Dich selbstständig um deine Projekte zu kümmern, erfordert von dir, Verantwortung zu übernehmen.

Das kürzeste Motivations- und Zeitmanagement-Tool ist die Frage: Was musst du heute erledigen, um abends mit dir zufrieden zu sein?

Du wirst schnell merken: Machst du das Angenehme, Leichte, drückst dich jedoch um das, was schwierig, aber notwendig ist, bist du abends trotz allem, was du erledigt hast, unzufrieden.

Manche Menschen sind sehr gut darin, wichtige Aufgaben, die ihnen Unbehagen bereiten, zu verdrängen. Aber ihr Unterbewusstsein weiß die ganze Zeit darum, dass da etwas lauert, was sie nicht erledigt haben. Ihre innere Buchführung weiß, dass sie im „Soll" sind. Ein gutes Zeitmanagement ermöglicht es dir, dich ins „Haben" zu befördern. Das heißt das, was wirklich wichtig ist, hat seinen Platz und wird erledigt. Deine Belohnung sind Zufriedenheit und innere Ruhe – ein großes Geschenk, gerade in der Selbstständigkeit.

Du verkörperst dein Unternehmen – immer und überall

Als UnternehmerIn verkörperst du dein Unternehmen. Du kannst es nicht zu Hause lassen, wenn du abends ausgehst. Triffst du auf KundInnen, machen diese keinen Unterschied zwischen deinem unternehmerischen Selbst und deinem privaten Ich. Du wirst, ob du willst oder nicht, auch dann als UnternehmerIn wahrgenommen, wenn du privat unterwegs bist – und musst für dich einen Weg finden, damit umzugehen.

> **BEISPIEL:**
>
> *Anfängliche Verunsicherung ist typisch. So erzählte eine Familientherapeutin im Gründungsseminar, dass sie auf einer Zugfahrt eine Auseinandersetzung mit ihren Kindern hatte und mit ihnen meckerte und schimpfte – und plötzlich realisierte, dass sie im Zug in ihre Heimatstadt fährt und die Menschen um sie herum potenzielle KundInnen sein könnten. „Was denken die über eine Familientherapeutin, die es offensichtlich auch nicht besser hinkriegt als sie selbst?", so ihr Schrecken.*

Je besser du deine verschiedenen Seiten miteinander in Einklang gebracht hast, desto besser wird es dir gelingen, situativ zu entscheiden, was du von dir zeigen möchtest, also welche Seite von dir auf der öffentlichen Bühne steht und welche du privaten Kontakten vorbehalten möchtest.

Mir gefällt eine Unterscheidung sehr, die ich einmal für den Bereich Social Media gelernt habe, die sich aber wunderbar auf den generellen Umgang mit öffentlichen Situationen anwenden lässt:

Das persönliche Ich
- Es gibt dein privates Ich, das du vermutlich deinen Liebsten und Freunden vorbehalten möchtest. Hier sind deine privaten Vorlieben, Ängste und Sorgen gut aufgehoben. Wahrscheinlich möchtest du nicht mit der ganzen Welt teilen, welche Sorgen du dir über deine Beziehung oder wegen deiner Kinder machst.
- Daneben gibt es dein berufliches, unternehmerisches Ich, das gerne in Kontakt mit KundInnen und der Welt treten möchte – oder das zumindest notwendig findet.
- Hilfreich ist es, zusätzlich ein persönliches Ich für dich zu definieren. Das ermöglicht dir, dich authentisch und kongruent zu zeigen und in öffentlichen Kontexten zu bewegen, ohne dass alle Aspekte (auch der private Teil) deines Lebens sichtbar werden. Dieses Ich bewegt sich gleichermaßen im persönlichen wie im beruflichen Bereich und sorgt dafür, dass dich Menschen als stimmig und authentisch erleben.

Dabei bist du selbst derjenige, der entscheidet, was von dir in welchen Ich-Bereich gehört. Am Anfang wirst du vielleicht Mühe haben, deine verschiedenen Ichs zu sortieren. Doch mit der Zeit fällt dir das nur noch in Ausnahmesituationen schwer.

Du musst nicht perfekt sein

In der Frage, welcher Teil von dir sichtbar sein darf, steckt auch die Frage, was die Welt von dir sehen darf und soll, um dich als Anbieter zu wählen. Bist du eine glaubwürdige Familientherapeutin, auch wenn du mal aus der Haut fährst? Musst du als Kosmetikern immer perfekt gestylt sein, wenn man dich beim Gassi gehen im Park oder samstags beim Wochenendeinkauf am Markt trifft?

Du prüfst dich mit dem Außenblick – was sieht man von dir und was sagt das über dich und dein Unternehmen aus?

Es dauert eine Weile, bis du das richtige Gefühl dafür bekommst, wie du DU sein kannst und gleichzeitig vielleicht gerade nicht die Dinge preisgibst, die geradezu Anti-Werbung sind. Du machst dir gerade Sorgen, weil du noch gar keine KundInnen hast? Du stehst ganz am Anfang und zweifelst, ob du deinen Job gut kannst? Das darf alles sein, aber die Frage ist, wem du das wann erzählst!

Wie viele KundInnen wirst du von deinem Talent als FriseurIn beeindrucken können, wenn du in Netzwerken und Vorstellungsrunden erzählst, dass du gerade frisch deine Gesellenprüfung geschafft hast und sehr froh darüber bist, weil dir schon auch mal das eine oder andere schiefgegangen ist? Wer geht gerne zu dem Arzt, der freimütig erzählt, dass er selbst Angst hat, etwas falsch zu machen? Du brauchst einen „Inner Circle", das heißt Menschen um dich herum, denen du ehrlich von deinen Sorgen und Nöten erzählen kannst. Hier musst du nicht perfekt sein. Du darfst dich als AnfängerIn fühlen. Du darfst unsicher sein und über all das sprechen.

So verständlich es ist, dass du deine Aufregung als GründerIn teilen und aller Welt erzählen möchtest, dass du gerade angefangen hast. In den Ohren deiner KundInnen hört sich das nach mangelnder Erfahrung an und es erzeugt bei ihnen Unsicherheit.

Wenn du seit Jahren Restaurants geführt hast und nun ein neues eröffnest, hast du dir genügend Status geschaffen und Erfahrung angesammelt, um nun zu sagen: „Ich eröffne hier ein neues Restaurant und das ist aufregend für mich." Wenn du viele Jahre als BeraterIn unterwegs warst und dir nun ein neues Tätigkeitsgebiet erarbeitest, bist du Profi und keiner zweifelt an deiner Kompetenz. Wenn du gründest und vorher im Job etwas Ähnliches gemacht hast, kannst du dich als KönnerIn darstellen. Wenn du aber etwas ganz und gar Neues auf den Weg bringst und selbst nicht weißt, ob du es kannst, könnte allzu viel Ehrlichkeit zu Anti-Werbung geraten.

Je nachdem, was du machst, kann es viel Charme haben, deine Begeisterung über deinen großen Schritt in die Selbstständigkeit zu teilen. Wichtig ist nur, bei deinen KundInnen entsteht kein Zweifel über deine fachliche Kompetenz, denn damit tätest du dir keinen Gefallen.

Zum UnternehmerIn-Sein gehört es, dass du entscheidest, was auf welche Bühne gehört – die private und die öffentliche. Du wirst lernen, was du der „Welt" mitteilen willst und was du für dich behältst. Diese Unterscheidungen sind individuell und haben auch mit deinem Gefühl für Intim- und Privatsphäre zu tun. Menschen entscheiden für sich unterschiedlich, was sie von sich zeigen möchten – im Privatleben wie auch als UnternehmerIn.

Du kannst deinen Stil selbst wählen

Wir alle haben unseren persönlichen Stil – wir umgeben uns entweder gerne mit teuren Designer-Möbeln, Chrom und Glas oder mit antikem Mobiliar. Genauso pflegen wir einen persönlichen Kleiderstil, mögen bestimmte Menschen und andere weniger. Oder wie eine befreundete Unternehmerin es einmal ausdrückte: „Ich kann die Entscheidung treffen, ob ich die Unternehmerin sein will, die im Chanel-Kostüm aus ihrem Porsche steigt und die nicht schlafen kann, weil sie nicht weiß, wie sie den Porsche finanziert. Oder ich genieße, wie ich mir meinen Alltag organisiert habe, die ganzen vielen, kleinen Freiheiten, die ich jeden Tag habe. Ich habe die Entscheidung getroffen, dass ich nicht wer weiß nach außen repräsentieren muss, sondern dass ich dafür lieber nachmittags um 4 Uhr fröhlich pfeifend in der Sonne meinen Kakao trinke."

Als UnternehmerIn kannst du dir nicht alle Menschen aussuchen, mit denen du zu tun haben wirst, aber du kannst dein Umfeld wählen, du kannst durch die Einrichtung deines Büros/Ladens/deiner Praxis Akzente setzen und bevorzugt bestimmte Menschen einladen. Du kannst deine Räume so gestalten, wie du es möchtest und auf das Gesetz der Anziehung hoffen, dass dir die KundInnen ins Haus spült, die genau wollen, was du zu geben hast. Anders als in einem Unternehmen, in dem dir Strukturen und Dresscodes vorgegeben werden, hast du große Gestaltungsspielräume – die ihre Grenze in deinen finanziellen Ressourcen und dem Geschmack deiner Kundschaft finden werden. Denn auch als Selbstständiger unterliegst du natürlich gewissen gesellschaftlichen Zwängen, wenn du ernst genommen werden willst.

Gewinne ein positives Verhältnis zu dir und deinem Angebot

Dich selbstständig zu machen bedeutet, dich mit deinen Überzeugungen und deinem Blick auf dich selbst und die Welt zu beschäftigen:

Wenn du dich selbst magst, wenn du magst, was du tust und wenn du überzeugt davon bist, dass das gut ist, was du tust, wird es dir leichtfallen, anderen davon zu erzählen, egal ob schriftlich oder mündlich.

Wenn du glaubst, dass die Welt ein positiver Ort ist, wenn du denkst, dass andere dich wollen, wenn du gelernt hast, mit anderen in Kontakt zu treten, wird es dir leichtfallen, rauszugehen und KundInnen zu gewinnen.

- Wenn du glaubst, dass du in der Lage bist, dein eigenes Geld zu verdienen und dich für jemanden hältst, der durch sein Handeln Dinge bewegen kann, wirst du genau das tun: Dinge bewegen und dein eigenes Geld verdienen.
- Je stärker du der Überzeugung bist, dass du in der Lage bist, den Gang der Ereignisse zu beeinflussen, desto leichter fällt dir unternehmerisches Handeln. Die psychologische Forschung nennt das internale Kontrollüberzeugung.[99]
- Sich selbstständig zu machen, ist eine wunderbare Gelegenheit, an all diesen Themen zu arbeiten. Dass dich Angst und Zweifel plagen, ist normal und typisch für jeden, der etwas Neues macht. Es geht darum, perspektivisch so über dich und die Welt zu denken, dass du handlungsfähig bist. Je erfolgreicher dein Unternehmen läuft, desto zufriedener wirst du mit dir und der Welt sein.

Kommunikation und Networking

Es gibt Gründungen, die ohne Worte auskommen, doch das sind leider die wenigsten. Eine gelungene Selbstständigkeit hat viel mit Kommunikation zu tun. Du musst vielleicht Geldgeber und andere „Stakeholder" davon überzeugen, in deine Idee zu investieren. Deine KundInnen willst du schriftlich und/oder mündlich einladen, bei dir zu kaufen. Über Networking schaffst du dir ein Netz aus Kontakten, das zu Informationen und Empfehlungen führt. Je leichter es dir fällt, von dir und deinen Plänen zu erzählen, je geschmeidiger du im Reden oder Schreiben bist, desto schneller verbreitet sich deine Idee.

Nicht jedem fällt es auf Anhieb leicht, die eigene Idee zu vertreten. Am Anfang bindet dir Unsicherheit vielleicht die Zunge. Wenn du selbst noch nicht von deinem Tun überzeugt bist, ist es schwer, vollmundig zu verkünden, was für eine tolle Idee du hast. Das wird naturgemäß besser, je mehr du in der Materie steckst.

Auch die neue Rolle macht es vielen schwer, sich in Veranstaltungen persönlich bei KundInnen oder selbst am Telefon zu behaupten. Sie kommen sich „komisch" vor. Auch das gibt sich. Erinnere dich an frühere Übergänge wie den Übertritt an eine höhere Schule, die Universität oder den ersten Tag im neuen Betrieb. Neue Rollen brauchen zu Beginn Zeit, um sich darin einzufinden.

Wenn persönliche Kommunikation nicht dein Ding ist, brauchst du Kanäle, die dir leichter fallen. Es macht Sinn, nach diesen aktiv zu suchen. Vielleicht geht Bloggen statt persönlicher Ansprache. Vielleicht machst du tolle Flyer (mithilfe eines Grafikbüros). Eventuell hilft dir ein Texter dabei, das zu formulieren, was du ausdrücken möchtest. Oder du suchst dir Menschen, die dich unterstützen – als GeschäftspartnerInnen, MitarbeiterInnen oder Dienstleister.

WAS DIR KLAR SEIN MUSS: OHNE KOMMUNIKATION NACH AUSSEN WIRST DU NICHT BESTEHEN! SCHLIESSLICH MUSS DIE WELT ERST DAVON ERFAHREN, DASS ES DICH BZW. DEIN ANGEBOT GIBT.

Begeistere andere

So manche Idee wirst du nur dann erfolgreich umsetzen können, wenn es dir gelingt, andere zu begeistern und mit ins Boot zu holen. Bist du Solo-UnternehmerIn, kommt es erstmal nur auf dich selbst an. Doch selbst dann möchtest du vermutlich potenzielle AuftraggeberInnen von dir und deinen Inhalten, Angeboten und Dienstleistungen überzeugen. Wenn du etwas Großes in die Welt bringen willst, das viele MitstreiterInnen braucht, ist es eine unbezahlbare Gabe, anderen deine Idee so leuchtend vorstellen zu können, dass auch sie Feuer fangen.

DIE PERSÖNLICHE SEITE DES GRÜNDENS

Vielleicht fällt dir das ohnehin leicht, weil du Visionär bist und ein Talent hast, anderen in leuchtenden Farben von etwas zu erzählen, das es noch nicht gibt. Wenn du nicht über ausgeprägtes Redetalent verfügst, hole dir Hilfe. GrafikerInnen können dich darin unterstützen, deine Ideen richtig in Szene zu setzen. TexterInnen helfen dir, die richtigen Worte zu finden. Ein Image-Film kann in bewegten Bildern deutlich machen, wo du hinmöchtest. Vielleicht musst du dir aber auch einfach nur erlauben, deiner eigenen inneren Begeisterung Raum zu geben, damit sie nach außen dringen darf.

Wenn es dir gelingt, den Funken überspringen zu lassen, wird das deinen Erfolg ungleich vergrößern. Du gewinnst potenzielle AuftraggeberInnen, die verstehen, was toll an deiner Idee ist. Du überzeugst potenzielle KundInnen, deren Begehrlichkeit auf dein Angebot du wecken kannst. Du bekommst potenzielle MitstreiterInnen, die dein Projekt mit dir gemeinsam nach vorne treiben wollen. Du findest Unterstützer, die dich ermutigen, weiter zu machen.

Die Haltung ist das Wesentliche

Um dein Projekt erfolgreich werden zu lassen, kommt es auf dich und deine Talente an – keine Frage. Aber dabei geht es nicht um fixe Persönlichkeitseigenschaften, die du qua Genen oder Sozialisation mitbringen musst.

Entscheidend ist, du bist bereit, das zu lernen, was du für deine Idee brauchst und flexibel genug, um für das, was dir zwar nicht liegt, aber trotzdem notwendig ist, andere konstruktive Lösungen zu schaffen. Wesentlich sind vor allem gute Haltungen – und die kannst du lernen bzw. du kannst täglich neu an ihnen arbeiten.

Du wirst im Laufe der Zeit immer wieder Neues lernen. Deine persönliche Veränderungsreise als UnternehmerIn hört nie auf. Es gibt immer wieder neue Herausforderungen. Märkte verändern sich. Deine KundInnen verändern sich. Rahmenbedingungen ändern sich. Es kommen neue gesetzliche Anforderungen hinzu. Es entstehen neue Vertriebswege. Und für all das wirst du immer wieder neue Kompetenzen entwickeln müssen.

Es ist wichtig, dass du neugierig bleibst. „Du musst dich für alles interessieren. In deiner Branche musst du das Gras wachsen hören", sagt Wolfgang Hölker, Gründer und Chef des Coppenrath Verlags.[100]

Das schaffst du, wenn du bereit bist, dich als lernend zu begreifen, und immer wieder auf Neues einlässt. Das Geheimnis unternehmerischen Erfolgs liegt in der Bereitschaft zu Veränderung – das gilt gleichermaßen für kleine wie große Unternehmen.

> DENN DIE EINZIG WIRKLICHEN MENSCHEN SIND FÜR MICH DIE VERRÜCKTEN, DIE VERRÜCKT DANACH SIND ZU LEBEN, VERRÜCKT DANACH ZU SPRECHEN, VERRÜCKT DANACH, ERLÖST ZU WERDEN, UND NACH ALLEM GLEICHZEITIG GIEREN – JENE, DIE NIEMALS GÄHNEN ODER ETWAS ALLTÄGLICHES SAGEN, SONDERN BRENNEN, BRENNEN, BRENNEN WIE PHANTASTISCHE GELBE WUNDERKERZEN.
>
> JACK KEROUAC

5. HOCHBEGABUNG, HOCHSENSIBILITÄT UND GRÜNDUNG

Einiges deutet darauf hin, dass es bestimmten Menschen besonders wichtig ist, etwas Eigenes zu schaffen, das eigene Ding zu machen.

Das sind diejenigen, die als
- klug und hochbegabt
- „Scanner"-Typen
- hochsensibel, feinfühlig
- „Daniel Düsentrieb" bzw. kreative Chaoten oder
- Künstler-Typen
  usw. beschrieben werden.

Was all diese Menschen eint, ist ihre Andersartigkeit. Ihr Charakteristikum ist ihre hohe Begabung, in welchem Bereich sie sich auch zeigt: als vielfältiges Interesse (Scanner), als hohe Sensibilität oder als kreative Fähigkeit. Es eint sie, dass ihr Geist Futter sucht und dass sie eigene, ungewöhnliche Wege suchen und brauchen, um ihren Interessen gerecht zu werden.

Fühlst du dich einer dieser Gruppen zugehörig?

Über Hochbegabung kursieren gesellschaftlich starke Klischees. Weit verbreitet ist das Bild, dass Hochbegabte wie kleine Mozarts, quasi fertig auf die Welt kommen und sich durch ein spektakuläres, ungewöhnliches Talent in einem Gebiet auszeichnen. Gerne unterschlagen wird dabei übrigens die enorme Förderung, die Mozart durch die musikalische „Früherziehung" seines Vaters zuteil wurde. In diesem Bild ist Hochbegabung quasi ein „Add-on". Wer hochbegabt ist, ist privilegiert, weil ihm alles leichtfällt, was für andere schwierig ist. Wer hochbegabt ist, gilt einerseits als „normal", also so wie alle anderen – bis auf die Fähigkeit, in einem bestimmten Bereich Wissen anzuhäufen. Andererseits gelten Hochbegabte teilweise als skurril und eigenartig, nicht in der Lage, sich an allgemeine Gepflogenheiten anzupassen, als Sonderlinge.

Es gibt hochbegabte Menschen mit Supertalenten, also Menschen, die ein starkes, ungewöhnliches Talent haben, das sich schon früh durch herausragende Leistungen in einem Feld äußert. Viele Hochbegabte jedoch zeigen keine eindeutige Begabung und für andere erstaunliche Leistung in einem bestimmten Gebiet. Charakteristisch für sie ist eher, dass sie einen enorm regen Geist haben und sich für viele Dinge interessieren, häufig früher als ihre Altersgenossen und/oder in einem größeren Ausmaß als diese. Hochbegabte haben einen fragenden Geist, der die Dinge nicht als gegeben hinnimmt. Sie wollen selbst denken. Sie verknüpfen Wissen aus verschiedenen Wissensgebieten und kommen so zu neuen, überraschenden Lösungen. Sie zeichnen sich durch unabhängiges und kritisches Denken aus. Sie sind häufig eigenwillig und eigensinnig und wollen sich nicht an Umstände anpassen, die ihnen nicht einleuchten – bei manchen geht das so weit, dass für ihre Umwelt nicht mehr nachvollziehbar ist, wie sie sich verhalten.

So ist es kein Wunder, dass diese Eigenschaften in Schulen nicht nur Freude hervorrufen. Denn der kluge, kreative Geist vollbringt nicht einfach die geforderten Leistungen schneller als erwartet. Das würde LehrerInnen und ArbeitgeberInnen noch freuen. Stattdessen entwickeln hochbegabte Schüler eigene Lösungswege, beantworten Fragen, die gar nicht gestellt waren, vertiefen sich in Inhalte, die gerade nicht „dran" sind oder verweigern sich dem normalen Unterricht, weil dieser sie langweilt. Warum sollten sie sich mit etwas stundenlang beschäftigen, das sie längst können?

Viele Hochbegabte haben die Erfahrung gemacht, nicht angemessen gefördert zu werden und langweilen sich, weil ihr Geist nicht genügend gefordert wird. Sie erleben sich als „anders". Ein großer Teil wird zeitweise aus der Klassengemeinschaft ausgegrenzt, weil sie zu interessiert oder zu „komisch" sind. Ihre größeren intellektuellen Kapazitäten führen nicht zu positivem Feedback. Sie machen stattdessen die Erfahrung, nicht zu passen, nicht richtig zu sein, nicht dazuzugehören.

Das kann sich später an Universitäten, Fachhochschulen und Arbeitsstätten bessern, wenn es dort endlich die Möglichkeit gibt, sich gemäß den eigenen Interessen zu engagieren. So finden viele als WissenschafterInnen das passende „Biotop", Kreative in Museen, als GrafikerInnen oder Illustratoren, in Verlagen oder Agenturen Rahmenbedingungen, die es ihnen ermöglichen, ihre Fähigkeiten einzubringen.

Doch für vieles, was kluge, kreative Köpfe beschäftigt, gibt es innerhalb eines Jobs nicht das passende Spielfeld.[101] Für viele braucht es eigene kreative Räume – ob im Rahmen eines Hobbys oder einer Gründung.

Was ist typisch für Hochbegabte im Arbeitsleben, was sind typische Herausforderungen?[102]

- Sie sind intrinsisch motiviert, das heißt sie WOLLEN lernen, sich entwickeln und denken dürfen. Jobs, die ihnen zu viel Routine abverlangen, erledigen sie auf Dauer meist schlecht. Sie langweilen sich und der Geist schaltet ab, weil er nicht gefordert ist.
- Klaffen im Arbeitskontext Anspruch und Wirklichkeit zu sehr auseinander, fällt es Hochbegabten schwer, das zu akzeptieren. Sie starten als motivierte MitarbeiterInnen und „enden" frustriert und demotiviert, weil ihr Umfeld ihren hohen Ansprüchen nicht standhält.
- Haben sie einen Chef, der führen kann, ihnen herausfordernde Aufgaben gibt UND sie wertschätzt für das, was sie tun (Letzteres brauchen natürlich alle), blühen sie auf. Chefs, die inkongruent kommunizieren und schlecht führen, lassen sie aussteigen.
- Sie haben eigene Ideen und Projekte, nicht unbedingt das EINE Forschungsprojekt, sondern unter Umständen eine Vielzahl von unterschiedlichen Interessen – aber immer gibt es IRGENDETWAS, das sie gerade beschäftigt.
- Sie lernen schnell und haben eine schnelle Auffassungsgabe.
- Sie hinterfragen den SINN ihrer Aufgaben – wenn sie wissen, wofür sie etwas tun, ist alles gut. Dann geben sie alles. Wenn ihnen aber etwas nicht einleuchtet, finden sie es sehr schwer, es dennoch tun zu müssen. Aussagen wie „Einfach weil man das so macht", „Weil wir das schon immer so gemacht haben" oder „Weil der Chef es so will" helfen ihnen nicht weiter.
- Oft ist die Hochbegabung mit hoher Sensibilität gepaart – Hochsensible kriegen viel von ihrer Umgebung mit, fangen Stimmungen und Gefühle anderer auf und müssen deshalb erst mühsam lernen sich abzugrenzen.
- Sie sind sehr perfektionistisch und würdigen wenig, was sie selbst leisten. Gemessen an ihrem eigenen inneren Anspruch sind ihnen ihre Ergebnisse oft nicht spektakulär und gut genug. Während das Umfeld bereits staunt, haben sie noch das Gefühl, dass es längst nicht reicht.[103]

Selbstständigkeit als Weg?

Wenn du dich in diesen Beschreibungen wiedererkennst, kann eine Gründung die Lösung für dich sein. Indem du gründest, hast du die Chance, dir einen Job rund um die eigenen Interessen und Begabungen aufzubauen. Du kannst dein vernetztes Denken, deine spezifischen Fähigkeiten und Vorlieben unterbringen und dir ein Arbeitsfeld schaffen, das dir und deinen Neigungen gerecht wird. Du kannst Dinge zu einem Arbeitsplatz kombinieren, die dir kein Personalchef genehmigen würde. Auf dem

Markt könnten deine ungewöhnlichen Wissens-Interessen und Fähigkeiten-Kombinationen Qualität sein – vorausgesetzt, das Marketing stimmt.

Das Gute: Du musst nicht bei deiner ursprünglichen Wahl stehenbleiben. Wer selbstständig ist, DARF nicht nur für Innovation sorgen – er SOLLTE es sogar. Dieser Aspekt kommt dem Drang der Hochbegabten nach Neuem sehr entgegen. Die meisten von ihnen wollen ohnehin nicht aufhören zu denken und sich stetig verbessern. Immer die gleichen Seminarunterlagen? Viel zu langweilig – seit dem letzten Durchlauf gibt es schließlich neue Erkenntnisse unterzubringen.

Wenn du selbstständig bist, hast du die Chance, dir deinen eigenen Arbeitsplatz zu schaffen und kannst damit deiner persönlichen Mischung von Macken und Stärken gerecht werden. Wenn du hochsensibel bist, kannst du deine persönlichen Bedürfnisse in die Planung deines Arbeitsumfelds miteinbeziehen:

Welche Rahmenbedingungen brauchst du? Was macht für dich einen guten Arbeitsplatz aus? Welche Außenreize verkraftest du gut? Wofür eignen sich deine feinfühligen Antennen besonders gut?

In vielen künstlerischen oder therapeutischen Berufen beispielsweise ist es von großem Vorteil, viel wahrzunehmen.

Die Selbstständigkeit gibt dir die Möglichkeit, dein eigenes Tempo zu bestimmen und dich damit Herausforderungen in deinem Rhythmus zu stellen. Wer einige Zeit hochkonzentriert arbeitet, dann aber erstmal eine längere Pause benötigt, hat es im normalen Arbeitsleben schwer. Wer gerne stundenlang über einem spannenden Projekt brütet, im Zweifelsfall auch gerne bis spät in die Nacht, sich aber bei Routinetätigkeiten nicht konzentrieren kann, kann sich in der Selbstständigkeit austoben. Niemand schreibt dir vor, wie ein geregelter Arbeitstag auszusehen hat. Wenn du alles Wichtige im Blick behältst, ist es DEINE Sache, wie du dich organisierst.

Außerdem bietet dir die Selbstständigkeit den geeigneten Rahmen, dich einem großen Projekt Schritt für Schritt zu nähern. Aufgrund ihres großen Perfektionismus blockieren sich viele Hochbegabte gerne selbst. Manchmal fällt es ihnen ausgesprochen schwer, ihr Projekt in die Welt zu geben. Es reicht ihnen einfach nicht, was sie hervorbringen. Manchmal kann es erst mit viel Lob und Aufmunterung von außen weitergehen. Verspüren sie jedoch Druck, setzt die Blockade ein – frei nach dem Motto: Wenn mir jemand sagt, dass ich über diese Hürde springen SOLL, geht gar nichts mehr. Wenn ich über diese Hürde springen MÖCHTE, werde ich auf Dauer Mittel und Wege finden.

Viele Hochbegabte sind gerne Bestimmer. An der Selbstständigkeit schätzen sie, dass ihnen keiner mehr reinredet. Endlich dürfen sie die Dinge so machen, wie SIE das wollen. Sie können ihre eigenen Ideen verwirklichen und auch Abseitiges ausprobieren. Vorausgesetzt, sie bekommen gleichzeitig den nötigen Zuspruch, den sie als Gegenspieler für ihren Perfektionismus und die damit einhergehende Selbstkritik brauchen.

Charakteristische Herausforderungen

Hochbegabte haben gleichzeitig typische Herausforderungen zu meistern, wenn sie den Weg in die Selbstständigkeit wählen:[104]

Etwas in die Welt bringen

Wenn du wie viele Selbstständige sehr perfektionistisch bist, kann das dazu führen, dass du wichtige Schritte erst gar nicht machst – denn was du hervorbringen würdest, würde deinen Ansprüchen nicht genügen. Ich kenne einige GrafikerInnen, die zwar anderen zu wunderbaren Webseiten verhelfen, denen es aber nicht gelingt, sich selbst eine eigene Homepage zu gestalten. Alles, was sie für sich selbst machen, ist ihnen nicht gut genug.

Den Wald vor lauter Bäumen sehen

Hochbegabte laufen gerne Gefahr, sich in inneren Ansprüchen zu verlieren statt im Blick zu haben, was Märkte und KundInnen wirklich von ihnen wollen. Innere Erwartungen und reale Anforderungen können weit auseinanderklaffen. Wer marktgerecht handeln will, tut gut daran, im Außen zu überprüfen, was nötig ist, um erfolgreich zu sein.

Die Balance von Bestehendem und Neuen finden

Du wirst weiterhin den Wunsch haben, dich zu entwickeln und Neues zu kreieren. Doch auch in der Selbstständigkeit gibt es Routinen oder Dinge, die sich etabliert haben, die funktionieren und die das Geld bringen. Diese beiden Stränge in Einklang zu bringen, ist nicht immer leicht. Eventuell kannst du sich in der Selbstständigkeit entwickelnde Routinetätigkeiten delegieren. Oder du musst für gute Ausgewogenheit zwischen beidem sorgen. Absichtsloses Entwickeln von Ideen kann ein fruchtbarer Boden für zukünftig lukrative Geschäftsfelder sein – oder dich in den Ruin stürzen. Je nachdem, ob es dir gelingt, dem, was täglich nötig ist, genügend Aufmerksamkeit zu widmen.

DIE PERSÖNLICHE SEITE DES GRÜNDENS

Angst vor Ablehnung

Aufgrund ihrer Andersartigkeit haben viele Hochbegabte die Erfahrung gemacht, nicht zu passen – in Gruppen, in Betriebe, in Schulen oder Ausbildungen. Ihre Erzählungen sind voll von Mobbing und Ausgrenzung in ihrer Schul- oder sogar Berufszeit. Jeder einzelne von ihnen hat daher einerseits großes Potenzial, häufig aber auch große Angst vor Ablehnung. Diese zu überwinden und den eigenen Möglichkeiten Geltung zu verschaffen, ist eine große Herausforderung. Wer die Erfahrung gemacht hat, mit dem Eigenen nicht gehört und gesehen zu werden, tut sich deshalb oft schwer, sich nach vorne zu trauen und anderen von den eigenen Ideen zu erzählen, potenzielle AuftraggeberInnen anzusprechen oder NetzwerkpartnerInnen ins Boot zu holen.

Mangelndes Selbstbewusstsein und Unsicherheit

Im Gegensatz zur landläufigen Meinung über Hochbegabung, mangelt es vielen Betroffenen gerade an Selbstbewusstsein und sie müssen sich mühselig einen neuen, positiven Kontext über sich selbst erarbeiten. Geschäftlicher Erfolg hat nicht nur mit hervorragender Qualität zu tun. Genauso wichtig ist es, die eigenen Qualitäten „groß" machen zu können. Im Geschäftsleben sind oft diejenigen erfolgreicher, die aus wenig viel machen als die, die aus viel wenig machen, weil sie vor lauter Understatement und Perfektionismus nicht marktschreierisch genug sind.

Innovation findet nicht automatisch Beifall

Innovationen müssen sich meist erst gegen Konservatismus und Skepsis durchsetzen. Das Neue wird häufig von Menschen kritisch gesehen, die sich schwertun, wenn etwas anders ist, als sie es gewohnt sind. Hinzu kommt, dass es in Deutschland scheinbar zum guten Ton gehört, die unzureichenden Aspekte einer Idee hervorzuheben, angeblich in der guten Absicht, vor Irrtümern und Fehlern zu bewahren. Eine solche Feedback-Kultur setzt jedoch voraus, dass der Ideen-Vorsteller damit auch umgehen kann. Trifft harsche Kritik auf großen Perfektionismus, werden Ideen begraben, die es wert wären, weiter verfolgt zu werden.

KURZ: DIE TATSACHE, DASS DU EINE TOLLE IDEE HAST, HEISST NOCH LANGE NICHT, DASS DU DAFÜR BEIFALL UND ANERKENNUNG ERNTEST, WENN DU SIE ANDEREN VORSTELLST. ES GEHÖRT ZU DEN KOMPETENZEN, DIE DU IM LAUFE DEINER GRÜNDUNG ENTWICKELN MUSST, DIR KONTEXTE ZU SCHAFFEN, DIE DICH NÄHREN UND DIE DIR DABEI HELFEN, DEINE IDEEN WEITERZUENTWICKELN.

6

ÜBERWINDE HÜRDEN UND HINDERNISSE: WIE KOMMST DU ANS ZIEL?

WER ETWAS HABEN MÖCHTE,
WAS ER NOCH NIE HATTE,
WIRD WOHL ETWAS TUN MÜSSEN,
WAS ER NOCH NIE TAT.

ICH WÜNSCHE DIR MENSCHEN AN DEINER SEITE,
DIE EINE GRÖSSERE VISION VON DIR HABEN ALS DU SELBST.

1. DEINE HELDENREISE

Hollywood-Filme, Märchen oder Fantasy-Erzählungen lassen uns mitfiebern, weil wir uns mit den Titelhelden identifizieren, die Herausforderungen und Probleme bewältigen müssen, um an das ersehnte Glück zu kommen. Diese Geschichten funktionieren deshalb so gut, weil sie die typischen Stationen beschreiben, die ein Mensch erlebt, der sich auf den Weg macht, sein vertrautes Umfeld zu verlassen – entweder, weil er will oder weil er muss.

Wenn du aufbrichst, deine Ideen zu verwirklichen, wirst du nicht nur mit der Ausarbeitung deines Konzepts konfrontiert, sondern du wirst dich unweigerlich auch mit dir selbst auseinandersetzen müssen, um erfolgreich zu sein.

Wahrscheinlich hast du keine Weltmeere umsegelt – doch das brauchst du nicht, um zu wissen, dass ein Christoph Kolumbus mit Entbehrungen umgehen können und er eine sehr starke Vision seines Ziels haben musste, um all die Strapazen auf sich zu nehmen, denen er sich und seine Männer aussetzte.

Wahrscheinlich bist du kein berühmter Schauspieler – und das musst du nicht sein, um eine Idee davon zu haben, dass auch das eigene Selbst mitwachsen muss, um es auszuhalten, im Rampenlicht zu stehen.

Vielleicht hast du dich nicht intensiv mit Goethe, Heine oder Mozart beschäftigt – doch haben wir alle eine Ahnung davon, dass ihnen ihre Erfolge trotz aller Talente nicht einfach geschenkt wurden, sondern das Ergebnis harter Arbeit und innerer Kämpfe war.

Dem US-amerikanischen Professor, Autor und Mythenforscher Joseph Campbell gebührt der Verdienst, beschrieben zu haben, was typisch ist für Menschen, die aufbrechen in ferne Welten – reale oder imaginäre. Er hat den Geschichten, Mythen und Märchen inhärenten Plot in Form typischer Stationen beschrieben, sozusagen das Muster, das einer funktionierenden Geschichte zugrunde liegt. Hollywood hat sich von ihm inspirieren lassen und andere haben aus der Heldenreise Methoden für Coaching und Beratung gemacht.

Die Verwirklichung deiner Ideen kannst du als eine solche Heldenreise ansehen. Auch du machst dich auf, deine vertraute Umgebung zu verlassen, um unbekannte Gefilde zu erobern. Deshalb möchte ich dir die Stationen der Heldenreise, wie Campbell sie beschreibt, einmal schildern. Das gibt dir die Möglichkeit, sie Schritt für Schritt auf deine eigene Heldenreise zu übertragen:

Was musst du verlassen? Welche Drachen musst du besiegen?
Welchen Preis möchtest du erobern?

Ob Harry Potter, Schneewittchen oder Herr der Ringe – Märchen, Filme und Fantasy-Geschichten sind vermutlich deshalb erfolgreich, weil sie archetypisch beschreiben, was einem Menschen begegnet, der sich ins Unbekannte wagt: Er muss sich typischen Herausforderungen stellen, er muss äußere Bewährungsproben bewältigen und er muss an inneren Krisen wachsen. Erst wenn ihm das gelingt, wird er zum „Helden", der Gefahren besteht, falsche Freunde entlarvt, Helfern und Rettern begegnet, den Drachen besiegt, um am Ende den Thron zu besteigen oder die Prinzessin zu heiraten.

Was sind die typischen Stationen deiner Heldenreise nach Campell:

Jede Geschichte beginnt mit dem Aufbruch aus einer gewohnten Welt (Stufe 1), die nicht mehr tragfähig ist, weil du, der Held oder die Heldin, nicht mehr zufrieden bist. Alles ist zwar sicher und vertraut, aber trotzdem fehlt dir etwas. Vielleicht sträubst du dich gegen die Veränderung, kannst aber nicht mehr bleiben – du hast zum Beispiel die Kündigung bekommen oder dein Job macht dir einfach keinen Spaß mehr. Vielleicht war es aber auch ein inneres Gefühl, dass es so nicht mehr weitergehen kann oder eine bestimmte Situation hat dich in Kontakt mit deiner Idee und deinem Potenzial gebracht.

Egal, warum – der Ruf zum Abenteuer (Stufe 2) hat dich ereilt. Du kannst nicht mehr in deiner Komfortzone bleiben, denn du hast nun eine Vision davon, was sein könnte.

Die typische Reaktion ist zumeist nicht Frohlocken, sondern vielmehr die Verweigerung dieses Rufs (Stufe 3). Das ist zu groß, zu viel, zu gefährlich. Am liebsten möchtest du bleiben, wo du bist, denn dort ist es sicher und vertraut. Schwellenhüter (Menschen, die dich so kennen und behalten wollen, wie du warst) wollen deinen Aufbruch verhindern, denn du bedrohst auch ihre gewohnte Welt, wenn du dich veränderst. Manche sind Gestaltwandler – das heißt sie zeigen sich als Freunde und entpuppen sich mit der Zeit doch als Gegner oder sie scheinen dich aufhalten zu wollen und werden stattdessen zu deinen Verbündeten.

DEINE HELDENREISE

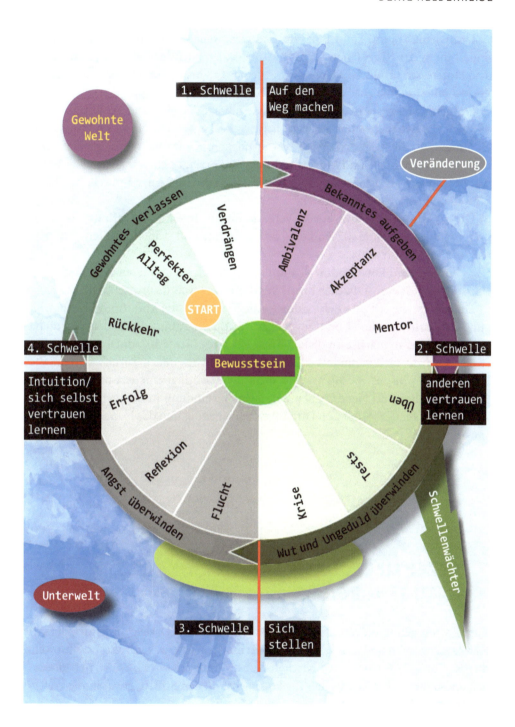

Doch deine Träume kannst du nur umsetzen, wenn du dem Ruf folgst. Unterwegs findest du in der Regel einen Mentor (Stufe 4), jemand, der dir den Weg weist, der deine Interessen im Blick hat, der dir mit seiner Erfahrung weiterhelfen kann und so überschreitest du die erste Schwelle zum Neuen (Stufe 5).

Du gehst vielleicht in ein Gründungsseminar oder eine andere Veranstaltung, die dir neue Möglichkeiten aufzeigt. Das weckt Ängste. Du fängst an zu handeln. Nun musst du dich mit den ersten Bewährungsproben (Stufe 6) auseinandersetzen. Du findest Verbündete und MitstreiterInnen und es zeigt sich, wer gegen dein Vorhaben ist und wer an deiner Seite steht. Jedes Überschreiten einer Schwelle wird auch Schwellenhüter auf den Plan rufen.

Du experimentierst mit ersten Veränderungen. Irgendwann dringst du in die tiefste Höhle vor (Stufe 7). Du begegnest dir selbst und deinen größten Ängsten – real und/oder in dir selbst.

Es kommt zum Entscheidungskampf (Stufe 8): Gehst du diesen Weg weiter oder kehrst du um? Nimmst du dich ernst? Wird gelingen, was du anstrebst?

Du erhältst die erhoffte Belohnung (Stufe 9) – die ersten KundInnen, die Bewilligung des Darlehens/des Gründungszuschusses, du bekommst den Laden, den du haben willst. Und so machst du dich auf den Rückweg (Stufe 10), doch musst du feststellen, dass du dich verändert hast. Du kannst nicht einfach zurück in dein altes Leben – und willst es vor allem nicht mehr. Du hast dich erneuert und verwandelt (Stufe 11), Altes und Neues haben eine neue Verbindung in dir gefunden und du gewinnst das Elixier (Stufe 12). Du fühlst dich lebendig und das Neue gelingt.[105]

> ES GIBT NUR EINEN WEG, UM KRITIK ZU VERMEIDEN:
> NICHTS TUN, NICHTS SAGEN, NICHTS SEIN.
> ARISTOTELES

2. AKZEPTIERE, DASS SCHWIERIGKEITEN DAZUGEHÖREN

Zum Prozess gehören Unsicherheit und Schwanken dazu. Das eigene Schicksal in die Hände zu nehmen und sich selbstständig zu machen, ist etwas „Großes". Selbst wenn du erst einmal nur eine kleine Nischen-Selbstständigkeit wagen willst, nebenberuflich und ohne großes finanzielles Risiko, machst du den Schritt, etwas in die Welt zu bringen, was dir wichtig ist.

Zweierlei sorgt dafür, dass große Visionen und tolle Ideen immer wieder aufgeschoben werden:

- Du weißt nicht, WIE du das Ganze umsetzen sollst (und möchtest).
- Du hast Angst davor, zu scheitern.

Jede Idee muss gegen deinen inneren Kritiker bestehen

Du selbst bist vermutlich der ärgste Widersacher deiner Idee. Du hast Lust und Impulse, die FÜR deine Idee sprechen, aber mindestens genau so groß, vielleicht sogar noch viel größer ist der Chor der Gegenstimmen. Diese Gegenstimmen repräsentieren ein Bündel aus Erfahrungen, vorweggenommenen Reaktionen von außen und innere Glaubenssätze – und sie sind so laut, weil sie dich vor dem Scheitern bewahren wollen. Du selbst klopfst erst einmal innerlich Gegenargumente ab, diskutierst Pro und Contra, kommst dir größenwahnsinnig vor und weißt nicht, ob du genial oder irrsinnig bist. Ist das, was du dir da überlegst, so neu, dass es bahnbrechend und richtig GUT ist? Oder ist es totaler Blödsinn?

Wie kannst du herausfinden, ob deine Idee Boden hat? Die Kunst ist, deine Idee erst einmal vor dir selbst bestehen zu lassen und dich zu trauen, sie immer weiter zu DENKEN. Achte darauf, wie oft du dir innere Denkverbote erteilst:

- Das ist Quatsch!
- Das funktioniert eh nie!
- Das gibt's schon.
- Das ist doch nichts Besonderes.
- Wenn es wirklich so genial wäre, hätte es schon jemand anderes entdeckt.
- Ich bin nicht gut genug.

An diesen inneren Sätzen muss deine Idee vorbei, um Entwicklungschancen zu haben.

Raum für deinen inneren Kritiker

Der innere Kritiker taucht gerne dann auf, wenn du dich doch eigentlich mit deiner Idee befassen willst. Sein wichtigstes Anliegen ist es, gehört zu werden. Er will dich vor Gefahren bewahren. Gib ihm kurz Raum, wenn er sich allzu massiv meldet. Je mehr du versuchst, ihn in die Ecke zu drängen, desto mehr wird er sich aufdrängen.

WIE KOMMST DU ANS ZIEL?

Widme ihm zum Beispiel eine eigene Datei oder einige Seiten in deinem Notizbuch. Hier notierst du alle Einwände und Bedenken, die er äußert. Anschließend wendest du dich wieder dem zu, was du eigentlich machen wolltest. Oft hilft es schon, dass das, was er zu sagen hat, seinen Platz gefunden hat.

 Um dem inneren Kritiker ein Gesicht zu geben, hilft es, ihn zu zeichnen. Wie sieht dein innerer Kritiker aus? Vielleicht ist er doch nur ein kleines Männlein, das sich aufspielt? Schau, wessen Gesicht er trägt. An wen erinnert er dich?

Häufig wiederholt unser innerer Kritiker Stimmen unserer Kindheit, unserer Eltern oder anderer Erwachsener, die uns dereinst warnen wollten, etwas zu tun, was sie nicht guthießen:

- Du durftest nie laut sein, weil das deine Eltern nervte? Wenn du dich heute auf eine Bühne stellen möchtest, ist es hinderlich, wenn in dir ein inneres Gebot sagt: Sei leise und unauffällig.
- In deiner Familie galt es als großer Wert, bescheiden zu sein? Das ist ausgesprochen hinderlich, wenn es darum geht, Honorare mit Auftraggebern zu verhandeln.

Illustration: Lara Hochbahn

Wenn du dich mit solchen inneren Sätzen herumschlägst, kann es alleine schon hilfreich sein zu erkennen, dass sie aus der Vergangenheit stammen und nur dort ihren Sinn hatten, dass du gelernt hast, ihre Gebote zu befolgen.

Schaff dir einen UnterstützerInnen-Kreis

Suche dir Menschen, die auf deiner Seite sind, die deine Idee gut finden und dir zutrauen, dein Potenzial zu verwirklichen, um deinen inneren wie äußeren Kritikern entgegenzutreten. Wenn die inneren Zweifel übermächtig werden, ist es sehr wohltuend, wenn du Menschen als Helfer ins Boot holen kannst, die an dich glauben und dir sagen: Gib nicht auf, mach weiter! Manchmal hilft es, ihnen klare Arbeitsaufträge zu geben, zum Beispiel: „Sag mir einfach, es ist alles gut, wenn ich wieder an meinem Projekt zweifle."

Vielleicht gibt es in dir auch positive innere Stimmen und Helfer. Du kannst gezielt nach ihnen suchen und dir innere Ratgeber schaffen, um dich in schwierigen Situationen fragen zu können: „Was würde X jetzt tun oder sagen?" Auch sie kannst du malen oder visualisieren. Hauptsache, du wirst in deinem Glauben an dich selbst gestärkt und findest Orientierung.

Unterstützung findest du bei Menschen, die ebenfalls auf dem Weg sind, ihre Ideen zu verwirklichen. Ihr habt ähnliche Fragen, Ängste und Bedürfnisse. Es ist fruchtbar und befreiend, über die eigenen Ideen sprechen zu können. Das können Gründerseminare oder eine Beratung, ein Gründerstammtisch oder Menschen aus deiner Branche sein – vielleicht wirst du auch bei deinem Berufsverband fündig. Oder du sprichst andere an, die sich auf den Weg gemacht haben, und gründest selbst einen Creative Circle.

Mir hat es immer sehr geholfen, mich regelmäßig mit Freunden zu verabreden und meine Projekte durchzusprechen. Die Grundregel war, erst gemeinsam zu frühstücken und Privates auszutauschen, dann miteinander zu arbeiten – ob am Schreibtisch oder bei einem gemeinsamen Spaziergang. Hauptsache, es war klar, dass beide die gleiche Zeit bekommen, um mit ihrem Anliegen weiterzukommen.

Reaktionen deines Umfelds

Dein persönliches Umfeld erfährt vermutlich als Erstes von deiner Idee. In den letzten Jahren hat sich hier viel getan, weil es für viele Menschen eine realistische Option geworden ist, sich eventuell selbstständig zu machen. Die Wahrscheinlichkeit, dass du auf jemanden triffst, der auch schon mal über eine Gründung nachgedacht hat, ist erheblich größer geworden – und damit die Wahrscheinlichkeit, dass du eine positive Reaktion für deine Ideen bekommst.

Gerade weil zu Anfang die Ideen in uns noch auf wackeligen Beinen stehen und mit vielen inneren Gegenargumenten konfrontiert werden, haben die Reaktionen des Umfelds große Macht. Triffst du auf jemanden, der sofort sagt: „Bist du verrückt? Hast du nicht gesehen, wie viele Läden leer stehen?! XY hat es auch versucht und es hat nicht geklappt. Wie stellst du dir das denn vor?", wird dein kleines Pflänzchen „Gründung" vielleicht erstmal sofort im Keim erstickt. Die Zeitungen berichten täglich über Pleiten und Pannen. Leerstehende Läden kann man als Chancen sehen – aber auch als Hinweis darauf, dass es da schon wieder einer nicht geschafft hat.

Oder du trotzt den äußeren und inneren Kritikern. Du hältst die Ohren offen und erfährst von immer mehr Leuten in deinem direkten oder weiteren Umfeld, die ernsthaft darüber nachdenken, sich selbstständig zu machen. Die Aufmerksamkeit wird selektiv – auf einmal scheint die Welt voll vom Thema Selbstständigkeit. Wer überlegt einen Laden aufzumachen, sieht überall leerstehende Läden. Wer Beratung anbieten will, sieht sich plötzlich umgeben von Menschen, die zu irgendeinem Thema Beratung suchen. Bücher über Gründung tauchen aus dem Nichts auf und die Zeitungen sind voll von Veranstaltungen zum Thema ... Irgendwie lässt dich das Ganze doch nicht so richtig los.

Umgang mit Rückschlägen

Kaum ein erfolgreicher Unternehmer, Künstler, Autor oder Wissenschaftler berichtet nicht auch über Rückschläge und Misserfolge.

BEISPIELE:

Der englische Landarzt Edward Jenner erfand die Impfung mit Kuhpocken und legte damit den Grundstein zur Ausrottung der hochansteckenden Krankheit. Indem er seinen eigenen Sohn zunächst impfte und dann mit der Krankheit infizierte, lieferte er den Nachweis, dass sein Impfkonzept wirklich in der Lage war, eine hoch gefährliche Krankheit zu eliminieren. Von der Royal Society, der nationalen Akademie des englischen Königreichs im naturwissenschaftlichen Bereich, erntete er zunächst jedoch nur Spott. Man konnte sich nicht vorstellen, dass ein einfacher Landarzt eine bahnbrechende Erfindung gemacht hatte und fand die Beweislage zu dünn.

Die Liste der von Verlagen abgelehnten Welt-Autoren ist lang: Umberto Eco („Der Name der Rose") kassierte 36 Absagen, William Golding, der später den Nobelpreis erhielt, konnte „Lord of the flies" erst nach 20 Absagen und gravierender Überarbeitung veröffentlichen. Bekanntestes Beispiel ist Joanne Rowling, deren „Harry Potter"-Erstling von einem Dutzend Verlagen abgelehnt wurde.[106]

Rückblickend erzählen viele, dass der Weg zum Erfolg steinig war, dass sie manchen Umweg gegangen sind und erst mit der Zeit entdeckt haben, was wirklich funktioniert. Wolfgang Hölker, Gründer des Coppenrath Verlags, berichtete anlässlich eines Vortrags zur Eröffnung der Münsteraner Gründerwoche von seiner ersten Verlagsgründung, dem Hölker Verlag. Er habe wunderbare Bücher gemacht, die aber kaum jemand haben wollte. Erst als er begann, Kochbücher zu verlegen, nahm das Verlagsgeschäft Fahrt auf. Reiner Zufall, sagt er: „Manchmal kommst du über einen Misserfolg zum Erfolg."[107] Hölker betonte, dass er nicht auf Anhieb alles richtig gemacht habe. „Ich hatte keine Ahnung vom Vertrieb", sagt er und dass das gut war, sonst hätte er sich vielleicht gar nicht selbstständig gemacht. „Misserfolge gehörten dazu, auch wenn Existenzängste schwer auszuhalten sind", so sein Fazit.

> KRISEN SIND ANGEBOTE DES LEBENS, SICH ZU WANDELN.
> MAN BRAUCHT NOCH GAR NICHT ZU WISSEN, WAS NEU WERDEN SOLL.
> MAN MUSS NUR BEREIT UND ZUVERSICHTLICH SEIN.
>
> LUISE RINSER

3. FINDE VORBILDER UND ERLAUBNISSE

Sorg dafür, dass dich die Vergangenheit nicht hindert

Welche Bilder vom Gründen und Erfolg hast du im Kopf?

Mit welchen Haltungen du auf dich und deine berufliche Laufbahn und deine zukünftigen Chancen blickst, ist mitgeprägt durch die Erfahrungen, die du in deiner Familie gemacht hast. Konkret: War Papa erfolgreich, war Mama berufstätig? Waren sie zufrieden mit ihrer beruflichen Laufbahn oder gab es Schwierigkeiten, Scheitern, Arbeitslosigkeiten und Unzufriedenheit? Das alles hat dich unbewusst oder bewusst mitgeprägt. Du hast als Kind und als Jugendliche erlebt, welche Rolle die Berufstätigkeit deiner Eltern spielte, wie souverän deine Eltern ihre Jobs ausgefüllt haben, was sie darüber gedacht und gesagt haben – und du hast dir eigene Urteile gebildet. Meine Kinder beispielsweise haben bereits mit der Pubertät angefangen, mir gegenüber zu äußern, was sie spannend an meiner Selbstständigkeit finden. Sie haben wahrgenommen, welche Vor- oder Nachteile die verschiedenen Berufstätigkeiten ihrer Eltern haben. Das ist zwar kindlich/jugendlich gefärbt, aber hinterlässt trotzdem starke Eindrücke darüber, wie attraktiv verschiedene Formen des Broterwerbs sind.

Manche Menschen haben direktive Ratschläge ihrer Eltern erhalten. Berufswünsche wurden abgelehnt, andere favorisiert. Dies galt als möglich und erreichbar, jenes nicht. Um ihre eigenen Ideen verfolgen zu können, standen sie vor der Herausforderung, die verinnerlichten elterlichen Anweisungen über Bord zu werfen. Andere dagegen waren in ihren Entscheidungen frei und sind ihren Berufsweg weitgehend selbstbestimmt gegangen – zumindest losgelöst von elterlichen Wünschen. Ihre Herausforderung war es, sich mit der schier unermesslichen Fülle möglicher Berufe und Lebenswege auseinanderzusetzen, selbst die Wahl zu treffen und diese auch zu verantworten.

So oder so haben dich die Ideen deiner Eltern bzw. deines familiären Umfelds geprägt, was im Leben als erstrebenswert gilt. Zudem wurdest du mit Erwartungen konfrontiert, wie ein erfolgreiches Leben aussehen könnte – ausgesprochen oder unausgesprochen.

Die Erfahrungen deiner Kindheit können dich einschränken, wenn du es nicht schaffst, innerliche Grenzen zu sprengen. Es ist gar nicht so leicht, größer zu werden als die eigenen Eltern. Und selbst wenn du das, was du zu Hause erlebt hast, hinter dir lassen und alles ganz anders als deine Eltern machen möchtest – geprägt haben dich diese Erfahrungen dennoch.

In manchen Familien wird das Thema Selbstständigkeit insgesamt skeptisch bewertet oder kritisch gesehen, sei es, weil Onkel Hugo damals so spektakulär mit seinem Handwerksbetrieb gescheitert ist, sei es, weil Tante Birgit nie Zeit für ihre Kinder hatte, weil sie immer im Laden stehen musste. Oder Selbstständige gelten generell als „die da oben", als fremd und „so sind wir nicht, dazu haben wir nicht das Zeug". Manchmal sind diese Familienbilder explizit und deutlich, manchmal eher diffus als blockierende Angst spürbar. Erst das intensive Auseinandersetzen mit den Ursachen, warum es an bestimmten Punkten nicht beruflich weitergeht, fördert dann bei GründerInnen Ängste und Glaubenssätze zutage, die jenseits konkreter Besorgnisse eine Gründung als gefährlich beschreiben.

BEISPIEL:

Annas Vater hat sich erst spät selbstständig gemacht – und war nicht besonders erfolgreich. Anna hat diese Gründung als Jugendliche miterlebt. Ihr Vater hat seine Fragen mit ihr besprochen (soll ich das Logo so oder so machen?) und sie hat sich geschmeichelt gefühlt, als Ratgeberin gefragt zu sein. Gleichzeitig hat sie sich überfordert gefühlt. Das alles war damals eine Nummer zu groß für sie. Als ihr Vater mit seiner Gründung gescheitert ist, hat sie sich innerlich mit-gescheitert gefühlt – und vor allem mit-verantwortlich.

Als sie sich selbst mit dem Gedanken trägt, sich selbstständig zu machen, tauchen in ihr große Ängste auf. Gründen ist für sie innerlich mit Scheitern assoziiert. Das macht es für sie kaum vorstellbar, dass sie es schaffen kann. Erst durch gezielte Beschäftigung mit ihren Erinnerungen ist es ihr möglich, neue Sichtweisen auf das damalige Geschehen zu entwickeln. Ihr wird klar, dass sie als Jugendliche natürlich keinen realen Einfluss auf die Geschäftsentwicklung des väterlichen Betriebs hatte und folglich auch nicht an der Pleite schuld ist. Es tauchen auch andere familiäre Erfahrungen auf. Ihr Großvater war auch Unternehmer, wird ihr irgendwann bewusst – und zwar erfolgreich.

Mit GründerInnen auf diese besondere Art der Ahnenforschung zu gehen und in der Familie nach Selbstständigkeiten zu suchen, ist oftmals sehr spannend. Denn häufig zeigt sich, dass viele Tätigkeiten oder Aufgaben im familiären Bewusstsein gar nicht als Selbstständigkeit wahrgenommen wurden. Da ist Opa Wirt und Oma hat in der Küche mitgeholfen, Papa ist Arzt oder Tante Ilse hatte einen Kiosk. Erst auf den zweiten Blick erkennt man, dass sie eigentlich alle selbstständig waren. Der Bauer, der Arzt, der Handwerker, die mit im Laden stehende Mutter, die Oma, die auch „in der Kanzlei war" – sie alle haben sich nicht als Unternehmerinnen begriffen und wurden familiär nicht so gesehen, obwohl sie es faktisch waren.

Gehst du auf Spurensuche, kann dir plötzlich klarwerden, dass es schon früher in deiner Familie Selbstständigkeiten gab. Oder du entdeckst, dass das, was du jetzt inhaltlich machen willst, bereits ein Lebenstraum eines Vorfahren war.

BEISPIELE:

Oft ziehen sich Talente wie eine Spur durch die Familiengeschichte, wenn man genauer schaut. Die Musikerin hat einen Vater, der offenbar großes musikalisches Talent hatte, das aber nur im Familienkreis seinen Ausdruck fand. Die innovative Wissenschaftlerin und Beraterin hat zahlreiche Vorfahren, die in ihrer Freizeit an Erfindungen gebastelt haben. Der ambitioniert agierende Bauunternehmer steht in einer langen familiären Tradition von Bauunternehmern.

WIE KOMMST DU ANS ZIEL?

Sich in einer Reihe mit deinen Ahnen zu sehen, kann dir Rückendeckung geben. Wenn du deine Vorfahren mit ihren Erfahrungen und Erlebnissen, Erfolgen und Misserfolgen in deinem Rücken spürst, fühlst du dich unter Umständen für den aufregenden Weg gewappnet. Dazu ist es gar nicht nötig, dass diese Menschen dir konkret zur Seite stehen – es ist schon spannend zu sehen, dass andere Familienmitglieder vor dir ähnliche Wege gegangen sind.

BEISPIEL:

In meiner Jugend oder während meiner Studienzeit habe ich das Thema Selbstständigkeit nie bewusst als berufliche Möglichkeit in Erwägung gezogen. Meine Mutter war Hausfrau, mein Vater leitender Angestellter. Daher war mein Weg sozusagen vorgeebnet, mir nach dem Studium einen Job zu suchen. Erst nachdem ich schon lange selbstständig war, habe ich mich im Rahmen einer Beratungsausbildung mit meiner Familiengeschichte beschäftigt. Dabei kam mir die Idee, die Berufe meiner Vorfahren näher anzusehen. Erst da fiel mir auf, wie viele von ihnen selbstständig gewesen sind. Dass mein Großvater Unternehmer war, wusste ich. Dass aber meine Großmutter, von der es immer hieß, sie hätte in der Kanzlei gearbeitet, damit faktisch mit ihm gemeinsam Unternehmerin war, war mir nie bewusst geworden. Das hatte in der familiären Wahrnehmung auch nie eine Rolle gespielt – typisch für die Selbstständigkeit von Frauen. Ganz abgesehen davon, dass sie nebenbei noch fünf Kinder geboren und großgezogen hat. Zwei meiner Onkel haben diese Selbstständigkeit fortgeführt.

Mein anderer Großvater war Schmied, mein Urgroßvater Wagner.[108] Auch diese beiden führten einen selbstständigen Betrieb. Meine Schwester und ich, die wir beide den Weg in die Selbstständigkeit gewählt haben, setzen also eine Familientradition fort.

Welche Bilder von Berufstätigkeit gibt es in deiner Familie? Was gilt als gut, richtig und erfolgversprechend, was als schwierig und gewagt?

Haben bisher alle Familienmitglieder die Beamtenlaufbahn, die typischerweise Sicherheit versprach, eingeschlagen, scheint für den Abkömmling der Weg in die Selbstständigkeit besonders gefährlich. Zählte die Familie bisher zur „Arbeiterklasse", wird der Aufstieg ins Unternehmertum argwöhnisch beäugt –, galten Unternehmer doch häufig als „die da oben" und „anders als wir".

Welche Werte waren und sind für deine Familie prägend? Was hast du übernommen und was machst du ganz anders?

Der Berufe-Stammbaum

Erstelle einen Berufe-Stammbaum deiner Familie und schau, ob sich Muster ergeben.

Häufen sich in deiner Familiengeschichte bestimmte Berufe? Gibt es erfüllte oder nicht gelebte Lebensträume? Haben viele ein bestimmtes Talent, sind besonders musikalisch, künstlerisch oder handwerklich geschickt? Ziehen sich Themen durch, zum Beispiel, dass alle Berufe rund um Lebensmittel und Ernährung gewählt haben?

Es kann sehr spannend sein zu merken, mit welchen familiären Selbstverständlichkeiten du groß geworden bist.

Gibt es Vorfahren, die ihre Ideen verwirklicht und sich selbstständig gemacht haben? Welche Erfahrungen hat deine Familie mit dem Thema Selbstständigkeit gesammelt? Wie sind Gründungen verlaufen? Wie wurde darüber gesprochen?

Berufs- und schichtspezifische Erfahrungen

Scheinbar spielen Schichterfahrungen heute keine große Rolle mehr – das Berufssystem ist durchlässig, alle haben theoretisch den gleichen Zugang zu Hochschulbildung (sofern wir gesellschaftliche Probleme wie soziale Ungerechtigkeit außen vor lassen). Spricht man mit Menschen, die in einer Arbeiterfamilie groß geworden sind und studiert haben, merkt man jedoch, dass ihre Herkunft großen Einfluss darauf hatte und immer noch hat, wie sie ihren Bildungsweg erlebt haben.

So mancher, der als Erster in der Familie Abitur gemacht hat, war einerseits zwar vielleicht der Stolz der Familie, bekam jedoch gleichzeitig die Botschaft vermittelt: „Wir können dir nicht helfen im Gymnasium. Das musst du alleine schaffen." Andere erzählen, dass ihre „höhere Bildung" als suspekt und unvertraut galt und sie deshalb subtil sabotiert wurden: „Was sitzt du schon wieder am Schreibtisch? Geh raus und spiel wie die anderen Kinder." Wer sich den Weg in die Gymnasialbildung eigenständig erkämpft hat, ohne Unterstützung oder sogar gegen den Willen der Eltern, macht sehr früh die Erfahrung, auf sich selbst gestellt zu sein. Manche sagen, sie haben den Stolz der Eltern gespürt, dass ihre Kinder etwas schaffen, wozu sie selbst nicht die Möglichkeit hatten. Andere sagen zurückblickend, dass die Eltern Angst hatten, die Kinder durch die höhere Bildung zu verlieren und selbst nicht mehr zu genügen. Unausgesprochen stand im Raum: „Wir können dich nicht begleiten. Du lernst da etwas und bewegst dich in Sphären, die wir selbst nicht überblicken. Wir haben Angst, dass du auf uns herabblickst, dass du dich für etwas Besseres hältst. Wir verstehen auch nicht, was du da tust. Wir sehen nur, dass du nichts Handfestes machst, was wir begreifen können – und gemessen an unseren Werten (was leisten, Geld nach Hause bringen, Familie gründen, materiellen Wohlstand ansammeln und vielleicht ein Haus bauen) kommst du trotz Studienabschluss nicht vorwärts. Wir haben eine gemeinsame Sprache verloren. Du hast dich von uns entfernt."

Umgekehrt erzählen Menschen aus der Mittel- und Oberschicht, dass exzellente Leistungen als selbstverständlich galten. Der Schul- und Bildungsweg war vorgezeichnet, Abweichungen waren im Grunde nicht denkbar. Subtil oder offen hat sie der Druck begleitet, sehr gute Noten und Abschlüsse erreichen zu müssen, um ihren Eltern zu gefallen.

Welche Erfahrungen wir gemacht haben, prägt unsere Gefühle auch in späteren beruflichen Situationen. Wenn Menschen sich selbstständig machen, tauchen irgendwann die alten inneren Sätze wieder auf, die sie in ihrer Schul- und Ausbildungszeit erfahren haben: „Ich bin nicht gut genug", „Ich muss besser sein als die anderen", „Ich muss alles alleine schaffen", usw.

BEISPIEL:

Claudia ist in begrenzten finanziellen Verhältnissen groß geworden. Sie wollte das immer hinter sich lassen und nie wieder finanzielle Enge erleben. Das war für sie ein enormer Motor. Auch ihre Eltern haben sie und ihre Geschwister immer sehr dazu ermuntert, über sich hinauszuwachsen. Die Kinder sollten realisieren, was ihnen nicht gelungen ist. Ihrer Mutter, der es von den Eltern verwehrt wurde zu studieren (das lohnt sich nicht für ein Mädchen), war es wichtig, wenigstens ihren Kindern alle Möglichkeiten offenzuhalten. Ihre Haltung war Segen und Fluch zugleich – einerseits für die Kinder ein großer Ansporn, im Leben etwas zu erreichen, andererseits ein steter innerer Druck, Großes zu bewirken und viel Geld zu verdienen.

Finde ermutigende Vorbilder

Neben diesen familiären Vorbildern kannst du in deinem Bekanntenkreis nach Menschen suchen, die sich selbstständig gemacht haben und sie nach ihren Erfahrungen fragen. Gibt es vielleicht unter ehemaligen MitschülerInnen, KommilitonInnen oder KollegInnen Menschen, die den Schritt in die Selbstständigkeit gegangen sind? Vielleicht ist es ein Nachbar oder der Laden um die Ecke, der dich mit dem, was er erreicht oder auf die Beine gestellt hat, beeindruckt?

Jede Begegnung mit jemandem, der sich getraut hat, seinen Traum zu realisieren, der mutige Schritte gegangen ist, der es gewagt hat, den Weg zu gehen, über den du gerade nachdenkst, kann dich ermutigen, weiterzumachen und an deiner Idee festzuhalten. Warum soll dir nicht auch gelingen, was sie geschafft haben? Je näher der- oder diejenige ist, desto besser kannst du dich mit ihnen vergleichen.

Befrage Menschen in deinem Umfeld, wie ihr Weg in die Selbstständigkeit war, oder auch Leute aus deiner Branche – unter Umständen in einer anderen Stadt, wo ihr nicht in unmittelbarer Konkurrenz steht. Dort gibt es keinen Grund, dir nicht freimütig zu erzählen, wie alles angefangen hat. Die meisten Menschen erzählen gerne von ihren beruflichen Anfängen und Schritten, erst recht, wenn sie merken, dass sie eine verwandte Seele mit ähnlichen Interessen und Neigungen vor sich haben.

BEISPIEL:

Ein Gespräch mit jemandem aus deiner Branche kann dir wertvolle Insider-Tipps und konkretes Know-how bescheren. Auch zu hören, dass jemand, der heute etabliert und erfolgreich ist, am Anfang vor ähnlichen Zweifeln und Fragen wie du heute stand, kann sehr ermutigend sein: „Ach, so war das! Am Anfang war sie auch ganz unsicher, wie sie ihr Sortiment gestalten sollte. Interessant, mit diesen Artikeln hat sie schlechte Erfahrungen gemacht. Dabei hatte ich mir überlegt, gerade von diesen am Anfang viel zu ordern. Und was geht besonders gut bei ihr?"

Ein solcher Austausch ist für dich Gold wert. Dieses Wissen kannst du in keinem Buch nachlesen.

Jeder, der es geschafft hat, kann für dich Vorbild und Ermutigung sein. Was dich am meisten stärkt, entscheidest du selbst. Zweifelst du vor allem daran, ob deine Selbstständigkeit ökonomisch glücken wird, hilft es dir, mit Menschen zu sprechen, die keine finanziellen Krisen erleben mussten, sondern sehr nahtlos und unproblematisch ein neues Einkommen aufbauen konnten. Von ihnen kannst du vielleicht wertvolle Tipps bekommen, wie sie das geschafft haben. Was haben sie unternommen und gemacht, um nicht in finanzielle Schwierigkeiten zu geraten?

Ist für dich besonders die Frage relevant, über welche Kompetenzen man verfügen muss, ist es für dich spannend, zu untersuchen, was erfolgreiche Selbstständige können, wie sie sich selbst darstellen und welche Qualifikationen sie nach außen tragen. Du kannst sie fragen, welche Fähigkeiten und Qualitäten sie für wichtig halten, was sie wie und wann auf ihrem Weg in die Selbstständigkeit erst gelernt haben und worauf sie ihren Erfolg zurückführen.

So gibt es für jede Frage und jeden Zweifel auch Menschen, die dir als Vorbild dienen können – du musst nur auf die Suche gehen.

Wer ist für dich ein persönliches Vorbild?

Wessen Meinung ist dir wirklich wichtig? Denk darüber nach, wessen Meinung für dich ins Gewicht fällt. Das können deine Eltern, dein Partner/deine Partnerin oder deine Freunde sein, aber auch ein Ausbilder, Lehrer oder eine Professorin, eine Beraterin oder ein anderer Unternehmer. Wem billigst du ein Urteil zu? Wer hat in deinen Augen so viel Kompetenz oder Weisheit, dass für dich eine positive Rückmeldung ins Gewicht fallen würde?

Fass den Mut und sprich diese Menschen an. Stell dar, was dir wichtig ist und bitte um ein Feedback. Manchmal ist das der entscheidende Schritt, der den letzten Impuls gibt. Manchmal geht es um eine handfeste Frage, die uns innerlich bewegt, auf die wir noch eine Antwort brauchen. Manchmal wünschen wir uns einfach den „Segen" eines bestimmten Menschen, der uns sagt: „Ich glaube an dich. Du schaffst das!"

Erlaube dir zu scheitern

Warum ist es so wichtig, sich ein mögliches Scheitern zuzugestehen, wenn du dich in Richtung Selbstständigkeit aufmachst? Das ist doch eigentlich das Letzte, was du willst, oder?

Immer wieder zeigen Studien, dass es vor allem die Angst vor dem Scheitern ist, die die Deutschen vom Gründen abhält.

Natürlich willst du Erfolg haben. Es geht nicht darum, das Scheitern wahrscheinlicher zu machen – im Gegenteil. Es geht darum, einen Spiel- und Experimentierraum zu erschaffen, der dir das Handeln ermöglicht. Wer auf keinen Fall scheitern will und alle Energie in die Absicherung seines Handelns steckt, wird am Ende gar nicht, zu spät, zu vorsichtig handeln oder zu klein denken.

Gerade in Deutschland ist diese Angst besonders hoch. Marie-Dorothee Burandt, Mitautorin einer Studie des Bundes Deutscher Psychologen (BDP), über erfolgreiches Unternehmertum: „Wer in Deutschland als Selbständiger scheitert, steht nur schwer wieder auf. Das Bild, nichts zu taugen, es nicht geschafft zu haben, haftet an einem wie ein Makel." In den USA, dem Land der Pioniere, gehöre das Aufstehen zum Scheitern dazu: „Hinfallen ist da nicht schlimm, hier kommt es einer Katastrophe gleich."[109]

Anne Koark[110] hat ein Buch über ihre Insolvenz geschrieben und damit ein Tabu gebrochen. In ihrem sehr ehrlichen Werk beschreibt sie, woran ihre Selbstständigkeit gescheitert ist und was nach dem Scheitern kam. Sie hat sich dagegen gewehrt, ab nun in Sack und Asche gekleidet durchs Leben zu laufen. In Deutschland scheint es ein unausgesprochenes „Schäm dich, wenn dir etwas misslingt"-Gesetz zu geben. Doch sie hat sich diesem Gebot widersetzt, ist nicht verschämt in der Versenkung verschwunden, sondern hat stattdessen den Weg in die Öffentlichkeit gewagt, Vorträge gehalten und in Talkshows gesprochen. „Fuck up-Nights" haben das Scheitern weiter enttabuisiert – hier tauschen sich Menschen mittlerweile öffentlich offen über Rückschläge und Niederlagen aus.

Wer mit einer Selbstständigkeit Schiffbruch erleidet, gründet mit hoher Wahrscheinlichkeit ein zweites Mal und hat aus den Fehlern gelernt, das heißt gründet nun erfolgreich – so heißt es. „Scheitern ist Teil eines persönlichen Bildungswegs zum Unternehmer", sagt der kanadische Gründungsexperte Steven Gedeon von der Ryerson University in Toronto.[111]

Bei uns hingegen grassiert der Wunsch nach Sicherheit. Wir möchten zwar ein Abenteuer wagen, aber am liebsten mit Netz und doppeltem Boden. Wir haben so viel zu verlieren, denn scheitern wir, stoßen wir auf wenig Verständnis. Statt einer Kultur des Lernens durch Fehler und Misserfolge grassiert häufig eine „Ich hab es dir doch gleich gesagt"-Haltung.

Mit steigendem Wohlstand haben wir offensichtlich mehr zu verlieren als früher. In den 1950er-Jahren lag der Anteil der Selbstständigen an den Erwerbstätigen bei 30 Prozent, heute bei 10 bis 11 Prozent, so das Institut für Mittelstandsforschung.[112] Beim Global Entrepreneurship Monitor belegt Deutschland von 24 Ländern den 18. bzw. 20. Platz in verschiedenen Rankings.[113]

Der Versuch, jegliches Scheitern zu vermeiden, führt in die Unfähigkeit zu handeln. Alles muss drei- und vierfach abgesichert und bedacht werden. Um es mit den Worten des Werbefachmanns und Autors Paul Arden zu sagen: „Wer nie einen Fehler macht, macht wahrscheinlich sowieso nicht viel."

Ich plädiere hier nicht dafür, auf Planung und Überlegungen im Vorfeld zu verzichten. Natürlich gibt es Handlungen, von denen bereits früh absehbar ist, dass sie vermutlich nicht erfolgreich sind. Studien zum Thema Gründung zeigen beispielsweise immer wieder, dass Menschen, die sich vor ihrer Gründung beraten lassen, erfolgreicher gründen. Das liegt vermutlich auch daran, weil offenkundige Irrtümer im Vorfeld aufgedeckt werden, da BeraterInnen Erfahrungen beisteuern können, die die Erfolgsaussichten einer Gründung erhöhen können. Natürlich geht es darum, durch

Nachdenken herauszufinden, wie sich das Projekt am besten zum Erfolg führen lässt. Aber es gibt einen Punkt, an dem mehr und gründlichere Planung nicht weiterhilft, sondern in Stagnation mündet, da ZU akribische Planungen verhindern, dass RECHTZEITIG gehandelt wird. Es gibt einen Punkt, da musst du einfach springen, um zu wissen, ob es funktioniert oder nicht. Alles Überlegen am Rande der Klippe bringt dir keine neuen Erkenntnisse.

Die Frage lautet: Was riskierst du, wenn du springst? Leib und Leben? Hab und Gut? Deine Selbstachtung? Was kann schlimmstenfalls passieren?

Sich das zu fragen und das Risiko zu begrenzen, ist klug. Wenn du dir bewusst vor Augen führst, was schlimmstenfalls passieren kann, machst du die Angst greifbar, statt dass sie übermächtig und diffus im Verborgenen wirkt und deine Schritte lähmt. Dann kannst du dich ihr konkret stellen und sie durch praktisches Handeln bewältigen.[114]

Das bekannte Sprichwort „Wer nichts wagt, der nichts gewinnt" beschreibt das Zögern mancher GründerInnen gut. Wer nichts ausprobiert, kann auch keinen Erfolg haben. Wer nur mit Absichern beschäftigt ist, verbraucht seine gesamte Energie darauf, statt sich mit voller Kraft der tatsächlichen Umsetzung zu widmen.

Dabei geht es nicht darum, sich kopfüber in unsinnige Abenteuer zu stürzen. Eine gründliche Auseinandersetzung mit den Zahlen zum Beispiel zeigt im Vorfeld, ob die Idee überhaupt gelingen kann oder ob du ein Projekt so planst, dass es dich in den finanziellen Ruin führen muss. Feedback von außen kann dich auch vor der Fehleinschätzung von Marktpotenzialen warnen – wenn quasi alle Menschen, mit denen du sprichst, warnend den Kopf schütteln, solltest du dein Konzept zumindest überdenken. Risiken gründlich abzuwägen, ist weise. Und gleichzeitig geht es darum, trotz Risiken, handlungsfähig zu werden.

Doch warum klammern wir uns so häufig fest und trauen uns nicht, die Sicherung loszulassen – obwohl unsere Seele so gerne fliegen möchte? Meiner Meinung nach leben wir in einer Kultur des „Das hätte ich dir gleich sagen können". Wir sind nicht fehlerfreundlich. Wir sagen nicht „Wenigstens hast du es versucht" oder „Vielleicht klappt's beim nächsten Mal", wenn jemand etwas Großes ausprobiert. Wir sind besserwisserisch und beurteilen vom Ende aus den Anfang. „Das war doch absehbar" – will heißen: „Warum hast du das nicht vorhergesehen und es gleich bleiben lassen?"

Deshalb brauchen wir einen Rahmen, der es uns ermöglicht, uns viel stärker auszuprobieren – und im Zweifelsfall Neues zu tun, wenn es nicht gelingt. Unternehmensideen sieht man nicht immer an, ob sie „einschlagen" werden. Es muss die Erlaubnis geben, Ideen zu entwickeln, die nicht greifen, damit daraus phänomenale Ideen entstehen können.

> EVERYTHING YOU ARE RUNNING FROM
> IS IN YOUR HEAD.

4. STELL DICH DEN MONSTERN

Fühlst du dich blockiert?

- Du merkst, dass du die Dinge vor dir herschiebst. Irgendwie möchtest du ja ran an dein Projekt, aber gleichzeitig gehst du nicht wirklich weiter.
- Du machst erste Schritte, doch dann hat dich der Alltag wieder.
- Dir kommen Zweifel und Fragen, die dich erneut ins Stocken bringen.
- Dein Projekt gerät für längere Zeit ganz in Vergessenheit. Es erscheint dir zeitweilig ganz weit weg.
- Du zweifelst daran, ob deine Ideen jemals Realität werden.

Wie immer gibt es gute Gründe dafür, dass wir uns selbst scheinbar im Nebel verlieren. Zwar gibt es eine Kraft, die nach vorne will, die sich allem stellen und das Ganze angehen will. Aber es gibt auch andere innere Stimmen, die lieber wollen, dass alles so bleibt, wie es ist – vertraut und sicher. Stimmen, die am Erfolg des Projekts zweifeln. Gespenster aus der Vergangenheit, die uns frühere Misserfolge um die Ohren hauen und vor einer ungewissen Zukunft warnen.

Viele deiner Gedanken und Gefühle gehören zum Thema Selbstständigkeit – sie sind typisch für Menschen, die sich auf den Weg begeben, um etwas Neues in die Welt zu bringen.

Unterwegs gibt es immer wieder Zeiten, in denen es scheinbar nicht weitergeht und alles stockt. Du zweifelst an deinem Vorhaben. Du fragst dich, warum scheinbar alle anderen vorangehen und warum ihnen das auch noch mühelos zu gelingen scheint.

Wenn du an einem solchen Punkt angelangt bist, ist es an der Zeit, dich zu fragen:

Welche guten Gründe hast du, gerade nicht an deiner Idee weiterzuarbeiten?
Wo steckt deine Energie (wenn nicht im Thema Gründen)?

Wende dich deinen Zweifeln zu Zweifel haben die Eigenschaft, im Halb-Verborgenen übermächtig zu sein. Versuchen wir sie wegzuschieben, werden sie nur größer, plagen uns und drängen sich in den Vordergrund.

WIE KOMMST DU ANS ZIEL?

Was sagen deine Zweifel genau? Das kann alles nicht klappen? Das Thema Finanzen bereitet dir Kopfzerbrechen? Du hast den Eindruck, alles nicht zu überblicken? Du hast Angst vor möglichen Konsequenzen der Gründung? Du weißt gerade nicht so richtig, was der nächste Schritt sein könnte?

In all deinen Zweifeln stecken wichtige Fragen und Themen, die es wert sind, bedacht zu werden.

Vielleicht ist an deinem Konzept etwas noch nicht ganz ausgereift? Du hast eine Zielgruppe vor Augen – und glaubst selbst nicht daran, dass diese Menschen Geld für deine Dienstleistung ausgeben werden? Du denkst, dir fehlen wichtige Qualifikationen?

Wenn dir das Thema Geld diffus Angst macht, heißt das vielleicht, dass du dich noch nicht konkret genug mit deinen Zahlen auseinandergesetzt hast. Deinen Fragen immer wieder auszuweichen und deine Zweifel zu verdrängen, bringt dein Vorhaben ins Stocken. Besser ist es, ihrem Wahrheitsgehalt auf den Grund zu gehen, darüber nachzudenken, andere zu fragen, zu recherchieren – bis du Antworten gefunden hast.

Dein Konzept wächst an deinen Zweifeln. Entweder zeigen sie, dass du wirklich Dinge noch nicht bedacht hast, und geben dir so die Chance, deine Planungen zu verbessern. Oder du stellst nach eingehender Prüfung fest, dass deine Zweifel unbegründet waren. So oder so gehst du am Ende gestärkt hervor und kannst zukünftigen Einwänden begegnen.

Das ist keine angenehme Zeit, aber sie ist fruchtbar. Meist haben wir Angst vor etwas, was unklar ist. Überschaubare Gefahren ängstigen uns viel weniger als unbekannte, diffuse, von denen wir nicht so recht wissen, wie groß sie sind und wann sie auf uns einstürzen. Daher ist es wichtig, deinen Ängsten und Zweifeln entgegenzutreten. Das hilft beträchtlich, diese zu verkleinern.

Es geht nicht nur dir so. Zweifel, Ängste, Stocken und Zögern gehören zum kreativen Prozess dazu. Wie kannst du konstruktiv mit ihnen umgehen?

Gib dir selbst Recht

Es kann sein, dass du gut daran tust, dein Projekt eine Weile liegen zu lassen. Vielleicht zögerst du, weil die Dinge noch nicht am richtigen Platz sind, etwa weil ein Teil von dir etwas unbedingt will und andere Teile in dir damit nicht einverstanden sind und große Bedenken haben.

- Wenn an deiner Idee Aspekte für dich noch nicht stimmen, wird sie auch unangenehme Gefühle in dir auslösen. Du denkst vielleicht Dinge wie: „Wenn ich mich selbstständig mache, muss ich zum Verkäufer-Typ werden und ganz viel Kaltakquise machen" – und findest das, wie viele anderen Menschen, furchtbar. Kein Wunder, dass du dann nicht Feuer und Flamme bist. Deine Planungen stocken wahrscheinlich so lange, bis du eine Lösung gefunden hast. Das kann die Erkenntnis sein, dass du für den Verkauf einen Mitarbeiter brauchst oder dass du Möglichkeiten findest, dein Angebot ohne Kaltakquise über Social Media und andere Kanäle zu verkaufen oder dass du merkst, das Verkaufen lässt sich lernen usw.
- Ist dir noch nicht klar, wie du überhaupt beginnen könntest oder solltest, macht es Sinn, nicht einfach loszulegen, sondern zu klären, ob du wirklich auf dem für dich richtigen Weg bist und wie du die Dinge gestalten könntest.
- Vielleicht liegen vor dir verschiedene mögliche Wege und du weißt nicht, welcher dich an dein Ziel führen wird – dann kann es sinnvoll sein, anzuhalten und über den richtigen Weg nachzudenken. Vielleicht findest du gute Gründe, einen bestimmten Weg zu wählen. Vielleicht stellst du irgendwann fest, dass keiner besser ist als der andere.

Es kann wichtig sein, die Dinge zwischendurch wieder wegzulegen und deinem Unterbewussten zu vertrauen, das auch oder gerade dann weiterarbeitet, wenn du loslässt.

BEISPIEL:

Karina fertigt mit Feuereifer Kleidungsstücke. Ihr Bekanntenkreis fragt nach diesem und jenem und sie beginnt, immer mehr zu produzieren. Sie plant und überlegt und näht. Genau in dem Moment, als es darum geht, das letzte Detail anzufertigen, die Stücke so weit abzuschließen, dass die nächsten Schritte kommen könnten – Vermarkten, Verkaufen, Nägel mit Köpfen machen – verliert sie die Lust. Während einer Beratung wird ihr klar: Sie will sich gar nicht mit der Produktion von Kleidungsstücken selbstständig machen. Eigentlich gibt es ganz andere Qualifikationen und Projekte in ihrem Leben, die sie schon lange parallel verfolgt. Die Gründungsidee ist in den falschen (privaten) Strang gelaufen. Erleichtert erlaubt sie sich, das Ganze einfach liegen zu lassen, vielleicht das eine oder andere Stück privat weiterzugeben – und ihre Energie in die eigentliche Gründung zu stecken. Und prompt ist ihre innere Lähmung überwunden.

Hör auf deine inneren Stimmen

Es kann tiefe Weisheit darin liegen, dir zu erlauben, dass die Dinge aus gutem Grund stocken. Genauso aber kann es sein, dass du dich von einem Weg abhältst, der gut und richtig ist, weil du Angst hast. Dann geht es darum, dich mit deinen Bedenken näher zu beschäftigen, denn sonst blockieren sie zuverlässig deinen Weg:

> *Gibt es gute Gründe gegen die Gründung? Was ist noch zu klären? Oder melden sich einfach alte Gespenster, die es gilt, hinter sich zu lassen? Was spricht gegen dein Vorhaben? Was treibt dich um, wenn du nachts nicht schlafen kannst?*

Musst du Sicherheiten aufgeben, wenn du weitermachst?

Vielleicht geht es um das, was du aufgeben musst, wenn du weitergehst. Ist Sicherheit dein Thema? Bei vielen potenziellen Gründern steht dem Wunsch nach Veränderung das feste Arbeitsverhältnis gegenüber. Je goldener der aktuelle Käfig ist, desto schwieriger ist es, ihn zu verlassen. Gute Gründe sprechen vielleicht dafür, die jetzige Situation zu bewahren – und es ist wichtig, ihnen Beachtung zu schenken, wenn sie sich melden.

Auch andere Verpflichtungen können bremsend wirken – Kinderbetreuung und Mutterpflichten, Haushalt und Garten, die Pflege der kranken Eltern usw.

> *Was musst du vielleicht aufgeben, was kannst du neu organisieren?*
> *Was bleibt vielleicht auf der Strecke und ist es dir das wert?*

Manches lässt sich ausprobieren und allmählich verändern, so dass du testen kannst, ob sich Altes und Neues vereinbaren lassen. Bei anderen Entscheidungen gibt es nur ein Entweder-Oder. Das macht sie besonders schwierig – erst recht, wenn es vielleicht kein Zurück gibt. Denn machen wir uns nichts vor – du wagst einen Schritt ins Unbekannte. Du träumst von positiven Veränderungen. Ob sie sich so einstellen, wie du dir das erhoffst, weißt du vorher nicht. Wahrscheinlich fragst du dich:

> *Überschätzt du vielleicht die Vorteile? Was ist mit den Schwierigkeiten, von denen alle erzählen? Vielleicht bist du dann genauso unzufrieden wie jetzt auch? Wer garantiert dir, dass es wirklich besser wird, wenn du weitergehst? Bist du wirklich unzufrieden wegen des jetzigen Jobs oder deiner jetzigen Lebenssituation? Oder liegt der Grund für deine Unzufriedenheit in dir selbst begründet? Wirst du vielleicht überall unzufrieden sein – und müsstest also nur deine innere Haltung ändern?*

All diese Fragen sind legitim und wichtig. Es ist wichtig, Bilanz zu ziehen und dabei auch das zu würdigen, was gut an der jetzigen Situation ist. Wenn dir die Entscheidung, deinen Job aufzugeben, so schwerfällt, scheint es gute Gründe dafür zu geben, zu bleiben:

Was hält dich? Was wirst du verlieren, wenn du gehst? Gibt es vielleicht Möglichkeiten, einen Teil des Alten zu behalten? Vielleicht stimmt die endgültige Option, ganz bleiben oder ganz gehen, nicht? Was ärgert dich an dem, was jetzt ist? Hast du alle Möglichkeiten ausgeschöpft, die jetzige Situation so zu verändern, dass sie besser wird?

Bejahst du die letzte Frage und spürst dennoch große Unzufriedenheit, ist es vermutlich an der Zeit, etwas Neues auszuprobieren.

„Love it, change it or leave it", scheint mir eine kluge Handlungsanleitung. Meist lieben wir das, was wir haben, gerade gar nicht, wenn wir darüber nachdenken zu gehen. Doch entscheiden wir uns fürs Bleiben und pflegen weiterhin und unentwegt unsere Unzufriedenheit, wird uns das am allerwenigsten glücklich machen. Wenn wir also schon bleiben, sollten wir uns fürs Lieben entscheiden. Und das heißt, uns dem zuwenden, was da ist, uns die Vorzüge klarmachen, die uns halten, und alles dafür tun, das, wofür wir uns faktisch entscheiden, auch mit dem Herzen zu wählen. Dazu gehört, zu überlegen, was wir tun können, damit die Dinge so laufen, wie wir sie haben wollen. Vermutlich wird sich nicht alles zu unserer Zufriedenheit entwickeln können. Manches müssen wir nehmen, wie es ist.

Ändern können wir nur uns selbst. Das allerdings ist ein spannendes Feld, denn dort haben wir meist unsere Möglichkeiten noch längst nicht ausgeschöpft. Und wenn wir uns ändern, wird sich unser Umfeld notwendig mit verändern.

Welche Möglichkeiten hast du, um „kleine" Lösungen anzustreben, wenn es dir so schwerfällt, ganz zu gehen? Wie könntest du „probehandeln" und so eine Idee davon bekommen, ob es eine gute Entscheidung ist, zu gehen und sich selbstständig zu machen? Könntest du vielleicht deine Stunden reduzieren und nebenberuflich in die Selbstständigkeit gehen? Könntest du ein Sabbatjahr einlegen und ausprobieren, ob es dir ohne das ungeliebte Jetzt besser geht? Könntest du andere Schritte in Richtung Selbstständigkeit machen und Argumente finden, die dir dabei helfen, eine Entscheidung zu treffen?

Wenn du dich aktiv mit Klärung beschäftigst – hier mit den verschiedenen Möglichkeiten, deine Ideen zu verwirklichen, da mit dem, was du tun kannst, um deine jetzige Lebenssituation zu verbessern –, dann wird mit der Zeit eine Entscheidung in dir reifen. Du „arbeitest" an beiden Seiten. So gewinnst du Klarheit darüber, auf welchem Weg du glücklicher wirst.

Sicher ist auf jeden Fall: Was immer du tust, es wird Gewinne und Verluste geben. Und es gilt zu akzeptieren, dass jeder Weg seine guten und seine schlechten Seiten haben wird.

Vielleicht haben es diejenigen sogar leichter, die wenig zu verlieren haben. Wer arbeitslos ist, wer gerade seine Stelle verliert und über Gründungsförderung eventuell noch eine Weile länger finanziert sein könnte, dem wird der Weg in die Selbstständigkeit leichter fallen, als demjenigen, der eine gut bezahlte Stelle mit netten Kollegen aufgeben müsste.

Was ist, wenn dein Schritt dir nicht revidierbar erscheint? Wenn du gefühlt alles auf eine Karte setzen musst, weil du beispielsweise kündigen oder viel Geld in dein Projekt investieren musst? Hier kann dir die Idee des leistbaren Verlustes helfen. Frage dich:

Was ist, wenn die Gründung scheitert? Könntest du dann dennoch zu deinem Schritt stehen? Was ist das Schlimmste, was passieren könnte?

Investiere Energie in dein Projekt

Gründen heißt, sich aus der Komfortzone zu bewegen. Du machst etwas Neues, etwas, was du so vorher nicht gemacht hast, worin du keine Erfahrung hast. Selbst wenn du bereits einmal gegründet hast, dann noch nicht DIESES Unternehmen. Der Weg ist nicht ausgetreten und vorgebahnt, du musst ihn selbst entdecken. Zwar können dir andere Tipps geben, von Erfahrungen berichten und dich ein Stück begleiten, doch welchen Weg du gehen willst, musst du selbst herausfinden. Entsprechend aufregend ist das.

Erst unterwegs wird sich wirklich herausstellen, was alles nicht klappt und was sich dir an Schwierigkeiten in den Weg stellt. Und dennoch werden es vermutlich andere Hindernisse sein als du vorher angenommen hast, denn du kannst nicht jede „Weggabelung" vorausplanen.

STELL DICH DEN MONSTERN

Erlaube dir, erfolgreich zu sein

Nicht nur die Angst vor dem Scheitern kann bremsen, auch die Sorge davor, welche Konsequenzen der potenzielle Erfolg mit sich bringen könnte, mag dazu führen, dass du Zweifel daran hast, weiterzugehen.

> *Willst du nicht genau das – erfolgreich sein? Wieso sollte ausgerechnet Erfolg dich schrecken? Welche Bilder hast du davon, erfolgreich zu sein? Fühlst du dich dem, was da auf dich zukommt, gewachsen?*

Oft zeigt sich diese Angst nur verschwommen, denn häufig gestehen sich Menschen nicht ein, welche Bilder und Erwartungen sie von sich haben, wenn der erhoffte Sieg eintritt. Die Angst, nicht „groß" spielen zu können, kann massiv behindern.

Wachstumsprozesse fordern uns auf verschiedene Weise heraus. Manchmal musst du innerlich wachsen, um dich neuen Herausforderungen stellen zu können. Manchmal geht es um ganz Handfestes, was das Wachstum mit sich bringt – du musst schneller MitarbeiterInnen einstellen, als du es geplant hattest. Du brauchst größere Räume. Du brauchst mehr Geld. Du musst deine Ideen öffentlich präsentieren können. Du bist mit KundInnen konfrontiert, die du eindrucksvoll findest usw.

Möglicherweise schätzt du kommende Herausforderungen realistisch ein – und zögerst daher zu Recht.

BEISPIEL:

Der Gründer von Flaschenpost[115] in Münster wurde von der Resonanz auf sein Angebot massiv überrascht und musste beim ersten Start feststellen, dass seine Logistik dem Ansturm nicht gewachsen war. War das schlimm? Vielleicht innerlich. Es hat ihn jedenfalls dazu gebracht, einige Zeit später mit überarbeitetem Konzept neu zu starten – ab diesem Zeitpunkt lief auch logistisch alles super.

Manchmal entspringen die inneren Bilder eher Ängsten als der Realität. Immer wieder höre ich von KundInnen, dass sie den Schritt in die Öffentlichkeit in Form einer Website oder eines Flyers hinauszögern, weil sie befürchten, von Kundenanfragen überschwemmt zu werden, denen sie nicht gewachsen wären. Geht die Website tatsächlich online, merken sie erst, wie mühselig es ist, überhaupt Menschen auf die eigene Seite aufmerksam zu machen – geschweige denn, dass daraus ein Run auf ihr Angebot resultiert.

WIE KOMMST DU ANS ZIEL?

Gibt es die Angst vor zu viel Größe in dir? Stell dir vor, deine Selbstständigkeit läuft. Es kommen ganz viele KundInnen. Welche Bilder tauchen auf? Welchen Herausforderungen musst du dich dann stellen? Welche Fragen hast du?

Fülle das unbeschriebene Blatt

Dich selbstständig zu machen heißt, die Dinge selbst zu gestalten. So wie der Texter das leere Blatt Papier fürchtet und der Künstler die weiße Leinwand, besteht für dich als GründerIn die Herausforderung darin, einen noch leeren Rahmen mit Inhalt zu füllen. Das kann schön, aber auch beängstigend sein. Diejenigen, die es gewöhnt sind, dass ihnen von außen Struktur vorgegeben wird, fühlen sich von der neuen Freiheit überfordert und verlieren den Halt.

Erinnerst du dich noch daran, wie sehr du dich über omnipräsente Chefs und alles besserwissende KollegInnen echauffieren konntest? Oder deine Eltern, die dich in die falsche Berufswahl gedrängt haben? Wie sehr hast du dich über die permanente Einmischung und Überwachung aufgeregt. Aber jetzt, da du die Möglichkeit hast, das alles hinter dir zu lassen, gerätst du auf einmal ins Stocken. Vor dir breitet sich Leere aus. Die Strukturen und Gebote der anderen waren ärgerlich, nervig und oftmals falsch. Aber sie gaben einen sicheren Rahmen vor und entbanden dich von der Verpflichtung, eigene Entscheidungen zu treffen und zu verantworten.

Wenn du selbst gestalten kannst, sind das deine Schritte. Wenn du selbst wählen kannst, ist auf einmal alles möglich.

Aber was ist es, was du wirklich willst? Wie sollst du mit der scheinbar unendlichen Zahl an Möglichkeiten umgehen?

Erlaube dir, an Anforderungen zu wachsen

Für viele Menschen fühlt sich der Gang in die Selbstständigkeit wie ein Schritt auf die große Bühne an: Plötzlich stehen sie im Scheinwerferlicht und werden von allen gesehen. Das Publikum erwartet eine gelungene Performance, Schwächen werden gnadenlos sichtbar.

Die Bühne ist die Öffentlichkeit, der es gilt, die eigene Idee zu präsentieren. Virtuell, nicht real sichtbar, wenn man sich mit Flyern und Webseite beschäftigt – also eine nur gedachte Öffentlichkeit. Aber auch real, wenn von allen Seiten gefragt wird:

„Na, was machst du denn jetzt so?" Unversehens sieht man sich in der Situation, sich und sein Unternehmen in den schillerndsten Farben darzustellen.

Alles andere als Perfektion kommt anscheinend nicht infrage. Daher beschäftigen uns plötzlich Fragen und Gedanken wie:

- Bin ich dem wirklich gewachsen, was da auf mich zukommt? Kann ich das wirklich, was da alles auf meiner Homepage steht? Habe ich mich nicht viel zu gut und groß angepriesen? Bin ich wirklich gut genug? Nachher sind meine KundInnen total enttäuscht von mir und laufen durch die Welt und erzählen, wie schlecht das war?
- Wenn ich UnternehmerIn bin, muss ich das auch ausstrahlen. Ich muss immer gestylt sein. Ich muss immer topfit sein. Kein Mensch darf mir meine Unsicherheit anmerken. Ich muss dann überall mein Unternehmen repräsentieren, denn schließlich treffe ich überall auf potenzielle KundInnen. Mein Privatleben hört dann auf. Schließlich muss ich dann ein richtiger Unternehmer sein.
- Wenn ganz viele KundInnen kommen, schaffe ich die Belastung gar nicht mehr. Wie soll ich das mit allen anderen Dingen in meinem Alltag koordinieren? Dann leiden meine Kinder.
- Wenn meine Selbstständigkeit wirklich läuft, muss ich womöglich MitarbeiterInnen einstellen. Das traue ich mir nicht zu.
- Ich weiß nicht, ob ich das alles organisiert kriege, was da auf mich zukommt. Dann muss ich mich ja neben den KundInnen noch um allen möglichen Formalkram kümmern und Telefonate und E-Mails beantworten. Wie soll ich das alles schaffen?
- Kann das wirklich sein – dass ICH das schaffe? Bin ICH wirklich jemand, der etwas so Großes erfolgreich umsetzen kann? Kann es sein, dass ich wirklich erfolgreich sein könnte, mit etwas, was ich TOLL finde?

All diese Zweifel werden hervorgerufen durch die Angst vor dem öffentlichen Auftritt und dem plötzlich Sichtbarwerden. Dahinter verbirgt sich die Frage, ob du dich traust, dem EIGENEN zu vertrauen, der Welt zu zeigen, wer du wirklich bist – mit allem, was dazugehört: die Angst, dich zu blamieren, nicht zu können, was du vollmundig angekündigt hast, als Hochstapler entlarvt zu werden, die Angst, mit der eigenen Vorstellung nicht „anzukommen", nicht gut genug zu sein und kritisiert zu werden usw.

Viele, die mit solchen inneren Stimmen kämpfen, unternehmen eine Menge dafür, erst gar nicht in die Situation zu kommen, die so bedrohlich ist. Plötzlich muss die Wohnung dringend renoviert werden, der Keller wird ausgemistet – schließlich soll alles in Ordnung sein, bevor es richtig losgehen kann. Alles soll perfekt sein – nur um den großen Moment so lange wie möglich hinauszuzögern.

WIE KOMMST DU ANS ZIEL?

ABER ES GEHT NICHT UM PERFEKTION. BESSER DU HANDELST UND ERLAUBST DIR FEHLER, ALS DEIN PROJEKT ENDLOS AUFZUSCHIEBEN. VERSUCHE STATTDESSEN, DIE SCHRITTE KLEINER ZU MACHEN, WENN DU DIR UNSICHER BIST. ODER HOLE DIR FEEDBACK EIN, DAS DIR SICHERHEIT GIBT. GEH DAS AN, WAS DICH UNSICHER MACHT. ENTSCHEIDEND IST NUR: MACH WEITER!

Trau dich auf die Bühne

Dich selbstständig zu machen bedeutet, dich mit deiner Idee, deiner Person und deinem Angebot zu zeigen. Wenn du dein Angebot verkaufen willst, muss es für andere sichtbar sein.

Stell es dir plastisch vor: Das Publikum sitzt schon bereit. Du stehst hinter dem Vorhang. Gleich bist du dran. Dein Auftritt naht heran. Welche Gefühle und Gedanken tauchen jetzt auf? Fühlst du dich trotz Lampenfieber inspiriert und freust dich, dass du die Gelegenheit hast zu zeigen, was du kannst? Oder würdest du am liebsten alles abblasen und davonlaufen?

Fühlst du dich schutzlos auf der Bühne? Oder in der Lage, mit deiner Präsenz diesen leeren Raum zu füllen und diesem Publikum etwas zu bieten, was es zufriedenstellen wird?

Wie nimmst du das Publikum wahr? Wohlmeinend oder anspruchsvoll-kritisch? Qualitätsbewusst oder mit wenig zufrieden zu stellen? Reicht dein Können oder denkst du, du müsstest viel mehr können?

Auf der Bühne begegnest du der Frage, wie gut du bist. Wirst du dem kritischen Blick von KundInnen und Konkurrenten genügen?

In erster Linie begegnest du jedoch nicht den Blicken anderer, sondern deinem eigenen Blick auf dich selbst.

> *Was denkst du wirklich über dich? Wie gehst du mit dir um? Das ist die Frage. Unterstützt du dich selbst? Stehst du hinter dir? Ergreifst du für dich Partei, wenn du kritisiert wirst?*

Dabei geht es nicht darum, ob sachliche Kritik vielleicht inhaltlich gerechtfertigt ist. Es geht darum, ob du zu dir stehst, dazu, dass du die Dinge nach bestem Wissen machst. Wenn du auf diese Weise zu dir stehen kannst, musst du die Blicke der Welt nicht mehr fürchten.

Deine Aufgabe ist es, dich mit deinem eigenen Blick auf dich selbst auseinanderzusetzen. Stell dich deiner Selbstkritik und deiner Ambivalenz. Wenn du ein gutes

STELL DICH DEN MONSTERN

Gefühl zu dem gewonnen hast, was du machen willst, wirst du dich auch mit der realen Kritik im Außen auseinandersetzen können, die dir möglicherweise bevorsteht. Noch viel mehr: Wenn du gut findest, was du machst, strahlst du das nach außen – und lädst die anderen gar nicht erst ein, deine Ideen kritisch auseinanderzunehmen.

Mach eine Standortbestimmung und plane deinen Weg[116]

1. **Deine Vision**
   Wie wird dein zukünftiges Unternehmen in fünf oder zehn Jahren aussehen?

2. **Du als UnternehmerIn**
   Was ist dann anders als jetzt?
   Was erhoffst du dir?
   Was befürchtest du?

3. **Name, Farben, Symbole**
   Gibt es einen Namen, Farben, Zeichen oder Symbole für dein zukünftiges Unternehmen?

4. **Skeptiker und Zweifler**
   Was sagen innere und äußere Zweifler zu deinem Plan?
   Gibt es wichtige Gegenargumente?
   Was ist das Gute am jetzigen Zustand?
   Wie wird deine Umwelt reagieren? Stimmst du diesen Folgen zu?
   Was steht dir bei der Umsetzung im Weg?

5. **Innere Bewertung deiner Vision**
   Welche guten Gründe gibt es, an deine Vision zu glauben?
   Welche Argumente findest du für diese Sicht?
   Stimmst du diesen Sätzen zu:
   – Es ist möglich.
   – Ich kann es.
   – Ich bin es mir wert.

6. **Fehlendes**
   Was brauchst du, um diesen Weg zu gehen?
   Was musst du noch lernen?

7. Ressourcen
Welche Fähigkeiten hast du bereits dazugewonnen?
Welche deiner Eigenschaften, Erfahrungen etc. werden dir helfen, dein Ziel zu erreichen?

8. Unterstützer
Wer könnte dir helfen, deine Ziele zu erreichen?
Wer könnte dich auf deinem Weg unterstützen?
Wie könntest du diese Person(en) einbinden?

9. Der Preis
Was müssest du zurücklassen, wenn du dich selbstständig machst?
Was wird sich ändern?
Was wird es dich (und andere) kosten?

10. Die Himmelsleiter
Was sind deine ersten Arbeitsschritte (mindestens drei)?

11. Die Kellertreppe
Finde drei wirksame Strategien, die dir helfen können, das Vorhaben hinauszuzögern oder zu verhindern.[117]

12. Belohnung/Das Fest
Was belohnt dich, wenn du angekommen bist?
Woran merkst du, dass du dich auf dem richtigen Weg befindest?
Wie wirst du feiern?

Du brauchst die innere Vorstellung eines Weges, den du erfolgreich gehen kannst, um anzukommen. Du musst nicht jede einzelne Station kennen. Wichtig ist nur, dass du überhaupt die Idee hast, dass du ankommen kannst, wenn du erstmal los- und beharrlich weitergehst.

Finde deinen eigenen Weg zum Erfolg!

Was macht Menschen erfolgreich? Was braucht dein Projekt? Sind die, die erfolgreich sind, deshalb erfolgreich, weil sie so gut sind? Oder sind es ganz andere Faktoren, die den Erfolg ausmachen, als den Job gut zu machen? Und was heißt den Job gut machen? Ist es die Kernleistung, das eigentliche Angebot, auf die es ankommt? Geht es um Extras und Nebenleistungen? Oder geht es eigentlich darum, das alles nur gut zu verkaufen?

Es gibt keinen vorgezeichneten Weg, wenn du dein eigenes Ding machst. Es kann sein, dass du alle Tipps und Ratschläge von ExpertInnen und Profis in den Wind schlägst und alles anders machst, als du es machen solltest – und genau deshalb erfolgreich bist. Die Kunst ist, zu erkennen, wo es gut ist, auf Feedback zu hören, und wo es gerade gut ist, deinen eigenen Weg zu gehen.

Für dich ist es schwer zu entscheiden, wie ernst du welche Kritik nehmen musst.

Musst du an den Inhalten arbeiten oder an deiner Selbstdarstellung?

Wenn es dir nicht gelingt, die anderen zu überzeugen, kann es sein, dass sie das Verheißungsvolle deiner Idee einfach noch nicht sehen können. Oder es stimmt etwas Wesentliches noch nicht. Vielleicht hast du selbst noch keine klare Vorstellung, um überzeugend aufzutreten. Das zeigt dir, dass du zumindest daran arbeiten musst, die anderen mit ins Boot zu holen.

It's never too late to be great[118]

Vielleicht denkst du, du bist zu alt, um neue Schritte zu gehen. Oder du bist der Meinung, du hättest viel früher beginnen müssen. Der australische Autor Tom Butler-Bowdon zeigt in seinem Buch *Never too late to be great* eindrucksvoll, dass die steigende Lebenserwartung sich noch nicht genügend in unserem Bewusstsein etabliert hat – stattdessen operieren wir mit alten Konzepten eines frühen Ruhestands mit 65 und messen daran unsere innere Zeitspanne. Er geht von einer aktiven Zeit zwischen 20 und 80 Jahren aus und rechnet vor, dass wir 60 Jahre haben, unsere Ideen und Projekte in die Tat umzusetzen. Wer 40 ist, hat noch zwei Drittel seiner Zeit vor sich; wer 50 ist, befindet sich damit erst bei 50 Prozent. Das bedeutet, du hast vermutlich jede Menge Zeit, noch etwas Neues zu beginnen.

Die Medien präsentieren uns ständig Geschichten von Menschen, die entdeckt werden und plötzlich erfolgreich sind. Diese mediale Inszenierung verleitet zu dem Schluss, dass es leicht ist, durch einen genialen Einfall über Nacht berühmt und erfolgreich zu werden. In der Regel aber ist Erfolg nicht das Ergebnis eines Programms „Wie werde ich in 10 Schritten erfolgreich". Vermeintlich rascher Erfolg entsteht in Wahrheit durch Exzellenz, das heißt herausragende Leistung in einem oder mehreren wesentlichen Punkten und diese ist das Ergebnis langer Anstrengung und vieler Wachstumsprozesse. Viele, die irgendwann „groß rauskamen", hatten im Vorfeld andere Projekte verfolgt und die nötigen Erfahrungen, Erkenntnisse und das Training erworben, das die Grundlage für ihre späteren exzellenten Leistungen war.[119]

Nimm dich wichtig

Kaum hast du entschieden, dich ernstlich mit dem Thema Gründung zu beschäftigen, kommt auf einmal jede Menge dazwischen, das deine Aufmerksamkeit erfordert. Die Kinder haben Schwierigkeiten in der Schule oder wollen dir das Herz ausschütten, weil sie sich über Freunde geärgert haben. Die Schwiegereltern werden krank. Dein Partner/deine Partnerin beklagt sich, das du zu wenig Zeit hast. Deine Freundin braucht Hilfe beim Umzug ... Letztlich stellst du fest, dass du gar keine Zeit mehr hast, dich um dein eigenes Projekt zu kümmern.

Manche Menschen sind sehr gut darin, sich wunderbar um die Bedürfnisse anderer zu kümmern, nur nicht um ihre eigenen. Entstehende Lücken im Tagesablauf füllen sich bei ihnen auf wundersame Weise in Windeseile. Statt mit eigenen Prioritäten sind sie mit den Dringlichkeiten der anderen beschäftigt. Gehörst du auch dazu?

Je nachdem, wie du innerlich gestrickt bist, kommen dir die Bedürfnisse der anderen unabweisbar und viel wichtiger als deine eigenen vor. Kannst du allen Ernstes Nein sagen, wenn du doch Zeit hättest oder es zumindest schaffen könntest?

Hand aufs Herz: Fällt es dir sehr schwer, dich selbst wichtig zu nehmen und deine eigenen Bedürfnisse oben auf die Tagesordnung zu setzen?

BEISPIEL:

Ingrid nimmt sich immer wieder vor, sich endlich an ihren Businessplan zu setzen, aber irgendwie kommt sie nie dazu. Sie hat ohnehin schon so viel zu tun. Eigentlich gibt es kaum leere Stellen an ihrem Tag. Sie müsste irgendetwas lassen oder weniger tun. Aber was? Außerdem wollte sie endlich mal zum Gründerstammtisch gehen, aber jedes Mal ist an dem Abend irgendetwas anderes, was wichtig ist. Mal ist es ein Elternabend und ihr Mann ist zu müde von der Arbeit. Also wird sie wohl gehen müssen. Beim nächsten Termin haben sie eine Einladung. Und beim letzten Mal hatte sie zwar Zeit, war abends viel zu geschafft, um sich noch aufzuraffen, obwohl sie sich fest vorgenommen hatte, hinzugehen. Naja, er findet ja demnächst wieder statt – sie kann ja dann hingehen. Vorausgesetzt, es kommt nichts dazwischen.

Mach dir klar, dass niemandem gedient ist, wenn du hoffnungslos unzufrieden wirst. Natürlich gibt es Dringlichkeiten. Natürlich sind andere Menschen wichtig. Doch geht es darum, einen guten Ausgleich zu finden, damit auch du zu deinem Recht kommst. Wer in Beziehungen lebt, weiß, dass dieser Ausgleich immer wieder neu hergestellt und in Balance gebracht werden muss.

Setze Prioritäten

Wenn du etwas für dich selbst auf die Beine stellen möchtest, ist es wichtig, dir zu erlauben, dafür Zeit und Ressourcen in Anspruch zu nehmen, eventuell andere zu belasten und sie um Unterstützung zu bitten. Erkläre deinen Lieben, dass du gerade etwas Wichtiges für dich selbst tust. Eruiert gemeinsam, welche Bedürfnisse der anderen wirklich so wichtig sind, dass deine Hilfe unentbehrlich ist – und bei welchen es einfach bequem und gewohnt für die anderen ist, dass du zur Verfügung stehst. Nur so geht es mit deinem Projekt Selbstständigkeit wirklich voran.

Oder steckst du in der Ablenkungsfalle? Du glaubst gar nicht, wie gut meine Studentenwohnung geputzt war, als ich eigentlich meine Examensarbeit schreiben sollte. Immer, wenn es schwierig wurde und ich nicht weiterwusste, fand ich etwas, was dringend erledigt werden musste oder musste dringend ein Schwätzchen mit den Nachbarn halten – alles war besser, als mich mit den schwierigen Aufgaben zu beschäftigen, die am Schreibtisch auf mich warteten.

Die Herausforderung liegt darin, dass es für das Neue noch keine Struktur, keine Selbstverständlichkeiten, nichts Vorgebahntes gibt. Du wirst nicht von außen gerufen, dich mit Deiner Idee zu beschäftigen. Nur dein eigenes Wollen gibt den Takt an. Daher ist es oft gar nicht so einfach, dein Projekt gegen die Rufe des Alltags zu verteidigen. Der Job will getan werden, der Haushalt gemacht, die Kinder wollen tausend Dinge und der Hund muss noch raus. Es ist ja bei den wenigsten von uns so, als hätten wir im Leben Zeit im Überfluss – meist muss Zeit für Neues aus dem vorhandenen Leben abgerungen werden.

JE KLARER UND ENTSCHLOSSENER DU BIST, DASS DU DIESE ZEIT FINDEN WILLST, DESTO EHER WIRD ES DIR GELINGEN, ZEITFENSTER ZU SCHAFFEN, DIESE GEGEN FREMDE ANSPRÜCHE ZU VERTEIDIGEN UND NICHT VOR DEINER EIGENEN UNSICHERHEIT DAVONZULAUFEN.

Die Kunst besteht darin, deine Visionen, das, was dir wichtig ist, ernst zu nehmen, deine Prioritäten zu verändern und dem „ungelegten Ei" einen Platz zu geben, damit daraus etwas werden kann.

Hilfreich sind Strukturen und feste Verabredungen wie Seminare, Absprachen mit Freunden, Deadlines, Beratungstermine – denn sie strukturieren den Raum und die Zeit. Du schwimmst nicht alleine in einem Projekt ohne Zeitvorgaben, sondern schaffst für dich selbst Verbindlichkeiten.

Bleib dran

Die Tatsache, dass dein Kopf Zweifel produziert und du Gefühle wie Angst, Unsicherheit und Verwirrung angesichts der vielen Herausforderungen verspürst, die vielleicht vor dir liegen, bedeutet NICHT, dass deine Idee Quatsch ist und du sie nicht erfolgreich umsetzen wirst. Diese Gefühle und Gedanken sind die Begleitmusik deiner Veränderung und untermalen deine Reise auf einem neuen Weg. Es geht darum, dass wir mit Ungewissheit und Neuem umgehen müssen. Du WEISST schlicht nicht, was die Zukunft für dich bereithält. Aber wie dein Leben in Zukunft aussehen wird, weißt du auch nicht, wenn du einfach so weitermachst wie bisher. Du wiegst dich lediglich in Sicherheit, in der trügerischen Annahme, dass du glaubst zu wissen, wie es in etwa weitergehen wird. Von den täglichen Herausforderungen, die dir dein bisheriges Leben stellt, weißt du, dass du sie bewältigen kannst. Welche Prüfungen, Probleme und Schwierigkeiten dir die neue Zukunft bereithält, KANNST du nicht wissen. Du kannst nur lernen zu vertrauen: dir, dem Prozess, deiner Idee, deinen Begleitern usw.

Um herauszufinden, ob der Weg in die Selbstständigkeit das Richtige für dich ist, musst du dich ein Stück auf diesen Weg begeben. Registriere deine angenehmen und deine unangenehmen Gedanken und Gefühle. Lasse zu, dass dein Inneres Angst produziert und sieh dir an, welche Gedanken es dabei hervorbringt, welche Aussagen anderer es heranzieht (und welche es dafür überhört). Vielleicht gelingt es dir, dich nicht von dieser Angst ergreifen zu lassen, sondern diese Angstgedanken und -gefühle, Zweifel, Sorgen und Befürchtungen über die Zukunft zu registrieren und dich mit ihnen zu beschäftigen. Handeln und mit den Ängsten umzugehen bedeutet, sich von ihnen nicht lähmen zu lassen. Vielleicht stellst du am Ende fest, dass der Chor deiner Ängste und Sorgen die Hintergrundmusik für neue Schritte ist – egal, welchen Schritt du gehst. Dann nimm sie mit. Sie gehören zu dir. Nur lass dich nicht von ihnen abhalten, deine Träume zu verwirklichen.

Wenn die Zweifel immer größer und gewichtiger werden und sich gar nicht mehr verscheuchen lassen, ist vielleicht (noch) nicht der richtige Zeitpunkt gekommen, dein Konzept noch nicht stimmig oder – im schlimmsten Fall – die Selbstständigkeit wirklich nicht das Richtige für dich. Oder aber du machst die Erfahrung, dass du mit allen Zweifeln, Sorgen und Fragen umgehen kannst und sie dir sogar konkrete Handlungsweisen ermöglichen. Dein Mut wächst mit den (positiven) Erfahrungen, die du machst. Du erlebst, dass Dinge, die dir zunächst unüberwindlich erschienen, zu schaffen sind. Deine unternehmerische Kompetenz wird mit jedem Schritt größer. Du bist auf dem Weg, UnternehmerIn zu werden.

Alte Gespenster und „Hüter der Schwelle"

Wenn wir im Leben etwas Neues beginnen, melden sich vermutlich auch alte Geister, „Hüter der Schwelle" werden sie bei der Heldenreise genannt. In uns gibt es Themen, die zuverlässig auf den Plan gerufen werden, wenn wir versuchen, etwas bisher nicht Dagewesenes zu starten. Jeder hat seine eigenen Vertreter an dieser Schwelle stehen, an denen er vorbeimuss, wenn er sich aufmacht, etwas zu wagen. Warner, die uns Gutes wollen, weil sie auf Risiken und Gefahren hinweisen. Oder einfach Stimmen, die auftauchen, weil wir bestrebt sind, aus unserem Erfahrungsschatz Hinweise für die jetzige, neue Situation zu finden.

Jeder von uns kennt Übergänge, vom Kindergarten in die Grundschule, von dort zur weiterführenden Schule. Heiraten, Kinder kriegen, die neue Arbeitsstelle, der Umzug, der Auslandsaufenthalt. Situationen, für die wir keine Vorlage haben, weil sie uns zum ersten Mal begegnen. Abhängig davon, welche Erfahrungen wir mit ersten Übergängen gemacht haben, haben sich in uns bestimmte Themen gebildet, die wir regelmäßig aktualisieren, wenn uns im Leben etwas Neues begegnet.

Vielleicht bist du enthusiastisch aufgebrochen in die neue Welt „Schule", stolz, mit Schultüte und dem Gefühl, jetzt endlich groß zu sein – und musstest die Erfahrung machen, dass deine MitschülerInnen nicht nett zu dir waren und deine LehrerInnen dich nicht beschützt, sondern ebenfalls kritisiert haben. Jeder von uns hat in seiner Vergangenheit auch Misserfolge eingesammelt: Während andere im Sportunterricht schnell wie ein Affe das Seil hochkletterten, hingst du vielleicht wie ein nasser Mehlsack unten. Während andere zu den Beliebten zählten, hattest du eher eine Außenseiterrolle. Du hast dich für etwas sehr angestrengt – ein Referat, eine Aufführung, ein Bild – und hast nicht das verdiente Lob bekommen, bist nicht gesehen worden, stattdessen heimste jemand anderes Lob und Begeisterung ein, während du leer ausgingst. Jeder von uns trägt Narben solcher Erlebnisse in sich und möchte nach Möglichkeit keine weiteren Wunden davontragen.

Du hast durch solche Erfahrungen persönliche Muster gelernt, auf neue Situationen zu reagieren. Manche dieser Muster sind produktiv und unterstützen dich in neuen Lebenssituationen, andere hingegen sind eher hinderlich. Wichtig dabei ist, dass du sie als das erkennst, was sie sind – nicht Wahrheit, sondern geronnene Erfahrungsmuster, die dir dein Gehirn zur Verfügung stellt, um neue Situationen zu bewältigen. Schön ist es, wenn du dich auch neben diese Muster stellen kannst und deinen Verstand dabei beobachten kannst, was er da macht und du dir bewusst bist, dass deine Ängste und Sorgen keine Wirklichkeit beschreiben, sondern nur Muster deiner Vergangenheit sind, die dich warnen und dir helfen wollen, künftige Herausforderungen zu bewältigen. Sie können hilfreich sein, weil sie dich einladen, gut zu prüfen, dich nicht blindlings in Neues zu stürzen, nicht zu schnell vorwärtszugehen, nicht einfach darauf zu vertrauen, dass alles gut gehen wird. Sie wollen dich schützen. Doch können sie auch destruktiv sein, weil sie dich vor lauter Sorge um dein Wohlergehen am Wachsen hindern.

Hinzu kommt, dass du in deiner Vergangenheit auf deine Versuche zu wachsen natürlich auch Reaktionen bekommen hast, von Eltern, Lehrern, Freunden, Verwandten, Nachbarn. Welche Reaktionen hast du gehört, wenn du etwas Neues gemacht hast? „Probier's aus – wenn's schiefgeht, ist auch nicht schlimm", oder „Ich hab dir gleich gesagt, dass das nicht gut gehen kann!" oder „Immer musst du dich Hals über Kopf ins Unglück stürzen und ich muss dich wieder retten." Diese Botschaften sind Teil unserer Seele geworden. Auch wenn du dich damals vielleicht ungerecht behandelt gefühlt hast, als du ob deines Misserfolgs ausgeschimpft wurdest, statt Trost und Zuspruch zu erfahren – ein Teil deines Selbst konnte nicht anders, als diesen Stimmen Recht zu geben.

Die neurobiologische Forschung unterstreicht, dass unsere Erfahrungen nicht neutral abgespeichert, sondern emotional, das heißt mit positiven oder negativen Emotionen „markiert" werden. Das hilft uns, in einer ähnlichen Situation schnell eine Entscheidung zu treffen. Dann werden diese Emotionen automatisch abgerufen und helfen uns so zu einer schnellen Orientierung.[120]

Wenn du Übergangssituationen also positiv erlebt hast, dazu angenehme Gefühle gespeichert und innere Sätze gebildet hast, wie „Was ich anfange, gelingt mir", „Ich probiere mal, ob ich es schaffe. Ich bin o. k., egal was passiert", „Ich bin zuversichtlich, dass alles gut gehen wird", wirst du mit anderen inneren Haltungen losgehen, als wenn du schwierige bis traumatische Erfahrungen machen musstest.

WIE KOMMST DU ANS ZIEL?

 Heute hast du die Wahl, wie du mit dir umgehst: Du kannst so aufmunternd und unterstützend zu dir sein, wie du es dir damals von anderen gewünscht hast. Wenn du Herausforderungen bewältigen möchtest, macht es einen enormen Unterschied, wie du mit dir selbst umgehst. Du hast immer die Wahl, kritisch und böswillig auf dich selbst zu schauen, oder liebevoll und unterstützend.

Ein freundlicher Blick auf dich selbst heißt nicht, immer alles gut zu finden, was du machst. Es bedeutet durchaus, sich kritisch und ernsthaft mit dir selbst auseinanderzusetzen. Eine gute innere Selbstachtung ist sogar die Voraussetzung dafür, auch schwierige Realitäten und Feedbacks aushalten zu können – denn dafür brauchst du ein stabiles Selbstbild. Gemeint ist die grundlegende Entscheidung, auf DEINER Seite zu stehen, als wohlmeinender innerer Mentor und Unterstützer.

Burnout, Traumata, Ängste

Für manche Menschen führt der Weg in die Gründung, weil sie immer wieder erfahren mussten, dass ein „normales" Erwerbsleben für sie nicht oder nicht mehr funktioniert.

Menschen, die in ihrer Biografie Leidvolles erlebt haben, tun sich mitunter aus guten Gründen schwer, sich in vorgegebene Strukturen einzufügen. Ein cholerischer Chef, unkollegiale KollegInnen, enge zeitliche Rahmenbedingungen, inhaltlich rigide Vorgaben sind Faktoren, die für viele Menschen schwierig hinnehmbar oder nicht mehr ertragbar sind.

Andere fallen im Laufe ihres Arbeitslebens aus der Normalität ihres bisherigen Jobs – sei es, weil die Strukturen immer enger und fremdbestimmter geworden sind, die Arbeit sich so sehr verdichtet hat, dass sie nicht mehr zu schaffen war oder ihnen der Sinn verloren ging, weil sie sich von eigenen Idealen zu weit weg bewegen mussten. Menschen, die ein Burnout erlebt haben, wollen oftmals nicht in die alten Strukturen zurück und suchen nach Alternativen.

Können sich auch diejenigen, die sich auf solche Weise „angeschlagen" fühlen, erfolgreich selbstständig machen? Für viele bedeutet eine Gründung eine große Chance, denn sie können sich einen Arbeitskontext schaffen, den sie selbst gestalten können. Sie können sich die Arbeit rund um ihre Fähigkeiten bauen. Sie haben die Chance, Trigger zu vermeiden. Durch das Gefühl von Selbstbestimmung ist manches möglich, was in autoritären Strukturen nicht gelingen würde. Umgekehrt fordert die Selbstständigkeit einiges an innerem Wachstum. Ratsam ist es, sich gute Begleitung zu suchen, um das, was auftaucht, zu bearbeiten.

Manchmal bedeutet die Selbstständigkeit geradezu innere Heilung – dann, wenn es gelingt, alten, negativen Themen eine neue, positive Wendung zu geben. Einige Selbstständige machen gerade das zum Thema, woran sie früher gelitten haben. Die Gründung gibt ihnen die Möglichkeit, dort wirksam zu werden, wo sie früher Opfer waren. Die Erfahrung von Selbstwirksamkeit und Gestaltungsmacht birgt die Chance, zu einer inneren Stabilisierung beizutragen.

> NO MATTER HOW MANY MISTAKES YOU MAKE
> OR HOW SLOW YOU PROGRESS,
> YOU ARE STILL WAY AHEAD OF EVERYONE WHO ISN'T TRYING.
> TONY ROBBINS

5. ERLAUBE DIR, GUT ZU SEIN

Bin ich gut genug?

Diese Fragen stellen sich die meisten Gründer – offen oder heimlich.

Dabei hat die Frage zwei Aspekte: Der erste umfasst den eher sachlichen Teil, nämlich die Frage, wie gut jemand fachlich sein muss, um sich erfolgreich selbstständig zu machen.

Hat nur der beste Tischler vor Ort die Chance, sein Unternehmen langfristig erfolgreich zu führen? Oder kommen auch „mittelmäßige" zum Zug? Und welche Gütekriterien sind hierfür anzulegen? Geht es um die Fachlichkeit, also die Frage, ob die Tische stabil, schön, innovativ usw. sind, die Treppen formschön und die Einbauschränke besonders elegant? Wie sehr geht es um die Rahmenbedingungen der Selbstständigkeit? Heißt „gut" nicht auch, dass der Service gut ist, die Mitarbeiter freundlich, die Anfahrtswege kurz, die Werkstatt aufgeräumt und die Angebote gut formuliert sein sollten? Oder heißt „gut" vielleicht nichts von dem, sondern gutes Marketing, gute Umgangsformen, aktives Netzwerken und gute Kontakte?

Wer ist erfolgreich am Markt und welche Güteaspekte muss jemand erfüllen, der sich erfolgreich selbstständig machen will? Diese Frage ist zentral für jeden, der gründen möchte, und zentral für diejenigen, die beurteilen wollen, ob sie einen Gründer durch finanzielle Mittel fördern wollen.

WIE KOMMST DU ANS ZIEL?

Bin ich gut genug?

Diese Frage hat aber auch noch eine andere Dimension für viele, die über eine Gründung nachdenken. Die innere Herausforderung für viele GründerInnen ist die Idee, mit etwas selbst Geschaffenem, das vielleicht noch eine lang gehütete Herzensangelegenheit ist, an den Markt zu gehen und zu hoffen, dass das gewollt wird, Abnehmer findet, auf Begeisterung stößt – und zwar in einem solchen Ausmaß, dass du davon auch noch (gut) leben kannst.

Die eigentliche innere Herausforderung ist es, an dich und deine Idee zu glauben.

Natürlich sind beide Ebenen des Themas „gut sein" nicht völlig losgelöst voneinander zu betrachten. Glücklicherweise ist es nicht gänzlich unerheblich, wie gut jemand in seinem Fachgebiet ist, im Hinblick auf die Frage, ob er sich auf dem Markt durchsetzen wird. Gute Leute finden häufiger auch Abnehmer für ihre Dienstleistungen und Produkte als die schlechteren.

Doch Ausnahmen bestätigen die Regel. Mir fallen zahlreiche Beispiele ein für Unternehmen, die nicht gut sind in dem, was sie fachlich leisten, die sich zum Teil hanebüchene Fehler leisten und dies über Jahre ungestraft tun können, die sich schlechten Service erlauben können, deren MitarbeiterInnen menschlich arg zu wünschen übriglassen, die sich trotz einer katastrophalen C-Lage am Markt behaupten. Aber keines dieser Unternehmen ist in allem, was es tut, schlecht. Wenn sich Unternehmen trotz schlechter „Performance" am Markt halten können, dann deshalb, weil sie irgendetwas gut machen – und wenn es nur die Tatsache ist, dass sie in der Lage sind, ihre Fehler und Unzulänglichkeiten so geschickt zu verschleiern, dass ihre KundInnen sich nicht genügend zusammenschließen, um systematisch zu begreifen, dass ihre schlechten Erfahrungen kein Einzelfall sind. Oder der Preis ist so schlagend gut, dass KundInnen viele Sünden verzeihen.

Aber auch in anderer Hinsicht fallen mir viele Ausnahmen ein: Gute Leute, fachlich beeindruckende Menschen, die vor lauter Selbstzweifel ihr Licht so unter den Scheffel stellen, dass die Welt keine Chance hat, ihnen zu Erfolg zu verhelfen.

Obwohl du Fortbildung um Fortbildung machst, glaubst du immer noch, du bist nicht gut genug? Dann bist du vermutlich schlicht Opfer deines eigenen Perfektionismus. Es gibt so viel Wissen, so viele Ausbildungen und ständig wächst die weltweite Informationsflut in einem Tempo, dass es unmöglich ist, damit Schritt zu halten. Jede Art von Perfektionismus ist von vornherein zum Scheitern verurteilt. Wir alle müssen mit dem Mut zur Lücke leben und vor der Unendlichkeit des möglichen Wissens kapitulieren. Wir müssen mit dem handeln, was uns zur Verfügung steht.

Wir müssen ständig hinzulernen – und doch wird es nie genug sein, was wir wissen. Denn es gäbe immer noch etwas hinzuzufügen.

Was kannst du tun, um herauszufinden, ob du wirklich zu wenig kannst und weißt oder ob es nicht schon längst reicht, was du weißt und kannst?

Sei so gut wie deine Konkurrenz.

Was können und bieten deine Mitbewerber? Kannst du das auch?

Vorsicht: Du musst nicht die Summe deiner Mitbewerber darstellen! Jeder von diesen wird etwas bieten, was ein anderer nicht hat. Die Frage ist daher: Was können erfolgreiche Mitbewerber und kannst du darin mithalten? Was könntest du tun, um Fehlendes zu kompensieren oder nachzuholen? Gibt es Dinge, die du hast oder kannst, die die anderen nicht haben oder können?

Hol dir Feedback, woran du noch arbeiten solltest.

Hole dir Rückmeldungen aus deinem persönlichen Umfeld und von Profis! Profis können Menschen mit Beratungshintergrund sein, aber auch Menschen aus deiner Branche, die beurteilen können, was in der Branche gefragt und angesagt ist.

Teste deine Idee an ersten Kunden.

Verbessere deine Idee durch Ausprobieren. Frage deine Testkunden, was ihnen wichtig ist. Biete deine Leistungen oder Produkte probehalber an und hol dir Feedback. Was funktioniert, was nicht? Was wünschen sich Menschen über das hinaus, was du anbietest? Wo fehlt ihnen etwas?

Suche dir Lehrer und Vorbilder.

Gibt es „Autoritäten" und Vorbilder in deinem Leben? Befrage die, deren Urteil dir in Bezug auf dein fachliches Wissen wirklich etwas bedeuten würde.

Was ist „State of the Art"?

Was ist der allgemeine fachliche Standard? Erfüllst du die Kriterien relevanter Berufsverbände? Kannst du das, was in Ausbildungen fachlich gelehrt wird? Kennst du die aktuellen Trends deiner Branche?

WIE KOMMST DU ANS ZIEL?

Hole das Fehlende gezielt nach.

Analysiere gezielt, was dir noch fehlt, und tu das Nötige, um die erforderlichen Qualifikationen zu erwerben. Dann geht es nicht mehr um ein globales Gefühl, das du sowieso nicht erreichst – was immer du auch lernst und tust. Es geht darum, zu analysieren, was du noch tun musst, um deine KundInnen zu überzeugen – und das Fehlende nachzuholen.

> HINDERNISSE KÖNNEN MICH NICHT AUFHALTEN;
> ENTSCHLOSSENHEIT BRINGT JEDES HINDERNIS ZU FALL.
> LEONARDO DA VINCI

6. TRAU DICH, ERFOLG ZU HABEN

Du bestimmst, was Erfolg ist

Was ist unternehmerischer Erfolg? Die Antwort darauf liegt in deinen Händen. Die Frage ist nicht, was Politiker oder Kammern, was Banken oder dein Umfeld als Erfolg definieren. Die Frage ist, was DU erreichen willst.

Deinen Lebensunterhalt sichern? Etwas Tolles verwirklichen, was du kannst? Etwas tun, woran du glaubst? Etwas, das du für andere Menschen tun willst? Wünschst du dir Anerkennung und Ruhm? Auszeichnungen und Preise? Oder geht es darum, dir selbst einen Arbeitsplatz zu schaffen, der dir Freude bereitet und dir so viel Geld bringt, dass du genug zum Leben hast? Oder möchtest du eine große Firma haben und träumst von Reichtümern?

Wie viel für dich genug ist, musst du selbst definieren.

Was wir brauchen, sind differenzierte Vorstellungen von Erfolg. Es geht darum, dass du definierst, was für dich Erfolg ist. Erfolg lässt sich in Stufen beschreiben:

Was ist Erfolg für dich nach einem Jahr? Wo möchtest du in fünf Jahren stehen? Wo möchtest du langfristig hin, wenn du dich selbstständig machst? Du kannst für dich definieren, was du mindestens erreichen möchtest, damit du das Projekt Selbstständigkeit nicht wieder aufgibst. Was ist das, was du dir wirklich wünschst? Und wenn es eine Zugabe gäbe – was wäre die Sahne auf dem Kuchenstück?

Überleg dir, was du riskieren willst und kannst

Der Unternehmensberater, Trainer und Autor des Buches *Effectuation – Wie erfolgreiche Unternehmer denken*, Michael Faschingbauer schlägt vor, sich nicht an Erfolgsperspektiven zu orientieren, sondern den leistbaren Verlust zu kalkulieren.[121] Wie ein Spieler, der ins Casino geht und vorher nur eine bestimmte Menge Geld einsteckt, begrenzt du damit dein Risiko. Du selbst entscheidest, wie viel dir die Sache wert ist, was es dich kosten darf und was du einsetzen willst und kannst. Damit ist dein Risiko nicht mehr unbekannt, sondern genau bezifferbar – finanziell wie emotional.

Werde so groß, wie du es sein möchtest

Wir alle tragen innere Erlaubnisse und Verbote in unsere Gründung. Dazu zählt die Frage, wie viel Größe du dir und deinem Unternehmen zugestehst.

Was ist deine Komfortzone – die Zone, die für dich sicher und vertraut ist?

Wo sie ist, hängt von deinen Erfahrungen ab: aus welchen finanziellen Verhältnissen du stammst, welche Jobs du in der Vergangenheit ausgeübt hast, welche Bezahlung du gewohnt bist, ob du studiert hast, in welchen „Kreisen" du dich bewegst, das heißt was dein derzeitiger oder früherer Vergleichsrahmen ist. Wir haben aus diesen Erfahrungen innere Muster gebildet, was uns im Leben zusteht, wo wir „hingehören", was uns vertraut ist, was wir verdienen.

Diese Faktoren wirken sich darauf aus, welche Bezahlung du dir zugestehst, mit welcher Einrichtung du dich umgibst und welche Menschen du dir als KundInnen und KlientInnen wünschst. Der Mann, der in noblen Verhältnissen groß geworden ist, der studiert hat – womöglich BWL, Jura oder Medizin –, der anschließend in einem großen Unternehmen eine gut dotierte Stelle innehat und ein Jahresgehalt von 80.000 Euro für sich selbstverständlich findet, geht mit einer anderen Erwartungshaltung in die Gründung als die Frau, die aus einer Arbeiterfamilie stammt, in der stets jeder Cent umgedreht werden musste, damit es reicht, die sich mit kleineren Jobs über Wasser gehalten hat und eher gelernt hat, zu haushalten, damit sie überhaupt über die Runden kommt.

Dabei ist die Verbindung zwischen Gewohntem und Angestrebtem nicht immer eindeutig. Für den einen kann es ein wichtiger Motor sein, der finanziellen Enge der eigenen Kindheit zu entfliehen – so dass er großen Ehrgeiz entwickelt, hohe Honorare zu verhandeln, wohlsituierte Kunden haben und sich hochwertig einrichten möchte. Für den anderen ist es nicht vorstellbar, jemals mehr zu bekommen als er schon verdient hat, so dass er durch sein ganzes Verhalten dafür sorgt, sich in einem ihm vertrauten finanziellen Rahmen zu bewegen.

Mancher, der in luxuriösen Verhältnissen aufgewachsen ist, schämt sich im Grunde seines Herzens dafür, immer mehr gehabt zu haben, so dass er unbewusst heute sehr viel dafür tut, nicht besser dazustehen als die anderen. Dem anderen hingegen ist Wohlstand so selbstverständlich geworden, dass er überhaupt keine Schwierigkeiten hat, für sich eine angemessene Bezahlung zu fordern.

Wichtig ist nicht nur die Frage, was du aus deiner Vergangenheit kennst, sondern was du heute darüber denkst und ob du eventuell im Laufe deines Lebens korrigierende Erfahrungen gemacht hast.

Die Frage, wie groß du sein darfst, wirkt sich auf viele Bereiche aus: Wie du dein Unternehmen einrichten wirst, wie viel Hochglanz deine Broschüren haben werden, wie du dich persönlich kleidest, wie bedeutsam dein Unternehmen sein darf, wie wertvoll das ist, was du anbietest usw.

Bleib bereit, dich zu verändern

> *Gibt es so etwas wie ein Erfolgsgeheimnis für Gründungen?*
> *Etwas, das gleichermaßen für kleine wie große Unternehmen gilt?*

Eines eint kleine Unternehmer und große Konzerne: Es braucht stetige Wandlungsfähigkeit, um sich dauerhaft am Markt zu behaupten. Das ist das Prinzip der Evolution: Sie bringt Spezies hervor, die mehr oder weniger an die Umweltbedingungen angepasst sind. Ändern sich die Rahmenbedingungen, überleben diejenigen, die in der Lage sind – evolutionär über Generationen – Anpassungsleistungen zu erbringen.

Ähnlich ist das bei Unternehmen, wenn auch in sehr viel kleinerem Maßstab. Wichtig ist die Fähigkeit, sich in einer sich wandelnden Umwelt zu bewegen, auf diese zu reagieren, Reaktionen der Umwelt in das eigene Handeln einzubeziehen und eventuell Strategiewechsel vorzunehmen. Kein Problem, wenn Dinge nicht auf Anhieb klappen, sofern du in der Lage bist, anzuhalten, die Situation zu analysieren und gegebenenfalls eine neue Richtung einzuschlagen. Im Gegenteil: Besser du machst Schritte in die falsche Richtung, als ewig zu überlegen und gar nicht zu handeln, weil du unbedingt das einzig Richtige tun willst. Try and error – so lautet die Devise.

> UND ES KAM DER TAG, DA DAS RISIKO IN DER
> KNOSPE ZU VERHARREN, SCHMERZHAFTER WURDE,
> ALS DAS RISIKO ZU BLÜHEN.
>
> ANAIS NIN

7. AUS DEM OB INS WIE

Wenn du fertig werden willst, musst du anfangen

Während einer Geburt gibt es, kurz bevor das Kind wirklich geboren wird, eine kurze Phase des Übergangs. Frauen haben zu diesem Zeitpunkt einen Großteil der Geburt im Grunde schon geschafft. Sie haben zahlreiche Wehen hinter sich (und wer schon mal Wehen hatte, weiß warum „Weh" und „Wehen" den gleichen Wortstamm haben). Bevor das Kind aber dann tatsächlich zur Welt kommt, gibt es diese kleine Zeitspanne, in der scheinbar nicht viel passiert. In dieser Phase werden viele Frauen, die zuvor tapfer stundenlang Schmerzen ausgehalten haben, auf einmal unleidlich. Sie wollen am liebsten die Geburt abbrechen und nach Hause gehen. Ein Kind zu bekommen, scheint auf einmal überhaupt nicht mehr erstrebenswert, sie haben die Schnauze voll, sie sind verzweifelt und glauben, diese Geburt wird nie ein Ende nehmen. Kurz vor dem Ziel scheint ihnen die Luft auszugehen. Zum Glück haben Frauen an dieser Stelle keine Wahl mehr – sonst wäre ein Großteil der Menschheit wohl nicht geboren worden.

Vielleicht ergeht es dir mit deiner Gründung ebenso. Kurz bevor es wirklich losgehen könnte, überfallen dich noch einmal fundamentale Zweifel und du würdest das Ganze am liebsten sofort abbrechen: den Mietvertrag nicht unterschreiben, die Homepage wieder offline stellen, es einfach bleiben lassen. Aber ist das wirklich jetzt noch eine gute Wahl?

Leg los – irgendwann fließt es

Was lässt das Pendel auf die andere Seite schwingen?

Manchmal ist es kein freudiger Auslöser, der den entscheidenden Schubs zum Handeln bringt. Das Alte will einfach nicht mehr funktionieren. Du musst dich von lieb gewordenen Bequemlichkeiten verabschieden. Manchmal wirst du gegen deinen Willen verabschiedet. Vielleicht wärst du gerne noch geblieben, hättest selbst das

Tempo deines Abgangs bestimmt, hättest das Alte gerne noch eine Weile behalten. Doch jemand anderes hat für dich entschieden und spielt nicht mehr mit. So bleibt dir nun nichts anderes übrig, als den neuen Weg zu gehen.

Irgendetwas gibt den Ausschlag, warum JETZT gehandelt werden muss. Trotz aller Zweifel, trotz aller Bedenken. Die hören ja nicht auf und verschwinden einfach. Aber dennoch: Irgendetwas hat den Umschwung gebracht. Du hast mehr durch Nicht-Handeln zu verlieren als durch Handeln. Du hast mehr zu verlieren, wenn du weiterhin deine Zweifel nährst als wenn du es TUST.

Und irgendwann kommt ein geheimnisvoller Moment, in dem du spürst: Die Dinge sind nicht mehr schwierig, das innere Hin und Her hat (fast) ein Ende, unmerklich ist das Pendel auf die eine Seite geschwungen – auf die Ja-Seite. Und nun wird alles leichter. Denn deine Energie hat nun die Chance, in eine Richtung zu fließen und wird nicht mehr von hemmenden und schwächenden Teilen aufgezehrt. Nun, wo sie ganz für das Tun zur Verfügung steht, hast du auf einmal ungeahnte Kräfte. Was dir vorher vielleicht unüberwindlich erschien, ist auf einmal nicht mehr schwierig.

Wenn du schlau bist, haderst du nicht mit der Zeit vorher: „Das hätte ich doch früher haben können! Was habe ich mir das Leben schwergemacht. Es ist doch alles ganz einfach!" – so lauten dann unter Umständen die Selbstgespräche. Aber damit wärst du unfair dir selbst gegenüber. Denn du bist an diesem Punkt, WEIL du durch diesen Prozess gegangen bist. Die Gegenstimmen sind verstummt, weil sie Raum bekommen haben, gehört wurden und die Chance hatten, dadurch kleiner und schwächer zu werden. Es brauchte den Prozess, damit du dem Ergebnis entgegenwachsen konntest.

Feiere dich und das Ergebnis!

Mit der Realisierung deiner Idee kommen neue Fragen und Wachstumsschritte auf dich zu. Umso wichtiger ist es anzuhalten und dich an dem zu erfreuen, was dir bis hierhin geglückt ist.

WÜRDIGE DEINEN WEG!
FREUE DICH AM GELUNGENEN!

SCHLUSSWORT

Man muss nur den nächsten Schritt tun

Mehr als den nächsten Schritt kann man überhaupt nicht tun.

Der nächste Schritt ist nämlich nie ein großes Problem. Man weiß ihn genau.

Eine andere Sache ist, dass er gefährlich werden kann. Nicht sehr gefährlich, aber ein bißchen gefährlich kann auch der fällige nächste Schritt werden.

Aber wenn du ihn tust, brichst du nicht zusammen, sondern fühlst dich gestärkt. Gerade das Erlebnis, dass du einen Schritt tust, den du dir nicht zugetraut hast, gibt dir ein Gefühl von Stärke. Es gibt nicht nur die Gefahr, dass Du zu wenig riskierst.

Dem Gehenden schiebt sich der Weg unter die Füße.

MARTIN WALSER[122]

DANKE

Ich möchte mich an dieser Stelle bei allen bedanken, die mich auf dem Weg zu diesem Buch unterstützt haben. Es war eine lange Reise mit vielen Höhen und Tiefen bis zur Fertigstellung. Dies gab mir die Gelegenheit, alles, worüber ich in diesem Buch schreibe, nochmal selbst am eigenen Leib zu erfahren.

Mein besonderer Dank gilt Anne-Marie Grage, die mir immer wieder eine kluge Gesprächspartnerin ist und von deren Impulsen und Anregungen ich sehr profitiert habe. Ihr, Astrid Eikel, Silke Gödeke und Mirjam Faust sowie den Mitstreiterinnen in meinem „Gutes Leben Club", Birgit Neyer und Sabine Kaim, möchte ich besonders dafür danken, dass sie mir über einen langen Zeitraum treu zur Seite gestanden haben, mit mir Inhalte diskutiert, mich ermutigt und bei Rückschlägen wieder aufgerichtet haben.

Ich möchte meinen Kindern danken, die immer hinter mir standen und liebevoll mitgetragen haben, dass ich in Urlauben, an Wochenenden und im Alltag, morgens und abends mit einem Laptop dasaß und geschrieben habe.

Ich möchte meiner Tochter Lara und Mirjam Faust danken, die dieses Buch Korrektur gelesen und mir liebevolles Feedback und wertvolle Hinweise zur Überarbeitung gegeben haben, ebenso der Lektorin des metropolitan Verlags Melanie Krieger, die dieses Buch fein geschliffen hat und Lust hatte, es durch Illustrationen und ein besonderes Layout lebendig werden zu lassen. Ich danke Hans Winkens, dem Setzer, für seine guten Ideen und seine Geduld. Mein herzlicher Dank gebührt außerdem dem Grafiker Karsten Molesch, der mit der Umschlaggestaltung dieses Buch zum Leuchten gebracht hat.

Danke auch an Birgit Neyer und Andrea Blome, die mir inhaltliches Feedback zu den Kapiteln Effectuation und Design Thinking gegeben haben.

Dieses Buch lebt von all den Menschen, die in den letzten 22 Jahren ihre Geschichte, ihre Sorgen, Ängste, Nöte und Fragen mit mir geteilt haben und die mich eingeladen haben, sie auf ihrem Weg zu begleiten. Mit jedem von ihnen habe ich etwas Neues gelernt und dafür bin ich sehr dankbar.

Astrid Hochbahn

ANMERKUNGEN

1. Williamson, Marianne: A Return To Love: Reflections on the Principles of A Course in Miracles, Harper Collins, 1992. From Chapter 7, Section 3, S. 190–191.
2. Campus Galli in der Gemeinde Messkirch (www.campus-galli.de). Wer Mittelalter hautnah erleben will, findet hier Baustelle, Forschungsstandort und Freilichtmuseum in einem.
3. Weiguny, Bettina: Bionade: Eine Limo verändert die Welt. Eichborn 2009.
4. In seinem Kunstprojekt verhüllte das Künstlerehepaar Christo und Jeanne-Claude im Jahr 1994 vollständig das Reichstagsgebäude in Berlin.
5. Joseph Campbell hat das Motiv der Heldenreise als Grundmuster von Mythen, Märchen und Filmen erforscht; zum Weiterlesen: Campbell, Joseph: Die Kraft der Mythen. Bilder der Seele im Leben des Menschen. Artemis & Winkler 1994, Kapitel V 1. Deine Heldenreise.
6. vgl. www.kfw.de/PDF/Download-Center/Konzernthemen/Research/PDF-Dokumente-Gründungsmonitor/KfW-Gründungsmonitor-2017.pdf, S. 4. – In Deutschland und anderen Ländern hat sich mittlerweile die Gründungs- bzw. Entrepreneurforschung als eigene Forschungsdisziplin neben der Betriebswirtschaftslehre etabliert und umfangreiche Forschungsergebnisse hervorgebracht, die ich hier leider nicht im gebührenden Umfang wiedergeben kann.
7. vgl. www.studieren.de
8. vgl. www.bildungsspiegel.de/news/berufswelt-arbeitsmarkt-europa/996-innere-kuendigung-studie-zeigt-ursachen-und-gegenmassnahmen-auf
9. vgl. z.B. www.wertesysteme.de
10. Kontakte gehören zu deinem wertvollsten Kapital. Wie du Kontakte beruflich nutzen kannst, zeigt dir zum Beispiel die Online-Plattform XING. Hier werden dir nicht nur die Personen angezeigt, mit denen du dich persönlich vernetzt hast, sondern du hast die Möglichkeit, auch deren Kontakte einzusehen. Außerdem kannst du deine Kontakte bitten, für dich den Kontakt zu einer Person aus ihrem Netzwerk herzustellen.
11. Seiwert, Lothar J.: Wenn Du es eilig hast, gehe langsam. Campus 2005.
12. Weiguny, Bettina: Bionade. Eine Limo verändert die Welt. Eichborn 2009.
13. Zum Weiterlesen empfohlen: Sher, Barbara: Wishcraft; Glaubitz, Uta: Der Job, der zu mir passt; Bolles, Richard Nelson: Durchstarten zum Traumjob.
14. http://www.lern-psychologie.de/kognitiv/bandura.htm. – vgl. auch www.psychomeda.de/lexikon/selbstwirksamkeit.html
15. Uusiautti, Satu: Hoffnung bei der Arbeit. In: Bormans, Leo (Hg): Hoffnung. The World Book of Hope. Dumont 2015, S. 223.
16. Snyder, C. R.: The Psychology of Hope. You can get here from there. Simon and Schuster 2000.

ANMERKUNGEN

[17] Ho, Samuel: Ziele anpassen. In: Bormans, Leo (Hg): Hoffnung. The World Book of Hope. Dumont 2015, S. 223.

[18] Es gibt TrainerInnen, die Mindmap und Cluster genau entgegengesetzt verwenden. Das Clustern für einen ersten ungeordneten Überblick – die Mindmap, um Struktur zu schaffen.

[19] vgl. auch Cameron, Judith: Der Weg des Künstlers. Ein spiritueller Pfad zur Aktivierung unserer Kreativität. Knaur MensSana 2009. Judith Cameron schlägt vor, das freie Schreiben zu nutzen, um jeden Morgen vor dem Aufstehen die sogenannten „Morgenseiten" zu schreiben. So zeichnet sich mit der Zeit ab, was dich bewegt, was dich vielleicht hindert und was du in die Welt bringen willst.

[20] Als Entwickler gelten der Informatiker Terry Winograd, Larry Leifer und David Kelley, Gründer der Ideenagentur Ideo – siehe auch Kapitel 11, Design Thinking.

[21] Nur einer spricht (one conversation at a time) ist eine weitere Maxime, denn Design Thinking geschieht in der Regel in einer Gruppe, bei der ein interdisziplinäres Team an einem Problem arbeitet.

[22] vgl. Kapitel 2.7 „Variiere deine Idee: Kreativitätstechniken"

[23] vgl. www.rilke.de/briefe/160703.htm

[24] Arden, Paul: Es kommt nicht darauf an, wer du bist, sondern wer du sein willst. Phaidon 2005.

[25] Ein kleiner Hinweis für diejenigen, die diese Methode aus anderen Kontexten kennen: Diese Methode wird von vielen so vorgestellt, dass sowohl der weiße Hut als auch der gelbe und der schwarze Hut „Objektives" zutage fördern sollen. „Subjektive" Bewertungen werden dem roten Hut zugeordnet. Als Systemikerin bin ich fest davon überzeugt, dass Perspektiven immer subjektiv sind und dass es objektives Wissen im engeren Sinne nicht gibt, vor allen Dingen nicht, wenn es um Beschreibungen geht. Daher habe ich entsprechende Verweise hier umformuliert.

[26] Es gibt nicht DIE eine ultimative Gliederung für einen Businessplan. Du wirst verschiedene Vorlagen finden, manche kommentiert. Nutze das Muster, das für dich am klarsten und eingängigsten ist. Ein Tipp: Die Fragen sind als Denkanregung gemeint, was mit den einzelnen Gliederungspunkten gemeint ist. Statt sie abzuarbeiten, nutze sie als Inspiration und notiere Stichworte. Das reicht für dich alleine. Wenn du Dritte überzeugen willst, schreibe einen Fließtext. Es gibt mittlerweile zahlreiche Tools, die es dir erleichtern, dein Konzept zu schreiben.

[27] vgl. www.storytellingmasterclass.de/wp-content/uploads/Die-Heldenreise.pdf

[28] Osterdorfer, Alexander/Pigneur, Yves: Business Model Generation. Campus Verlag 2011 – vgl. auch nächstes Kapitel.

[29] vgl. z. B. www.businessmodelgeneration.com

[30] Eine deutsche Variante findest du auf dem Existenzgründerportal des Bundesministeriums für Wirtschaft: www.existenzgruender.de/SharedDocs/Downloads/DE/Checklisten-Uebersichten/Businessplan/16_Business-modell-Canvas.pdf?__blob=publicationFile; ein kostenloses Tool, mit dem du die Canvas online erstellen kannst, findest du z. B. unter: www.gruenderplattform.de

[31] vgl. auch Kapitelanfang

[32] vgl. www.diegluehbirne.de/design-thinking-im-detail/

[33] Diese „Pomodoro-Technik" wird übrigens so genannt, weil Francesco Cirillo, der sie in den 1980er-Jahren entwickelt hat, seinen Küchenwecker in Form einer Tomate benutzt hat. Sie basiert unter anderem auf der Idee, dass kurze Arbeitsphasen und Pausen Konzentration und Output verbessern.

[34] Die indische Entrepreneurship-Forscherin und Neurowissenschaftlerin Sara Sarasvathy hat mit ihren umfangreichen Forschungen klassische Management-Theorien auf den Kopf gestellt. Im deutschsprachigen Raum wurde ihre Forschung vom Österreicher Michael Faschingbauer aufge-

ANMERKUNGEN

griffen, der mit seinem Buch bereits in die Liste der „100 erfolgreichsten Wirtschaftsbücher aller Zeiten" aufgenommen wurde (vgl. Fußnote 35).

[35] Faschingbauer, Michael: Effectuation: Wie erfolgreiche Unternehmer denken, entscheiden und handeln. Schäffer-Poeschel 2010, S. 222 f. oder auch als TED-Präsentation unter: www.youtube.com/watch?v=oFLQL50PZQQ

[36] Agile Methoden und Techniken im Überblick, vgl. www.haufe.de/personal/hr-management/agile-methoden-definition-und-ueberblick_80_428832.html

[37] Ich habe an dieser Stelle nicht den Anspruch, den Scrum-Prozess in allen Einzelheiten zu beschreiben, sondern möchte vor allem das extrahieren, was ich als Impuls auch außerhalb nützlich finde.

[38] Stakeholder sind alle, die ein Interesse an dir, deinem Unternehmen und deinem Output haben.

[39] vgl. www.nielsen.com/de/de/insights/reports/2014/nielsen-knackt-das-geheimnis-fur-den-erfolg-bahnbrechender-innovationen.html

[40] Als Kleinstunternehmen gelten laut EU-Empfehlung Unternehmen mit bis zu neun Beschäftigten und 2 Mio. Euro Umsatz/Jahr, als Kleinunternehmen solche mit bis zu 49 Beschäftigten und einem Umsatz bis zu 10 Mio. Euro.

[41] Hier findest du eine Übersicht: www.gruenderlexikon.de/checkliste/informieren/marktanalyse/branchendaten-marktdaten/

[42] vgl. www.vr-bankmodul.de/wbplus/vr-gruendungskonzept/index.php?bankname=&blz=000

[43] vgl. www.coaching-report.de/coaching-markt.html

[44] vgl. Kapitel 1.13: Agiles Projektmanagement und Scrum

[45] Faltin, Günter: Kopf schlägt Kapital. Die ganz andere Art, ein Unternehmen zu gründen. Von der Lust. ein Entrepreneur zu sein. dtv 2017.

[46] Scherer, Hermann: Jenseits vom Mittelmaß. Unternehmenserfolg im Verdrängungswettbewerb. Gabal 2009.

[47] vgl. www.nebelbank.de/irrtuemer.html

[48] Scherer, Hermann: Jenseits vom Mittelmaß. – Darin findet sich außerdem eine Liste dieser Qualitätssurrogate.

[49] Iyengar und Lepper (2001) boten in einem Supermarkt Kunden entweder 6 oder 24 verschiedene Marmeladensorten zur Auswahl an. Wer probierte, bekam einen 1-Dollar-Coupon als Rabatt für einen Kauf. Wurden 6 statt 24 verschiedene Sorten angeboten, lösten erheblich mehr Kunden ihren Coupon ein. Vgl. Werth, Lioba: Psychologie für die Wirtschaft. Grundlagen und Anwendungen. Springer 2010. Kapitel: Die Psychologie der Kaufentscheidung.

[50] Wenn hier geschlechtsspezifische Unterschiede aufgezeigt werden, sollen damit Tendenzen beschrieben werden. Natürlich gibt es auch Männer, die sich mit Konkurrenz schwer tun, und ebenso Frauen, die gelernt haben, offen in den Ring zu treten.

[51] In einer Harvard-Studie wurden künstlich Konkurrenzsituationen bei Menschen, Schimpansen und Bonobos erzeugt. Bei Männern und männlichen Schimpansen gab es am Ende einen eindeutigen Sieger, während Frauen und Bonobos eher nach friedfertigen Lösungen suchten. Bei einem Teil der Männer ließ sich anschließend ein erhöhter Testosteronspiegel im Blut feststellen; bei den Frauen nicht – sie verhielten sich eher wie die friedlichen Bonobos-Weibchen. Interessanterweise zeigte sich bei einem Teil der Männer der erhöhte Testosteronspiegel nicht, sondern sie reagierten wie Bonobos mit erhöhter Cortisol-Ausschüttung, also mit Stress auf die Konkurrenzsituation: www.zeit.de/wissen/2010-06/mann-affe-wettbewerb

ANMERKUNGEN

52 vgl. www.iwkoeln.de/studien/iw-kurzberichte/beitrag/frauenquote-maenner-konkurrieren-zu-viel-frauen-am-liebsten-gar-nicht-255082.html – siehe auch: www.consultact.de/pdf/2004_wpa.pdf
53 Faltin, Günter: Kopf schlägt Kapital. S. 140.
54 Scherer, Hermann: Jenseits vom Mittelmaß. Gabal 2009, S. 27.
55 www.de.statista.com/themen/1291/lebensmittel-discounter/
56 www.boersenverein.de/de/portal/Presse/158382?presse_id=1477382
57 vgl. www.nebelbank.de/irrtuemer.html
58 vgl. www.kfw.de/PDF/Download-Center/Konzernthemen/Research/PDF-Dokumente-Gründungsmonitor/KfW-Gründungsmonitor-2017.pdf
59 Ebd.
60 Unter Umständen möchten Menschen gerade das, was sie hatten, hinter sich lassen. Wer große Abteilungen geleitet hat, möchte endlich einen überschaubaren Arbeitsplatz. Wer sich im Job nicht gesehen fühlte, möchte nun endlich groß spielen können. An dieser Stelle ist gemeint, dass das, was sich Menschen ZUTRAUEN, häufig geprägt ist durch die Größe, die sie bisher kannten.
61 vgl. www.kfw.de/PDF/Download-Center/Konzernthemen/Research/PDF-Dokumente-Gründungsmonitor/KfW-Gründungsmonitor-2017.pdf, S. 5.
62 vgl. www.asscompact.de/nachrichten/kfw-studie-frauen-gründen-anders
63 vgl. www.kfw.de/Download-Center/Konzernthemen/Research/PDF-Dokumente-Standpunkt/Standpunkt-Nr.-8-Juni-2011.pdf
64 Ebd.
65 vgl. Dark Horse Innovation: Digital Innovation Playbook. Das unverzichtbare Arbeitsbuch für Gründer, Macher und Manager, Murmann Publishers GmbH 2016.
66 Systemiker kennen diese Methode als „Reflecting Team".
67 In der Förderdatenbank kannst du recherchieren, welche Förderprogramme für dein Anliegen infrage kommen: www.existenzgruender.de/DE/Gruendung-vorbereiten/Finanzierung/Foerderdatenbank/inhalt.html. In der Regel findest du die Infos über aktuelle Förderprogramme auch auf den Internetseiten der Wirtschaftsförderungen, Startercenter und häufig auch bei den Kammern wie den Handwerks- oder Industrie- und Handelskammern.
68 vgl. www.bmwi.de/Redaktion/DE/Publikationen/Mittelstand/starthilfe-der-erfolgreiche-weg-indie-selbstaendigkeit.html/; oder auch: www.deutschland-startet.de
69 vgl. www.gruenderwoche.de
70 vgl. www.vr-bankmodul.de/wbplus/vr-gruendungskonzept/index.php?bankname=&blz=000
71 Tagesschau vom 01.08.2012
72 vgl. www.uni-frankfurt.de/43516904/Ehrbarer_Kaufmann.pdf
73 z.B. www.existenzgruender.de/DE/Gruendung-vorbereiten/Finanzierung/Finanzierungswissen/Kapitalbedarfsplan/inhalt.html
74 Viele Vorlagen für eine Rentabilitätsrechnung findet man online oder in Gründungs-Ratgebern, zum Beispiel unter: www.existenzgruender.de/DE/Gruendung-vorbereiten/Finanzierung/Finanzierungswissen/Rentabilitaetsvorschau/inhalt.html
75 vgl. www.de.wikipedia.org/wiki/Young_Engineers_Sportscar
76 zitiert nach Heiss, Christian: Psychologische Erfolgsfaktoren der Existenzgründung. Grundlage, Studie, Diskussion, Akademiker Verlag 2012.
77 Jenewein, Wolfgang/Dinger, Helmut: Erfolgsgeschichten selber schreiben. Unternehmer, die es geschafft haben. Carl Hanser 1998.

ANMERKUNGEN

[78] Müller, Günter/Grappisch, Katrin: Existenzgründung – Persönlichkeit als Startkapital, 2002, zitiert nach: Heiss, Christian: Psychologische Erfolgsfaktoren der Existenzgründung: Grundlage, Studie, Diskussion, Akademiker Verlag 2012, S. 14.

[79] Christian Heiss setzt sich ausführlich mit den verschiedenen Theorien und Forschungen zum unternehmerischen Erfolg auseinander. Die von ihm zitierten Forschungsergebnisse stammen allerdings z. T. noch aus den 1990er-Jahren.

[80] vgl. www.heise.de/resale/artikel/Unternehmer-sind-anders-1212878.html

[81] vgl. www.sueddeutsche.de/karriere/unternehmer-typen-das-gruender-gen-1.558846

[82] vgl. www.diw.de/de/diw_01.c.369450.de/themen_nachrichten/unternehmer_sind_anders_offener_extravertierter_und_risikofreudiger_als_angestellte.html

[83] Fallgatter, Michael: Theorie des Entrepreneurship. Perspektiven zur Erforschung der Entstehung und Entwicklung junger Unternehmen. Springer 2002.

[84] vgl. www.about.hsbc.de/-/media/germany/de/news-and-media/essence-of-enterprise-de.pdf – Die Vermessung des Unternehmertums. – HSBC-Studie Essence of Enterprise. Befragt wurden in dieser Studie übrigens 2.834 Personen, die mindestens ein Privatvermögen von 1 Mio. US-Dollar besaßen. Die Ergebnisse sind damit nicht unbedingt als repräsentativ für alle Unternehmer zu bewerten.

[85] www.hsbcprivatebank.com/en/discover/our-insights/essence-of-enterprise/research-findings

[86] vgl. www.uni-jena.de/Mitteilungen/Archiv/Archiv+2_2013/PM130806_Unternehmergeistdunkel.html

[87] vgl. www.onlinelibrary.wiley.com/doi/10.1002/sej.82/abstract

[88] vgl. www.alltagsforschung.de/10-psychologische-fakten-ueber-gruender/

[89] vgl. www.sciencedirect.com/science/article/pii/S0001879107001327

[90] vgl. z. B. Heintze, Anne: Auf viele Arten anders. Die vielbegabte Scanner-Persönlichkeit. Leben als kreatives Multitalent. Ariston. 2016.

[91] Sexton, Donald L./Bowman, Nancy: The entrepreneur: A capable executive and more. Journal of Business Venturing, Volume 1, Issue 1, Winter 1985, S. 129–140. – vgl. www.sciencedirect.com/science/article/abs/pii/0883902685900126

[92] vgl. z.B. www.wie-werde-ich-unternehmer.de; www.deutschland-startet.de, www.gruender-de

[93] www.lexikon.stangl.eu/3697/marshmallow-test/

[94] Bei youTube gibt es ganz bezaubernde Videos dieser Tests, z. B.: www.youtube.com/watch?v=Y7kjsb7iyms; das Experiment wurde mittlerweile vielfach wiederholt – siehe auch bei Quarks: www.ardmediathek.de/tv/Quarks/Das-Marshmallow-Experiment/WDR-Fernsehen/Video?bcastId=7450356&documentId=48873094

[95] www.selbstaendig-im-netz.de/webdesign/10-sekunden-um-ihre-website-besucher-zu-fesseln/ – vgl. auch: www.usability.ch/news/wie-lange-bleiben-die-nutzer-auf-einer-webseite.html

[96] Im Mittelhochdeutschen hatte das Wort „arebeit" noch die Bedeutung „Mühe, Mühsal, Not" – vgl. www.mittelalter-entdecken.de/mittelhochdeutsch-die-sprache-des-hochmittelalters/

[97] Seiwert, Lothar J.: Wenn Du es eilig hast, gehe langsam. Mehr Zeit in einer beschleunigten Welt. Campus 2006. Dieser Klassiker des Zeitmanagements ist meiner Meinung nach immer noch eines der besten Bücher zu diesem Thema.

[98] Die Kunst ist, selbst für deine kindlichen Anteile als Erwachsener Verantwortung zu übernehmen. Wenn du auf Wichtiges partout keine Lust hast, ist es an dir, deinen verspielteren Anteilen zuzuhören und nach Lösungen zu suchen. Melden sie sich immer wieder, hast du dir vielleicht zu viel aufgebürdet und brauchst dringend Pausen. Oder du hast dich vergaloppiert und dir Dinge vorgenommen,

ANMERKUNGEN

die gar nicht zu dir passen. Auch deine Unlust kann ein wichtiger Hinweiseber sein. Hauptsache, du lässt sie nicht die Oberhand gewinnen und kehrst unter den Teppich, was du tun sollst.

[99] www.gesis.org/kurzskalen-psychologischer-merkmale/kurzskalen/kontrollueberzeugung/skalenkonzept/

[100] Hölker, Wolfgang: Vortrag im Rahmen der Münsteraner Gründungswoche 2013 – eigene Mitschrift.

[101] vgl. www.vgsd.de/koenigsweg-vieler-hochbegabter-fuehrt-in-die-selbstaendigkeit/

[102] Der folgende Passus ist meinem Blog-Beitrag „Hochbegabung und Gründung" entnommen: www.unternehmungs-lust.de/hochbegabung-und-gruendung/

[103] zum Weiterlesen: Schwiebert, Andrea: Kluge Köpfe, krumme Wege? Wie Hochbegabte den passenden Berufsweg finden. Junfermann 2015.

[104] vgl. Hochbahn, Astrid: Hochbegabung/Gründung – Herausforderungen – www.unternehmungs-lust.de/hochbegabung-und-gruendung-herausforderungen-part-i/

[105] vgl. www.storytellingmasterclass.de/wp-content/uploads/Die-Heldenreise.pdf

[106] vgl. www.andreaseschbach.de/schreiben/verlagssuche/trostliste/trostliste.html

[107] Hölker, Wolfgang: Vortrag im Rahmen der Münsteraner Gründungswoche 2013 – eigene Mitschrift.

[108] Derjenige, der für Kutschen und Wagen die Eisenteile herstellt.

[109] vgl. www.sueddeutsche.de/karriere/-in-deutschland-angst-vor-dem-scheitern-1.1004256

[110] Koark, Anne: Zurück auf Start. Mein neues Leben nach der Insolvenz. Eichborn. 2010. Koark, Anne: Insolvent und trotzdem erfolgreich: Tagebuch einer Insolvenz. Insolvenzverlag.de 2007.

[111] vgl. www.faz.net/aktuell/beruf-chance/beruf/kultur-des-scheiterns-die-deutsche-angst-vor-dem-misserfolg-14358175.html

[112] Berufsverband Deutscher Psychologinnen und Psychologen (Hg.): Psychologische Expertise für erfolgreiches Unternehmertum. – vgl. www.bdp-verband.de/aktuell/2010/bericht/

[113] RKW-Kompetenzzentrum: Global Entrepreneurship Monitor (GEM) 2018. – vgl. www.rkw-kompetenzzentrum.de/gruendung/studie/global-entrepreneurship-monitor-20172018/

[114] vgl. Kapitel 2.12 „Effectuation"

[115] Flaschenpost hat sich mit einem Getränke-Lieferservice selbstständig gemacht. KundInnen können das komplette Getränkesortiment eines Getränkemarkts online bestellen und bekommen es ohne Aufpreis nach Hause geliefert. Von Münster aus expandiert das Konzept gerade rasant.

[116] Inspiriert durch Reichel, René/Rabenstein, Reinhold: Kreativ beraten. Methoden, Modelle, Strategien für Beratung, Coaching und Supervision. Ökotopia Verlag 2001., S. 221.

[117] Warum ist es schlau, dich auch mit der Kellertreppe zu beschäftigen? Wirksam bist du auch im Verhindern. Wenn du merkst, was du machen kannst, um NICHT ans Ziel zu kommen, merkst du, wo gleichzeitig deine Fähigkeit liegt, vorwärtszugehen. Gleichzeitig erkennst du, was deine Lieblingsstrategien sind, dich selbst aufzuhalten. Gefahr erkannt, Gefahr gebannt?

[118] Butler-Bowdon, Tom: Never too late to be great: The Power of Thinking Long. Virgin Books 2014.

[119] Ebd.

[120] Damasio, Antonio: Descartes' Irrtum. Fühlen, Denken und das menschliche Gehirn. List Taschenbuch 2004.; Storch, Maja: Die Pizza-Probe. Gute Entscheidungen treffen. Gehirn & Geist 1/2004, S. 86 f.

[121] Faschingbauer, Michael: Effectuation. Wie erfolgreiche Unternehmer denken. Schaeffer Poeschel. 2010.

[122] Walser, Martin: Lektüre zwischen den Jahren. Suhrkamp 1998.

Astrid Hochbahn

Astrid Hochbahn hat Soziologie und Betriebswirtschaft studiert. Zusätzlich hat sie zahlreiche Beratungs- und Therapieausbildungen absolviert und ist seit 22 Jahren als Berufsweg-, Gründungs- und Unternehmensberaterin tätig. Sie begreift sich als Grenzgängerin zwischen Betriebswirtschaft und „Hard Facts" auf der einen Seite und systemischer Beratung/Therapie auf der anderen Seite. Seit vielen Jahren begleitet sie Menschen, die den Wunsch haben, etwas Eigenes zu tun und ihr Potenzial zu verwirklichen, Menschen, die eine Idee umsetzen, sich einen Job jenseits etablierter Strukturen schaffen möchten oder die neue Rahmenbedingungen für andere setzen wollen. In ihren Seminaren, Vorträgen, Coachings, Supervisionen und Fortbildungen unterstützt sie Menschen, die mehr wollen als das, was sie müssen: Menschen, die sich für etwas engagieren wollen, worin sie Sinn sehen.